Psychologie de

Gustave Le Bon

Alpha Editions

This edition published in 2023

ISBN : 9789357965705

Design and Setting By
Alpha Editions
www.alphaedis.com
Email - info@alphaedis.com

Contents

PRÉFACE DE CETTE NOUVELLE ÉDITION

Cet ouvrage a eu beaucoup de lecteurs, 15 éditions successives et des traductions en plusieurs langues[1] n'ont pas épuisé son succès. Cependant son influence sur les universitaires est restée très faible. Encadrés par de rigoureux programmes, nos professeurs ne peuvent enseigner que les matières de ces programmes, et ils les enseignent naturellement avec les méthodes ayant servi à leur propre instruction.

[1] Sur la première page de la traduction russe on lit: «Cette traduction a été faite par le général Serge Boudaïevsky, sur le désir exprimé par Son Altesse Impériale le grand-duc Constantin Constantinovich, président de l'Académie des Sciences et directeur des Écoles militaires de la Russie.»

Bien d'autres raisons, d'ailleurs, s'opposent à la transformation de notre système d'éducation. On les trouvera exposées dans cet ouvrage. Elles montrent pourquoi les meilleures volontés restent impuissantes aujourd'hui.

Une preuve nouvelle de cette impuissance me fut fournie dans la circonstance que voici:

Après la lecture d'une des premières éditions de mon livre, un éminent sénateur, que je connaissais seulement de réputation, le professeur Léon Labbé, membre de l'Académie des sciences et de l'Académie [Pg 2] de médecine, vint me voir pour m'annoncer son intention de prononcer un discours énergique au Sénat dans le but d'obtenir la réforme de notre enseignement. Le savant académicien revint plusieurs fois discuter ce sujet avec moi et il le discuta aussi avec quelques amis. Le résultat final de ces discussions fut que pour transformer notre système d'éducation, il faudrait d'abord changer l'âme des professeurs, puis celle des parents, et enfin celle des élèves. Devant une pareille évidence, l'illustre sénateur renonça de lui-même à prononcer son discours.

Dans mes précédentes éditions, je m'étais borné à dire quelques mots de l'enseignement à l'étranger. Considérant qu'il serait utile de descendre aux détails, j'ai consacré plusieurs chapitres de cette nouvelle édition, à étudier les méthodes d'éducation employées dans le pays où l'enseignement atteint son plus haut degré de perfection: les États-Unis d'Amérique. Cet exposé montrera combien profond est l'abîme qui sépare leurs conceptions des nôtres. Guidés par une psychologie très sûre, les maîtres américains savent développer chez l'élève l'esprit d'observation, la réflexion, le jugement et le caractère. Le livre joue un rôle très faible dans cet enseignement et la récitation un rôle nul. C'est exactement le contraire qui se passe dans notre Université. De l'école primaire à l'enseignement supérieur, le jeune Français ne fait que réciter des leçons. De rares esprits indépendants échappent à l'influence universitaire, mais la grande masse des élèves en gardent toute leur vie la funeste empreinte. Voilà pourquoi, si nous avons en France un petit noyau d'hommes supérieurs maintenant un peu notre rang dans le monde, les hommes [Pg 3] moyens, vrais soutiens d'une civilisation, font de plus en plus défaut. Comment se formeraient-ils, puisque notre enseignement ne les crée pas?

Chaque page de ce livre apportera la preuve, fournie par les universitaires eux-mêmes, que tout leur enseignement consiste à faire réciter des manuels. Dans la plus réputée de nos grandes Écoles, l'École Polytechnique, la méthode est la même. L'élève se borne à apprendre par cœur, pour le jour de l'examen, des choses qui, n'ayant pénétré dans l'entendement que par la mémoire, seront bientôt oubliées.

Le très pauvre enseignement donné dans cette École a été fort bien jugé par un ancien polytechnicien, devenu inspecteur général des Mines, M. A. Pelletan, dans un mémoire publié par la *Revue générale des Sciences* du 15 avril 1910. En voici un court extrait:

> L'instruction tournée uniquement vers les questions d'examen y perd tout caractère scientifique et n'exerce que la mémoire. Comme on ne demande au polytechnicien que d'apprendre son cours, et qu'on n'exige de lui aucun travail personnel, rien ne permet de distinguer sa véritable valeur: ceux qui ont beaucoup de mémoire et peu d'intelligence peuvent obtenir des notes de supériorité, même en mathématiques. On les retrouve souvent à la sortie dans les premiers rangs.

Si la transformation de notre enseignement est à peu près impossible, à quoi peut servir un livre sur l'éducation? Ne sait-on pas, d'ailleurs, que les piles innombrables de ceux qui paraissent journellement sur ce sujet n'ont guère d'autres lecteurs que leurs auteurs?

C'est justement ce que je me demandais lorsque, il [Pg 4] y a plus de dix ans, navré de l'état d'abaissement où nous conduisait notre Université, je songeais à rédiger ce volume. Je me résignai cependant à l'écrire, d'abord parce qu'on ne doit jamais hésiter à dire ce qu'on croit utile, et ensuite parce que j'étais persuadé que, tôt ou tard, une idée juste finit toujours par germer, quelque dur que soit le rocher où elle est tombée.

Je n'ai pas regretté la publication de cet ouvrage. Il a eu des lecteurs nombreux, sur lesquels je ne comptais guère, et une influence spéciale moins espérée encore. Cette dernière ne s'est pas exercée sur une Université, trop vieille pour changer, mais sur une catégorie d'hommes auxquels je n'avais nullement songé.

Mes recherches ont fini, en effet, par trouver un écho dans une importante école, destinée à former nos futurs généraux. Je veux parler de l'*École de guerre*, très heureusement soustraite à l'action de l'Université. De savants maîtres, le général Bonnal, le colonel de Maud'huy, et bien d'autres y ont inculqué à une brillante élite d'officiers les principes fondamentaux développés dans cet ouvrage.

C'est dans la profession militaire surtout que devait apparaître l'utilité de méthodes permettant de fortifier le jugement, la réflexion, l'habitude de l'observation, la volonté et la domination de soi-même.

Acquérir de telles qualités, puis les faire passer dans l'inconscient, de façon à ce qu'elles deviennent des mobiles de conduite, constitue tout l'art de l'éducation. Les officiers ont parfaitement compris ce que les universitaires n'avaient pu saisir. Une nouvelle preuve m'en a été fournie par l'ouvrage récent de M. le commandant d'état-major Gaucher, *Étude sur la psychologie [Pg 5] de la troupe et du commandement*, où se trouvent reproduites les conférences faites par lui à des officiers, pour leur exposer les méthodes d'éducation que j'ai développées, en me basant sur les données modernes de la Psychologie. Ce sera peut-être par l'armée que notre Université subira la transformation qu'elle refuse d'accepter.

Ce n'est pas seulement dans l'armée française que les principes d'éducation établis dans cet ouvrage commencent à se répandre. Au cours d'une fort remarquable étude publiée par *The Naval and military Gazette* du 8 mai 1909, l'auteur s'exprime ainsi:

«On n'a jamais donné une meilleure définition de l'éducation que celle due à Gustave Le Bon: «L'éducation est l'art de faire passer le conscient dans l'inconscient». Les chefs de l'état-major général anglais ont accepté ce principe comme la base fondamentale de l'établissement d'une unité de doctrine et d'action dans l'éducation militaire dont nous avions si besoin.»

L'auteur montre très bien l'application de ce principe dans les nouvelles instructions de l'état-major anglais. Ce dernier a parfaitement compris que ce n'est pas la raison mais l'instinct qui fait agir sur le champ de bataille, d'où la nécessité de transformer le rationnel en instinctif par une éducation spéciale. C'est de l'inconscient que surgissent les décisions rapides. «L'habileté et l'unité de doctrine doivent, par une éducation appropriée, être rendues instinctives.» On ne saurait mieux dire. [Pg 6]

LIVRE PREMIER

LES ENQUÊTES SUR LA RÉFORME DE L'ENSEIGNEMENT

CHAPITRE PREMIER

Les conceptions des maîtres de l'Université en matière d'enseignement.

I

L'histoire des persévérantes et très inutiles tentatives faites depuis trente ans en France pour modifier notre système d'éducation est pleine d'enseignements psychologiques. Elle contribue à prouver combien les idées héréditaires des peuples régissent leur destinée et à quel point est illusoire cette indéracinable conception latine que les institutions, filles de la raison pure, peuvent se modifier à coups de décrets.

Depuis longtemps les voix les plus autorisées ne cessent de proclamer l'absurdité de notre enseignement. Tout fut tenté pour le réformer. Chaque modification n'a cependant servi qu'à le rendre plus mauvais encore.

On trouvera dans cet ouvrage les raisons de ces insuccès. Elles tiennent en partie, à l'ignorance profonde [Pg 7] des causes réelles d'infériorité de notre enseignement. Un mal dont les origines sont méconnues ne saurait être guéri.

C'est en lisant les six énormes volumes de la dernière enquête parlementaire sur l'éducation qu'on peut le mieux constater l'étendue de cette ignorance. Comment les choses entrent-elles dans l'esprit? Comment s'y fixent-elles? Comment apprend-on à observer, à juger, à raisonner, à posséder de la méthode? Ces questions fondamentales n'ont guère été abordées. Les personnes ayant déposé devant la commission ont été à peu près unanimes à juger les résultats de notre enseignement déplorables. Pourquoi déplorables? Elles semblent l'avoir complètement ignoré.

II

Frappé d'une telle méconnaissance de certaines notions fondamentales de psychologie, je m'étais appliqué dans cet ouvrage à mettre en lumière les véritables raisons de l'infériorité de notre enseignement et à montrer que les programmes, causes supposées de tous les maux, y étaient très étrangers.

Si nos idées héréditaires pouvaient changer, mon livre aurait pu être utile. Je suis bien obligé de confesser que, malgré son succès de vente, il n'a pas—en France du moins—éclairé ni convaincu un seul universitaire. Les maîtres de notre enseignement en sont encore à chercher les causes d'une infériorité que je m'imaginais avoir mises nettement en évidence.

On aura une idée de leur impuissance à les trouver [Pg 8] en lisant les discours sur l'Enseignement prononcés par deux des principaux directeurs de notre Université, MM. Lippmann et Appell, devant l'Association pour l'avancement des sciences. Étant donnés le nom et la situation de leurs auteurs, ces documents peuvent être considérés comme représentant d'une façon très exacte les idées directrices des chefs de l'Université.

D'accord avec la plupart de ses collègues, M. Lippmann fit voir que notre enseignement, à tous les degrés, était tombé à un niveau au-dessous duquel il ne peut guère descendre. Le savant professeur mettait fort bien en évidence les services rendus à l'industrie par les élèves des universités allemandes et l'incapacité de ceux formés par nos facultés et nos écoles à rendre de tels services. Il montrait «l'influence mondiale exercée par les universités allemandes qui fournissent aux usines d'Europe et d'Amérique une grande partie du personnel savant dont elles ont besoin». Pendant que la science et l'industrie allemandes grandissent constamment, les nôtres suivent une marche inverse et descendent un peu plus bas chaque jour.

Cette supériorité d'un côté, cette infériorité de l'autre étant bien constatées, l'auteur fut nécessairement conduit à en chercher les causes. Malgré tous ses efforts pour les trouver, il ne les a même pas soupçonnées.

Ses raisonnements possèdent cependant, à défaut de vraisemblance, une bizarre originalité. L'état misérable de notre enseignement tiendrait simplement, selon lui, à ce qu'il est d'origine chinoise et a été importé en France par les Jésuites! «Si l'on rencontre ici une ignorance par moments impénétrable, [Pg 9] ignorance bachelière et lettrée qui nous rappelle la Chine, la raison en est bien simple: notre pédagogie nous vient de Chine. C'est là un fait historique. Notre pédagogie est celle de l'ancien régime. Elle sortit de l'ancien collège Louis-le-Grand, lequel fut fondé, on ne l'ignore pas, par des missionnaires revenus d'Extrême-Orient.»

Ayant ainsi découvert les causes du mal, le distingué académicien a cherché le remède. Rien n'est plus simple. Pour que l'enseignement devienne parfait, il suffirait de le rendre indépendant des fonctionnaires du Ministère de l'Instruction publique. «Il y a urgence, s'écrie-t-il avec indignation, à délivrer l'enseignement du pédantisme bureaucratique et à libérer les Universités du joug du pouvoir exécutif. Car celui-ci n'a pas cessé de peser sur les études supérieures en leur imposant sa pédagogie d'ancien régime. Viendra-t-il jamais un grand ministre pour retirer au pouvoir exécutif la collation des grades?»

Les bureaucrates incriminés ont appris avec effarement de quoi on les accusait. Il leur a semblé un peu stupéfiant qu'un professeur de la Sorbonne parût ignorer que les universitaires seuls fixent les programmes et font passer les examens destinés à l'obtention des diplômes délivrés ensuite par le pouvoir exécutif.

Il ne faudrait pas supposer que les idées analogues à celles qui viennent d'être exposées soient spéciales à un seul professeur. Tous les maîtres de l'Université en possèdent du même ordre. Ces grands spécialistes semblent, en vérité, perdre toute aptitude à observer et à raisonner dès qu'ils s'écartent de leur spécialité. [Pg 10] Il n'irait pas loin le pays gouverné par un aréopage de savants, comme de candides philosophes l'ont plusieurs fois proposé.

On aura une nouvelle preuve de cette incapacité des chefs de notre Université à rien comprendre—absolument rien—aux causes de l'infériorité de leurs méthodes d'enseignement, en lisant un autre discours prononcé, comme celui de M. Lippmann, devant la même Association pour l'avancement des sciences, par M. Appell, doyen de la Faculté des sciences de Paris.

Ainsi que son collègue, M. Appell commence par une sévère critique de l'enseignement universitaire et constate qu'il ne peut développer l'esprit scientifique, les concours et examens n'étant, de l'école primaire aux sommets de l'enseignement supérieur, que des épreuves de mémoire.

Ces critiques sont excellentes, mais l'auteur n'ayant pas compris les causes du mal qu'il signale, les remèdes suggérés ou imaginés par lui sont d'une insignifiance véritablement excessive.

Chaque ligne trahit l'incertitude de sa pensée. On en jugera par les extraits suivants de ses projets de réforme:

> L'administration voit le mal et cherche activement le remède: il consisterait surtout à établir des relations suivies entre les écoles normales primaires et l'enseignement supérieur (!!).

Plus loin, il propose «l'utilisation des universités pour l'enseignement scientifique» et, plus loin encore, considère comme une grande réforme la suppression d'une partie des cours du Muséum et la transformation de cet établissement en «Institut national des collections». [Pg 11]

L'auteur a fini par sentir un peu l'extrême faiblesse de pareilles idées. Dans un article, il est revenu sur le même sujet et assure que:

> La première réforme serait le classement des matières des programmes par valeur utilitaire, et la seconde l'application de ce rapport dans l'Université active comme dans son administration, tel enseignement restreint et tel autre élargi, telles chaires supprimées et telles autres créées.

On voit qu'aucun de ces éminents spécialistes n'est encore arrivé à soupçonner que ce sont les méthodes, et non les programmes, qu'il faudrait modifier. Proposer d'allonger ou raccourcir ces derniers, de supprimer certaines chaires ou d'en fonder d'autres, représente une phraséologie vaine, sans aucune idée directrice pour soutien.

Cette question de l'enseignement semble passionner les esprits aujourd'hui, puisque un troisième discours vient d'être prononcé sur notre système d'éducation à l'*Association pour l'avancement des Sciences*, par un éminent membre de l'Institut, M. Ch. Lallemand.

Nul besoin de dire que M. Ch. Lallemand n'est pas un universitaire. On le voit facilement aux judicieuses réflexions qui émaillent son discours.

L'auteur rappelle d'abord que le but de l'instruction est de former l'esprit. Il constate ensuite que l'Université ne sait enseigner ni le latin, ni le français, ni quoi que ce soit. D'un autre côté, sentant combien les réformes sont actuellement impossibles, il se contente de demander que le peu qu'on enseigne porte au moins sur des choses utiles, c'est-à-dire les langues modernes et les sciences, tout aussi aptes à former l'esprit que le latin.

Il faut croire que les critiques de M. Lallemand ont [Pg 12] porté juste, car elles ont provoqué de véritables explosions de fureur chez les universitaires. Son auteur ne put même obtenir d'un grand journal quotidien l'insertion d'une réponse au violent article d'un des bien rares admirateurs de nos méthodes d'enseignement.

III

J'ai reproduit quelques passages des discours officiels les plus récents pour montrer combien est profonde, chez les maîtres de notre Université, l'incompréhension en matière d'enseignement. Tous ces spécialistes éminents sont, je le répète, excellents dans leurs laboratoires ou leurs cabinets de travail, mais dès qu'ils en sortent pour regarder et juger le monde extérieur, leurs chaînes de raisonnement deviennent singulièrement peu solides et leurs jugements très faibles.

L'incompréhension de l'Université ne lui permet pas de voir que la cause principale de l'infériorité dont elle gémit tient à la pauvreté de ses méthodes d'enseignement. Les lecteurs de cet ouvrage n'auront pas besoin d'en parcourir beaucoup de pages pour comprendre l'influence de telles méthodes et s'apercevoir qu'elles sont identiques dans toutes les branches de l'enseignement: supérieur, secondaire et primaire. Qu'il s'agisse d'une Faculté, de l'École Normale, de l'École Polytechnique, d'une école d'agriculture ou d'une simple école primaire, ce sont toujours les mêmes procédés. On pourra modifier, comme il arrive chaque jour, les programmes, mais [Pg 13] ces modifications ne touchant pas aux méthodes, les résultats ne sauraient changer.

Ces derniers sont même devenus très inférieurs à ce qu'ils étaient il y a une trentaine d'années seulement, parce qu'on s'est figuré, en chargeant et compliquant les programmes, améliorer l'enseignement. La complication, la subtilité byzantine et le dédain des réalités caractérisent aujourd'hui notre instruction à tous les degrés. Il suffit de comparer les livres de classe actuels aux anciens pour voir avec quelle rapidité ces tendances se sont développées. Les auteurs des nouveaux manuels savent très bien quel genre d'ouvrages ils doivent écrire pour plaire aux maîtres dont leur avancement dépend, et naturellement ils n'en écrivent pas d'autres. Un professeur qui publierait aujourd'hui des livres comme les merveilleux ouvrages de Tyndall sur la lumière, le son et la chaleur, serait fort peu considéré et végéterait oublié au fond d'une province.

Bien entendu, l'élève ne comprend absolument rien à toutes les chinoiseries que, sous le nom de science ou de littérature, on lui enseigne. Il en apprend des bribes par cœur pour l'examen, mais trois mois après tout est oublié. C'est M. Lippmann lui-même qui a révélé à la commission d'enquête—et ici on peut le croire, car sa déclaration a été confirmée par le doyen de la Faculté des sciences, M. Darboux—que quelques mois après l'examen la plupart des bacheliers ne savent même plus résoudre une règle de trois. Il a fallu instituer à la Sorbonne un cours spécial d'arithmétique élémentaire pour les bacheliers ès sciences préparant le certificat des sciences physiques et naturelles. [Pg 14]

De tous ces manuels si péniblement appris et si vite oubliés, il ne reste à la jeunesse ayant passé par le lycée qu'une horreur intense de l'étude et une indifférence profonde pour toutes les choses scientifiques. C'est encore M. Lippmann qui le signale. «L'esprit scientifique, dit-il, est moins répandu en France que dans d'autres contrées de l'Europe, moins répandu qu'en Amérique et au Japon. L'industrie nationale a profondément souffert de ce défaut et le manque d'esprit scientifique se fait sentir ailleurs que dans l'industrie. Quelle est la cause du mal? Il faut accuser notre instruction publique qui ne connaît que la pédagogie de l'ancien régime.»

Tout cela est fort vrai, mais encore une fois, ce ne sont ni les Chinois ni les bureaucrates, comme le croit M. Lippmann, qui causent le mal. L'Université jouit aujourd'hui d'une liberté absolue. Les pouvoirs publics ne lui refusent rien et l'accablent d'incessantes subventions. Elle changé constamment ses programmes sans modifier ses méthodes. C'est précisément l'inverse qu'il faudrait faire, et tant qu'elle ne le comprendra pas, les résultats de son enseignement resteront aussi lamentables.

On ne ressuscite pas les cadavres. Il n'y a donc aucun espoir que notre Université consente à se transformer, mais, alors même que, contre toute vraisemblance, elle voudrait changer ses méthodes, où trouverait-elle les professeurs nécessaires pour réaliser une telle transformation? Peut-on espérer de ces derniers qu'ils consentent à refaire eux-mêmes toute leur éducation? Le fait suivant montre avec quelle difficulté se rencontrent aujourd'hui en France [Pg 15] des professeurs capables de donner un enseignement analogue à celui que reçoivent les étudiants des peuples voisins.

Lorsque, il y a quelques années, M. Estaunié fut nommé directeur de l'École supérieure de Télégraphie, qui n'avait fourni jusqu'alors que les résultats les plus médiocres, il essaya en vain d'amener les professeurs à transformer leurs méthodes d'enseignement. Ses efforts ayant été entièrement stériles, il lui fallut se décider à changer le personnel enseignant, bien que ce dernier renfermât des maîtres fort connus, et notamment un Professeur à l'École Polytechnique. Neuf professeurs sur treize furent remplacés. Mais grande fut la difficulté de leur trouver des successeurs capables de donner un enseignement utile, et l'auteur de ce coup d'État se demanda pendant quelque temps s'il ne serait pas nécessaire d'aller les chercher à l'étranger. Envoyer instruire leurs enfants en Allemagne, en Suisse ou en Amérique est malheureusement le seul conseil que l'on puisse donner aux familles assez riches pour le suivre. Il est navrant de constater qu'après tant de centaines de millions dépensés en France pour l'enseignement, nous en soyons là.

IV

Malgré la pauvre éducation supérieure qu'ils ont reçue, beaucoup de professeurs de l'enseignement secondaire sont très intelligents et pleins de bonne volonté, mais leur impuissance est complète. Ils appliquent les méthodes qui leur ont été enseignées et suivent des programmes dont ils ne peuvent s'écarter. [Pg 16] Les attristantes confidences reçues après la publication des premières éditions de cet ouvrage m'ont prouvé que beaucoup de professeurs sont parfaitement renseignés sur la faible valeur des méthodes universitaires et savent fort bien que les élèves perdent inutilement huit à dix années au lycée. Mais, obligés de suivre scrupuleusement les instructions de leurs chefs, ils ne peuvent rien changer.

L'éducation, dans son acception générale, embrasse la culture des aptitudes morales et intellectuelles. De l'éducation morale, l'Université ne s'occupe aucunement. Des aptitudes intellectuelles, elle n'en cultive qu'une, la mémoire. Jugement, raisonnement, art d'observer, méthodes, etc., n'étant pas catalogables en matière d'examen, sont considérés comme entièrement négligeables.

Tout l'enseignement secondaire est fait à coups de manuels ou de dictées, que l'élève doit apprendre par cœur et réciter. «J'ai fait preuve d'une initiative très hardie, me disait un jeune professeur d'un grand lycée, en enseignant la botanique à mes élèves au moyen de plantes disséquées sous leurs yeux, au lieu de me borner à leur dicter des nomenclatures.» Toutes les autres sciences: physique, chimie, etc., sont enseignées par les mêmes procédés mnémoniques[2]. Quelques instruments, montrés de loin et fonctionnant fort rarement, constituent la seule concession à la méthode expérimentale, très méprisée par l'Université, bien qu'elle ne cesse en théorie de la recommander. [Pg 17] Nous verrons dans cet ouvrage que la littérature, les langues et l'histoire sont aussi mal enseignées que les sciences.

[2] Toutes les prescriptions universitaires se sont bornées d'ailleurs à introduire quelques vagues manipulations de physique et de chimie dans les lycées. Mais, comme nous l'apprend M. le professeur Mermet (*Revue Scientifique*, octobre 1909), «des résultats obtenus sont déplorables». Comment pourrait-il en être autrement? Professeurs, parents et élèves dédaignent absolument ce qui n'est pas matière à examen et considèrent comme perdu le temps non consacré à apprendre par cœur les livres que l'élève devra réciter le jour de cet examen.

Avec ses méthodes surannées, l'Université a définitivement tué en France le goût des sciences et des recherches indépendantes. L'élève apprend patiemment par cœur les lourds manuels dont la récitation lui ouvrira toutes les carrières, y compris celle de professeur, mais il sera incapable d'aucun labeur personnel. Toutes traces d'originalité et d'initiative ont été éteintes en lui. Nous ne manquons pas de laboratoires—nous en possédons même beaucoup trop—mais leurs salles restent généralement désertes.

Quand, à de très rares intervalles, un candidat vient préparer dans ces inutiles et coûteux laboratoires la thèse nécessaire pour le professorat, on peut être à peu près certain que ce premier travail sera son dernier.

L'Université ne tolère d'ailleurs chez ses professeurs aucune indépendance, aucune initiative. La plus vague tentative d'originalité est réprimée chez eux par une méticuleuse et byzantine surveillance. Nous étions solidement hiérarchisés déjà par plusieurs siècles de monarchie et de catholicisme, mais l'Université nous a beaucoup plus hiérarchisés encore. C'est elle qui instruit les couches supérieures de la Société et tient en réalité la clef de toutes les carrières. Qui n'entre pas dans ses cadres ne peut rien être.

Jadis, avant la progressive extension du régime universitaire, la France comptait des savants indépendants qui furent l'honneur de leur patrie. Les [Pg 18] chercheurs non officiels survivant encore, comme vestiges, d'un passé disparu, sont bien rares. Privés de moyens de travail, voyant se dresser devant eux l'armée universitaire et son redoutable appareil, ils renoncent à la lutte et ne seront jamais remplacés.

V

On trouverait en France des milliers de personnes capables de reconnaître l'état lamentable de notre enseignement, mais je doute qu'il en existe dix aptes à formuler un projet utile de réformes universitaires.

Elles ne se sont pas montrées, lorsqu'il y a quelques années, à la suite des révélations de l'enquête parlementaire, fut tentée la réforme de notre enseignement. Cette tentative aboutit, on le sait, au système dit des cycles, reconnu aujourd'hui comme très inférieur au régime, pourtant fort médiocre, qu'il remplaçait.

«Quelques années ont suffi, écrivait un ancien ministre, membre de l'Académie française, M. Hanotaux, pour mettre à l'épreuve et pour condamner le régime des cycles. Et ces cinq ans ont suffi aussi pour démontrer définitivement l'incompatibilité de l'enseignement secondaire tel qu'il survivait avec le régime actuel. Il faut en prendre son parti; le régime des mots est fini, l'éducation verbale a fait son temps... on a fait de nos générations un peuple d'écoliers, de candidats, de bêtes à concours. La prétendue supériorité intellectuelle et sociale s'affirme par l'art de répéter les mêmes mots et les mêmes gestes jusqu'à trente ans et au [Pg 19] delà. L'énergie nationale s'endort dans ce ronron archaïque et vain: apprendre, copier, réciter.»

L'auteur, comme tant d'autres, a très bien montré le mal, mais malheureusement, sans indiquer les remèdes.

Cette incapacité à trouver le traitement d'un mal que chacun voit nettement est une conséquence des influences ancestrales qui nous mènent. Il y a des choses que les peuples latins n'ont jamais comprises et ne pourront probablement jamais comprendre.

D'autres nations, possédant des caractères héréditaires différents des nôtres, ont très bien su saisir ces choses si incompréhensibles pour nous. Il est évident, par exemple, que les Américains ont fort bien su résoudre le problème de l'éducation. Les Japonais, qui n'étaient pas gênés par leur passé, ont adopté en bloc les méthodes allemandes, et on sait à quel degré de supériorité scientifique, industrielle et militaire elles les ont conduits en quarante ans.

Et si le lecteur veut percevoir nettement la profondeur de l'abîme qui sépare les idées latines de celles d'autres peuples, je l'engage à lire quelques discours sur l'éducation[3], prononcés dans une occasion récente en Angleterre et à les comparer à ceux des universitaires français dont j'ai cité des passages au commencement de ce chapitre. Je ne puis, malheureusement, en donner que de trop brefs extraits:

[3] Ils ont été prononcés par M. Asquith, ministre des Finances, M. Haldane, ministre de la Guerre, et M. Lyttelton, directeur du collège d'Eton. On en trouvera des résumés dans le journal anglais *Nature*.

«Rien ne doit être plus éloigné du but de l'Université que de donner cette vague omniscience qui touche la surface de tous les sujets et ne va au cœur d'aucun. On peut juger de la façon dont l'Université [Pg 20] remplit sa tâche par la façon dont elle développe la mentalité de ses élèves et leur goût pour la connaissance.»

Après avoir, de son côté, recommandé la méthode expérimentale, le Directeur d'Eton ajoutait: «Ses avantages sont d'exiger un service constant de la raison, de la patience, de l'exactitude, de l'aptitude à regarder et des plus précieuses facultés de l'imagination».

Résumant ces divers discours, le Directeur de la Revue, où ils sont reproduits, écrivait: «Si une bonne méthode scientifique est enseignée, peu importent les sujets qui seront étudiés par les élèves. Il y a aujourd'hui une désapprobation unanime pour le bourrage de phrases scientifiques et littéraires dont on surchargeait autrefois la mémoire».

VI

Je crois inutile d'insister davantage sur des questions qui seront longuement développées dans cet ouvrage. Nous y verrons combien sont inutiles, et vains tous nos projets de réformes. Que soient modifiés les programmes, comme on ne cesse de le faire, que soit supprimé ou non le baccalauréat, les résultats resteront identiques.

Ils resteront identiques, parce que, je le répète, les méthodes ne changent pas. On ne peut demander à des professeurs, formés par certains procédés, de modifier leur constitution mentale. Ils sont ce que l'enseignement supérieur les a faits.

C'est donc l'enseignement supérieur qu'il faudrait changer, mais comment y songer, puisque cet enseignement est dirigé, non par des bureaucrates, comme [Pg 21] voudrait le faire croire l'académicien que je citais plus haut, mais uniquement par des universitaires?

Toutes les dissertations sur l'enseignement n'ont qu'un intérêt philosophique. La seule réforme utile de l'enseignement supérieur est complètement impossible en France. Il faudrait, en effet, que cet enseignement fût entièrement libre, qu'on réduisît des trois quarts les traitements affectés aux chaires des Facultés, mais en permettant, comme en Allemagne, aux professeurs de se faire payer par leurs élèves. C'est dans l'enseignement libre, laissant aux professeurs la faculté de montrer leur valeur pédagogique et leur aptitude aux recherches, que les Universités allemandes recrutent les maîtres de l'enseignement. On reconnaîtra évident, j'imagine, que si dans nos Facultés les professeurs et les préparateurs étaient payés par les élèves et, que les professeurs libres pussent y enseigner, le jeu même de la concurrence obligerait les maîtres actuels à modifier entièrement leurs méthodes, c'est-à-dire à mettre les élèves en contact avec les réalités, au lieu de transformer la science en manuels, tableaux et formules. Alors—et seulement alors—nos professeurs découvriraient que tout le secret de l'éducation est d'aller du concret à l'abstrait, suivant la marche de l'esprit humain dans le temps, au lieu de suivre un procédé exactement inverse, comme ils le font maintenant.

Jamais, évidemment, un Parlement français n'osera, sous prétexte de démocratie, voter de telles mesures. Lequel vaut mieux, cependant, d'un enseignement qui, s'il coûte peu aux élèves, ne leur sert à rien, ou d'un enseignement payé par eux et leur servant à [Pg 22] quelque chose? Le système allemand a fourni ses preuves, le nôtre les a fournies également. D'un côté, suprématie scientifique et industrielle éclatante, de l'autre, décadence non moins évidente et qui s'accentue chaque jour.

Le poids de nos préjugés héréditaires est trop lourd pour que la réforme dont je viens de parler soit possible. Ce n'est pas vers la liberté de l'enseignement que nous marchons, mais vers son accaparement de plus en plus complet par l'État que l'Université représente. L'Étatisme est aujourd'hui en France la seule divinité révérée par tous les partis. Il n'en est pas un qui ne demande sans cesse à l'État de nous forger des chaînes.

Nous devons donc nous résigner à subir l'Université. Elle restera une grande fabrique d'inutiles, de déclassés et de révoltés jusqu'au jour, probablement lointain, où le public suffisamment éclairé et comprenant tous les ravages qu'elle exerce et la décadence dont elle est cause, s'en détournera définitivement ou la brisera sans pitié.

———

Comme conclusion de ce chapitre, je me bornerai à reproduire une page par laquelle je terminais, il y plus de vingt ans, un travail sur le rôle possible de l'enseignement. Elle est aussi vraie maintenant qu'autrefois et le sera sans doute encore dans cinquante ans.

«L'éducation est à peu près l'unique facteur de l'évolution sociale dont l'homme dispose, et l'expérience faite par divers pays a montré les résultats qu'elle peut produire. Ce n'est donc pas sans un sentiment de tristesse profonde que nous voyons le seul [Pg 23] instrument permettant de perfectionner notre race, en élevant son intelligence et sa morale, ne servir qu'à abaisser l'une et à pervertir l'autre.

«Elle reste pourtant debout, cette vieille Université, débris caduc d'âges disparus, bagne de l'enfance et de la jeunesse. Je ne suis pas de ceux qui rêvent des destructions; mais quand je vois tout le mal qu'elle a fait et le compare au bien qu'elle aurait pu faire; quand je pense à ces belles années de la jeunesse inutilement perdues, à tant d'intelligences éteintes et de caractères abaissés pour toujours, je songe aux malédictions indignées que lançait le vieux Caton à la rivale de Rome, et répéterais volontiers avec lui: *delenda est Carthago.*» [Pg 24]

CHAPITRE II

Documents psychologiques révélés par l'enquête sur l'enseignement.

Pourquoi les réformes sont impossibles.

I

L'enquête parlementaire publiée, il y a quelques années, sur la réforme de l'enseignement secondaire, constitue le document le plus complet que l'on puisse consulter sur l'état actuel de cet enseignement et ses résultats. Le psychologue qui voudra connaître les idées régnant en France au sujet d'une aussi fondamentale question devra se reporter aux six gros volumes où sont réunis les rapports des personnes consultées. Professeurs de l'Université et de l'enseignement congréganiste, savants, lettrés, conseillers généraux, présidents des chambres de commerce, etc., y ont exposé librement leurs idées et leurs projets de réforme.

Après l'examen de ces volumes, le lecteur est bien fixé, non pas certes sur les réformes à effectuer, mais au moins sur l'état mental de ceux qui les ont proposées. Ils appartiennent tous à l'élite intellectuelle généralement désignée par l'expression de classes dirigeantes. [Pg 25]

Les qualités comme les défauts de notre race se révèlent à chaque page de cette enquête. Il faudrait au plus subtil des psychologues de longues années d'observation pour découvrir ce que ces six volumes lui enseigneront.

Bien que tournant toujours dans un cercle d'idées infranchissable pour des âmes latines, les projets de réformes ont été innombrables. Pas un seul cependant n'est parvenu à réunir tous les suffrages. C'est avec la même abondance de preuves, supposées irréfutables, que de très autorisés personnages ont soutenu les opinions les plus contradictoires. Pour les uns, le remède consisterait à supprimer l'enseignement du grec et du latin. Pour d'autres, tout serait parfait si l'on fortifiait au contraire l'enseignement de ces langues, du latin surtout, car, assurent-ils, «le commerce avec le génie latin, donne des idées générales et universelles». Des savants éminents, qui ne voient pas très bien en quoi consistent ces idées «générales et universelles», qu'on n'a jamais réussi à définir, réclament l'enseignement exclusif des sciences, ce à quoi d'autres savants non moins éminents s'empressent de répondre qu'un tel enseignement nous plongerait dans une couche épaisse de barbarie intellectuelle. Chacun exige au profit de ses idées personnelles le bouleversement des programmes.

Mais si tous les auteurs de l'enquête ont été unanimes à réclamer des modifications de programme, aucun ne s'est trouvé qui ait songé à demander des changements aux méthodes employées pour enseigner les matières de ces programmes.

Le sujet pouvait sembler d'une importance essentielle, et cependant il n'a pas été traité par les professeurs [Pg 26] qui ont déposé devant la Commission. Tous possèdent une foi très vive dans la vertu des programmes, mais ne croient pas à la puissance des méthodes. Formés eux-mêmes par l'emploi exclusif des anciennes, ils ne supposent pas qu'on puisse en découvrir d'autres.

Ce qui m'a le plus frappé dans la lecture des six gros volumes de l'enquête, c'est l'ignorance totale, où paraissent être tant d'hommes éminents, des principes psychologiques fondamentaux sur lesquels devraient reposer l'instruction et l'éducation. Ils ne manquent pas, certes, d'idée directrice sur ce point. Ils en ont une, si universellement admise, si évidente à leurs yeux, qu'elle semble impossible à discuter.

Cette idée directrice, base essentielle de notre enseignement universitaire, est la suivante: par la mémoire seule les connaissances entrent dans l'entendement et s'y fixent. C'est donc uniquement en s'adressant à la mémoire de l'enfant qu'on peut l'éduquer et l'instruire. De là l'importance des bons programmes, pères des bons manuels. Apprendre par cœur des leçons et des manuels doit constituer les assises fondamentales de l'enseignement.

Pareille conception représente certainement la plus dangereuse et la plus néfaste de ce que l'on pourrait appeler les erreurs fondamentales de l'Université. De la perpétuité de cette erreur chez les peuples latins découle l'indiscutable infériorité de leur instruction et de leur éducation.

Ce sera pour les psychologues de l'avenir un sujet d'étonnement profond que tant d'hommes pleins de savoir et d'expérience, se soient réunis afin de discuter sur les réformes à introduire dans l'enseignement, [Pg 27] et que nul n'ait songé à se poser des questions comme celles-ci:

Par quelle mécanisme les choses entrent-elles dans l'esprit, et par quel procédé s'y fixent-elles? Que reste-t-il de ce qui atteint l'entendement uniquement au moyen de mémoire? Le bagage mnémonique est-il un bagage durable?

Sur ce dernier point—la persistance du bagage mnémonique—la lumière devrait être faite depuis longtemps. S'il restait quelques doutes, l'enquête les aura définitivement levés. Puisque les rapports des professeurs les plus autorisés sont unanimes à constater que les élèves ne se rappellent absolument rien de ce qu'ils ont appris, quelques mois après l'examen, il est expérimentalement prouvé que les connaissances introduites dans l'entendement par la mémoire n'y restent que fort peu de temps.

Les méthodes fondamentales de l'instruction et de l'éducation universitaires sont donc certainement mauvaises, et il faut en rechercher d'autres. Les auteurs de l'enquête auraient rendu de réels services, en remplaçant par l'étude critique de ces autres méthodes, leurs byzantines discussions sur les modifications à faire subir aux programmes.

Et puisqu'ils ne l'ont pas fait, nous le tenterons dans ce livre. Nous y montrerons que toute l'éducation est l'art de faire passer le conscient dans l'inconscient. On y arrive par la création de réflexes qu'engendre la répétition d'associations où, le plus souvent, la mémoire ne joue qu'un bien faible rôle. Un éducateur intelligent sait créer les réflexes utiles et annihiler ceux dangereux ou inutiles.

Tout l'enseignement est ainsi dominé par quelques [Pg 28] notions psychologiques très simples. Si on les comprend, elles servent de phare directeur dans les circonstances les plus difficiles. Ces notions, instinctivement devinées par certains éducateurs étrangers, sont à ce point ignorées en France que les formules qui les contiennent semblent le plus souvent d'insoutenables paradoxes.

II

Toutes les discussions de l'enquête ont donc porté presque exclusivement sur les réformes des programmes.

On n'avait cependant pas attendu les résultats de cette enquête pour les changer, ces infortunés programmes, cause supposée de tous les maux. La transformation de l'organisation traditionnelle de notre enseignement a été répétée une demi-douzaine de fois depuis quarante ans. L'insuccès constant de ces tentatives n'a éclairé personne sur leur inutilité.

La puissance merveilleuse attribuée à des programmes est une des manifestations les plus curieuses et les plus typiques de cette incurable erreur latine, qui nous a coûté si cher depuis un siècle: que les choses peuvent se réformer par des institutions imposées en bloc à coups de décrets. Qu'il s'agisse de politique, de colonisation ou d'éducation, ce funeste principe a toujours été appliqué avec autant d'insuccès que de constance. Les constitutions nouvelles, destinées à assurer notre bonheur ont été aussi nombreuses, et, naturellement, aussi complètement vaines, que les programmes destinés à assurer notre parfaite éducation. Il semblerait que les nations latines ne puissent [Pg 29] manifester de persévérance que dans le maintien de leurs erreurs.

Les seuls points sur lesquels les dépositions de l'enquête se sont trouvées parfaitement d'accord sont relatifs aux résultats de l'instruction et de l'éducation universitaires. Avec une unanimité presque complète ces résultats ont été déclarés détestables. Les effets étant visibles, chacun les a discernés sans peine. Les causes étant beaucoup plus difficiles à découvrir, on ne les a pas aperçues.

Tous les déposants ont raisonné avec ces traditionnelles idées de leur race dont j'ai montré ailleurs l'irrésistible force. Il fallait l'aveuglement qu'engendrent de semblables idées, pour ne pas concevoir que les programmes ne sont pour rien dans les tristes résultats de notre enseignement, puisque, avec des programmes à peu près identiques, d'autres peuples, les Allemands par exemple, obtiennent des résultats entièrement différents.

Notre vieille Université est sortie bien affaiblie de cette enquête. Elle n'a même plus pour défenseurs les professeurs formés par ses méthodes. Leurs profondes divergences sur toutes les questions d'enseignement, l'impuissance des modifications déjà tentées, les perpétuels changements de programmes, montrent qu'il n'y a plus grand'chose à attendre de l'Université. Elle représente aujourd'hui un navire désemparé, ballotté au hasard des vents et des flots. Elle ne semble plus savoir ni ce qu'elle veut ni ce qu'elle peut, et tourne sans cesse dans des réformes de mots, sans comprendre que ses méthodes, son esprit, ont considérablement vieilli et ne correspondent à aucune des nécessités de l'âge actuel. Elle ne fait plus un pas en avant [Pg 30] sans en faire immédiatement quelques-uns en arrière. Un jour elle supprime l'enseignement des vers latins, mais le lendemain elle le remplace par l'étude de la métrique latine. Un enseignement dit moderne, où le grec et le latin sont remplacés par des langues vivantes est créé, mais ces langues vivantes, l'Université les enseigne comme des langues mortes en ne s'occupant que de subtilités littéraires et grammaticales, de sorte, qu'après sept années d'études, pas un élève sur cent n'est capable de lire trois lignes d'un journal étranger sans être obligé de chercher tous les mots dans un dictionnaire. Elle croit faire une réforme considérable en acceptant de supprimer le diplôme du baccalauréat, mais immédiatement elle propose de le remplacer par un autre diplôme ne différant du premier que parce qu'il s'appellerait certificat d'études. Des substitutions de mots semblent constituer la limite possible aux réformes de l'Université. Elle est arrivée à cette phase de décrépitude précédant la mort, où le vieillard ne peut plus changer.

Ce que l'Université ne voit malheureusement pas, ce que les auteurs de l'enquête n'ont pas vu davantage, car cela dépassait les limites du cercle infranchissable des idées de race dont j'ai parlé plus haut, c'est que ce ne sont pas les programmes qu'il faut changer, mais bien les méthodes employées pour enseigner la matière des programmes.

Elle sont détestables, ces traditionnelles méthodes. De profonds penseurs, tels que Taine, l'avaient déjà dit avec force. Dans un de ses derniers livres, l'illustre historien montrait que notre Université est une véritable calamité, et nous conduit lentement à la décadence. Ce n'était pour le public que boutades [Pg 31] de philosophes. L'enquête a prouvé que ces boutades constituaient de terribles réalités.

Si les causes de l'état inférieur de l'enseignement universitaire ont échappé à la plupart des observateurs, la mauvaise qualité de cet enseignement avait été fréquemment signalée avant l'enquête actuelle. Il y a bien des années que M. Henry Deville, dans une séance publique de l'Académie des Sciences, s'exprimait ainsi: «Je fais partie de l'Université depuis longtemps, je vais avoir ma retraite, eh bien, je le déclare franchement, voilà en mon âme et conscience ce que je pense: l'Université telle qu'elle est organisée nous conduirait à l'ignorance absolue.»

Dans la même séance, l'illustre chimiste Dumas faisait remarquer qu'il «avait été reconnu depuis longtemps que le mode actuel d'enseignement dans notre pays ne pouvait être continué sans devenir pour lui une cause de décadence.»

Et pourquoi ces jugements si sévères, prononcés tant de fois contre l'Université par les savants les plus autorisés, n'ont-ils jamais produit d'autres résultats que de perpétuels et inutiles changements de programmes? Quelles sont les causes secrètes qui ont toujours empêché aucune réforme utile d'être réalisée?

III

Il est aisé de voir les inconvénients d'un ordre de choses quelconque, institutions politiques ou éducation, et d'en faire la critique. Une critique négative est à la portée d'intelligences très modestes. De telles intelligences ne sauraient découvrir ce qui peut être modifié, en tenant compte des divers facteurs, [Pg 32] race, milieu, etc., qui maintiennent solidement les choses créées par le passé. Le sens des possibilités est malheureusement une des aptitudes dont certains peuples, les Français surtout, sont très dépourvus.

Quand on examine de près les réformes radicales proposées par diverses personnes consultées dans l'enquête, il est facile de prouver, non pas seulement qu'elles sont sans valeur théorique, mais qu'elles n'ont en outre aucune chance d'être appliquées.

Elles n'en ont aucune, pour des raisons diverses que nous examinerons, mais dont la principale est qu'elles heurteraient une opinion publique toute-puissante aujourd'hui. Notre enseignement, et surtout nos méthodes d'enseignement, sont aussi mauvais que possible, mais correspondent aux exigences d'une opinion qu'ils ont d'ailleurs contribué à former.

Un simple coup d'œil jeté sur quelques-unes des réformes suggérées, fait comprendre pourquoi elles sont irréalisables dans la pratique.

On propose, par exemple, de transférer dans les campagnes les lycées établis dans les villes, comme l'ont fait depuis longtemps les Anglais, afin de donner aux élèves de l'air et de l'espace pour leurs jeux. La réforme peut sembler parfaite, mais comme les statistiques recueillies dans l'enquête révèlent que les quelques lycées édifiés à grands frais et avec luxe à la campagne n'arrivent pas à se peupler, parce que les parents tiennent à garder près d'eux leurs enfants, le projet apparaît de suite impraticable. Comment forcer en effet les parents à changer leurs idées sur ce point? [Pg 33]

On nous propose aussi de remplacer le grec et le latin inutiles par des langues vivantes fort utiles. De tels changements peuvent être salutaires, mais comment les réaliser, puisque nous voyons par l'enquête que ce sont précisément les parents qui réclament énergiquement le maintien de l'enseignement des langues anciennes, persuadés, j'imagine, qu'elles constituent pour leurs fils une sorte de noblesse les distinguant du vulgaire. Comment l'État leur ôterait-il une pareille illusion?

On nous propose encore de donner aux élèves, si étroitement emprisonnés et surveillés, un peu de cette initiative, de cette indépendance qu'ont les élèves anglais. Rien ne serait plus désirable, assurément. Mais comment obtenir des directeurs des lycées de tels essais, quand nous lisons dans l'enquête que les tribunaux ont accablé d'amendes ruineuses de malheureux proviseurs, parce que des enfants auxquels ils avaient voulu laisser un peu de liberté, s'étaient blessés dans leurs jeux?

Une des plus naïves réformes suggérées, bien que ce soit une de celles qui ont réuni le plus de suffrages, consisterait à supprimer le baccalauréat. On le remplacerait par sept à huit baccalauréats, dits examens de passage, subis à la fin de chaque année, afin d'empêcher les mauvais élèves de continuer à perdre leur temps au lycée. Excellente peut-être en théorie, cette proposition, mais combien illusoire en pratique! La statistique relevée par M. Buisson nous montre que pour 5.000 bacheliers reçus annuellement, il y a 5.000 élèves environ évincés, c'est-à-dire 5.000 jeunes gens qui ont perdu entièrement leur temps. Cela donne une bien pauvre idée des professeurs [Pg 34] et des programmes qui obtiennent de tels résultats. Mais voit-on les lycées, qui ont tant de peine à lutter contre la concurrence des maisons congréganistes, et dont les budgets sont toujours en déficit, perdre 5.000 élèves par an! Les jurys qui prononceraient de pareilles exclusions,—dont profiteraient bien vite les établissements congréganistes,—seraient l'objet de telles imprécations de la part des parents, et d'une telle pression de la part des pouvoirs publics, qu'ils se verraient vite obligés de devenir assez indulgents pour que tous les élèves continuent leurs études. Les choses se retrouveraient donc bientôt exactement ce qu'elles sont aujourd'hui.

D'autres réformateurs nous proposent de copier l'éducation anglaise, si incontestablement supérieure à la nôtre par le développement qu'elle donne au caractère, par la façon dont elle exerce l'initiative, la volonté, et aussi, ce qu'on oublie généralement de remarquer, par la discipline. La réforme, théoriquement excellente, serait irréalisable. Adaptée aux besoins d'un peuple qui possède certaines qualités héréditaires, comment pourrait-elle convenir à un peuple possédant des qualités tout à fait différentes? L'essai d'ailleurs ne durerait pas trois mois. Je ne connais pas de parents français qui consentiraient à laisser leurs fils revenir du lycée tout seuls, sans personne pour leur prendre un ticket à la gare, les faire monter en omnibus, leur dire de mettre un pardessus quand il fait froid, les surveiller d'un œil vigilant pour les empêcher de tomber sous les roues des trains en marche, d'être écrasés dans les rues par les voitures, ou d'avoir un œil poché quand ils jouent [Pg 35] librement à la balle avec leurs camarades. Si les fils de ces pères vigilants étaient soumis au régime de l'éducation anglaise, faisant leurs devoirs quand ils veulent et comme ils veulent, se livrant sans surveillance aux jeux les plus violents et les plus dangereux, sortant à leur guise, etc., les réclamations seraient unanimes. Au premier accident, les parents pousseraient d'épouvantables clameurs, et toute la presse se soulèverait avec eux. Le ministre serait immédiatement interpellé et obligé sous peine d'être renversé de rétablir les anciens règlements. J'ai connu une respectable dame qui eut une série de violentes crises de nerfs et menaça son mari de divorcer parce que ce dernier avait, sur mon conseil, proposé d'envoyer leur fils, qui venait de terminer ses études, passer ses vacances en Allemagne pour apprendre un peu l'allemand. Laisser voyager tout seul un pauvre petit garçon de dix-huit ans! Il fallait être un père dénaturé pour concevoir un tel projet. Le père dénaturé y renonça d'ailleurs bien vite.

Et peut-être n'avait-elle pas absolument tort, la respectable dame, quand elle doutait des aptitudes de son fils à se diriger seul dans un tout petit voyage. Ne possédant ces aptitudes, ni par atavisme, ni par éducation, où les eût-il acquises?

Si les Anglais n'ont besoin de personne pour se diriger, c'est qu'ils possèdent une discipline héréditaire interne qui leur permet de se gouverner eux-mêmes. Nul peuple n'est plus discipliné, plus respectueux des traditions et des coutumes établies.

Et c'est justement parce que les Anglais ont en eux-mêmes leur discipline qu'ils peuvent se passer [Pg 36] d'une tutelle constante. Une éducation physique très dure entretient et développe ces aptitudes héréditaires, mais non sans que le jeune homme ait à courir des risques d'accidents auxquels aucun parent français ne consentirait à exposer sa timide progéniture.

Il faut donc se bien persuader qu'avec les idées régnant en France, fort peu de choses peuvent être changées dans notre système d'instruction et d'éducation avant que l'esprit public ait lui-même évolué.

Laissons donc entièrement de côté nos grands projets de réformes. Ils ne peuvent servir de matière qu'à d'inutiles discours. Considérons que nos programmes ont été transformés bien des fois sans le plus faible bénéfice. Considérons surtout que les Allemands, avec des programmes fort peu différents des nôtres, surent réaliser des progrès scientifiques et industriels qui les ont mis à la tête de tous les peuples. Envisageons ces faits incontestables, et en y réfléchissant suffisamment, nous finirons peut-être par découvrir que tous les programmes sont indifférents, mais que ce qui peut être bon ou mauvais, c'est la façon de s'en servir. Les programmes ne signifient rien et n'ont en eux-mêmes aucune vertu.

Détaillés ou sommaires, ils se résument en ceci: apprendre à des jeunes gens les rudiments des sciences, de la littérature, de l'histoire et la connaissance de quelques langues anciennes ou modernes. Des méthodes qui n'arrivent pas à réaliser un tel but sont défectueuses, et on pourra changer indéfiniment les programmes, les allonger d'un côté, les raccourcir de l'autre, sans que les résultats soient [Pg 37] meilleurs. Le jour où cette vérité sera bien comprise, les professeurs commenceront à entrevoir que ce sont leurs méthodes, et non les programmes, qu'il faudrait changer. Tant qu'elle n'aura pas assez pénétré les cervelles pour devenir un mobile d'action, nous persisterons dans les mêmes errements, et personne n'apercevra que l'instruction peut, comme la langue d'Ésope, constituer la meilleure ou la pire des choses[4].

[4] Au point de vue des fâcheux résultats que peut produire une instruction mal adaptée aux besoins d'un peuple, et pour juger dans quelle mesure elle déséquilibre et démoralise ceux qui l'ont reçue, on ne saurait trop méditer l'expérience faite sur une vaste échelle par les Anglais dans l'Inde. J'en exposai les résultats dans un discours d'inauguration prononcé au congrès colonial de 1889, dont j'étais un des présidents. (Voir *Revue Scientifique*, août 1889.) Ses parties essentielles sont résumées dans la nouvelle édition de mon livre: *les Civilisations de l'Inde*. Le système d'instruction et d'éducation, qui était excellent pour des Anglais et que, par conséquent, ils ont cru pouvoir appliquer avec avantage à des Hindous, s'est révélé tout à fait détestable pour ces derniers.

C'est justement parce que toute réforme essentielle doit viser, non les programmes, mais les méthodes, que les projets proposés devant l'enquête offrent si peu d'intérêt. Ils représentent seulement les redites ressassées depuis longtemps et l'on ne peut dire des programmes qu'une chose utile:

plus ils seront courts, meilleurs ils seront. Un programme complet d'instruction ne devrait pas dépasser vingt-cinq lignes, dont plusieurs consacrées à bien stipuler que l'élève ne sera tenu d'étudier dans chaque science qu'un petit nombre de notions, mais devra les connaître à fond.

IV

Le lecteur commence sans doute à entrevoir combien sont puissants les obstacles invisibles qui s'opposent à une réforme profonde de l'enseignement [Pg 38] en France, et cependant nous n'avons pas abordé encore le plus formidable, le plus irréductible peut-être de tous ces obstacles: l'état mental des professeurs.

L'enquête parlementaire n'en a pas tenu compte une seule fois et elle ne le pouvait guère. Persuadés que les professeurs universitaires, bourrés de science livresque et de diplômes, sont par cela même parfaits, les déposants de l'enquête ne pouvaient envisager la question des professeurs et les moyens à employer pour les former comme pouvant être l'objet d'une discussion quelconque.

Et c'est pourtant ce point inaperçu, qui contient le nœud vital des améliorations possibles de l'enseignement.

L'enquête a couvert de fleurs les professeurs et de malédictions les programmes. C'est à peu près le contraire qu'il eût fallu faire. Supposons en effet anéantis, par une puissance magique, les obstacles que nous avons vus se dresser devant les réformes. Les préjugés des familles se sont évanouis, des programmes parfaits ont été créés, avec des méthodes excellentes pour les enseigner. Tout, pensez-vous, va changer. Rien, absolument rien, ne pourra changer.

Et pourquoi? Simplement parce que l'état mental des professeurs créé par les procédés universitaires n'est pas modifiable. Formés d'après ces principes, ils sont incapables d'en appliquer d'autres, ou même d'en comprendre d'autres. Tous sont arrivés à un âge où on ne refait pas son éducation. Certes ils accepteront docilement, comme ils les ont acceptés jusqu'ici, les changements de programmes, et s'inclineront bien [Pg 39] bas devant les circulaires ministérielles, mais ils continueront à enseigner comme ils l'ont toujours fait, parce qu'ils ne pourraient enseigner autrement.

Les dépositions de l'enquête que nous reproduisons dans cet ouvrage fourniront un frappant exemple de l'impossibilité où se trouvent aujourd'hui nos professeurs de changer leurs méthodes d'enseignement. Il y a un certain nombre d'années, un ministre de l'Instruction publique, M. Léon Bourgeois avait rêvé d'entreprendre à lui seul la réforme de l'Université, en créant ce qu'on appela l'Enseignement moderne, terminé par un baccalauréat spécial conférant à peu près les mêmes privilèges que le baccalauréat classique. Les langues anciennes se trouvaient remplacées par les langues vivantes, l'enseignement des sciences fortifié. Tout était parfait dans le programme. Il ne manqua que les maîtres capables de l'appliquer. Les professeurs de l'Université enseignèrent les langues vivantes comme les langues mortes, en ne s'occupant que de subtilités grammaticales. Les sciences furent apprises à coups de manuels. Les résultats obtenus furent finalement, nous le verrons, des plus médiocres.

Il faut rendre justice à la science livresque de nos professeurs. Tout ce qui est susceptible d'être appris par cœur, ils l'ont appris, mais leur valeur pédagogique est entièrement nulle. On l'a insinué parfois au cours de l'enquête, quoique timidement. C'est en dehors de l'enquête que se rencontrèrent quelques esprits assez indépendants pour révéler un état de choses de plus en plus visible aujourd'hui.

La faible valeur pédagogique des professeurs de [Pg 40] notre Université frappe d'ailleurs les étrangers qui ont visité nos établissements d'instruction et assisté à quelques leçons. M. Max Leclerc cite à ce propos un article de la *Revue Internationale de l'Enseignement*, où se trouve consignée l'opinion d'un professeur étranger ayant visité, à Paris et en province, nombre de nos établissements d'éducation. Il «a rencontré beaucoup d'hommes instruits... très peu de professeurs et d'éducateurs». Quant au personnel de proviseurs, censeurs, principaux, il l'a trouvé «peu éclairé, prétentieux, maladroit et étroit d'esprit».

Ce n'est pas d'aujourd'hui seulement que des critiques analogues ont été formulées. Il y a quarante ans, M. Bréal, professeur au Collège de France, écrivait les lignes suivantes sur notre corps enseignant:

> Le corps universitaire était, en 1810, à peu près l'expression des idées de la société. En 1848, il était déjà si arriéré qu'un observateur étranger pouvait écrire: «Le corps des professeurs en France est devenu tellement stationnaire, qu'il serait impossible de trouver une autre corporation qui, en ce temps de progrès général, surtout chez la nation la plus mobile du monde, se maintienne avec autant de satisfaction sur les routes battues, repousse avec autant de hauteur et de vanité toute méthode étrangère, et voit une révolution dans le changement le plus insignifiant.»

A quoi tient l'insuffisance pédagogique incontestable des professeurs de notre Université? Simplement, je le répète encore, aux méthodes qui les ont formés. Ils enseignent ce qu'on leur a enseigné, comme on le leur a enseigné.

Que peuvent valoir, pour l'instruction et l'éducation de la jeunesse, les professeurs préparés par les principes universitaires, c'est-à-dire par l'étude exclusive [Pg 41] des livres? Ces malheureuses victimes du plus déformant régime intellectuel auquel un homme puisse être soumis, n'ont jamais quitté les bancs avant de monter dans une chaire. Bancs des lycées, bancs de l'École normale ou bancs des Facultés. Ils ont passé quinze ans de leur vie à subir des examens et à préparer des concours. A l'École normale, «leurs devoirs sont littéralement taillés pour chaque jour. Tout se passe avec une régularité écrasante. Les programmes des examens ne laissent pas une ombre de mouvement à ces malheureux esclaves de la science». Leur mémoire s'est épuisée en efforts surhumains pour apprendre par cœur ce qui est dans les livres, les idées des autres, les croyances des autres, les jugements des autres. De la vie, ils ne possèdent aucune expérience, n'ayant jamais eu à exercer ni leur initiative, ni leur discernement, ni leur volonté. L'ensemble si subtil qu'est la psychologie d'un enfant, ils n'en savent absolument rien. Comme le cavalier inexpérimenté sur un cheval difficile, ils ignorent les moyens de se faire comprendre de l'être à diriger, les mobiles qui peuvent agir sur lui et la façon de manier ces mobiles. Ils récitent, devenus professeurs, les cours que tant de fois ils récitèrent comme élèves, et pourraient être facilement remplacés dans leurs chaires par de simples phonographes.

Pour arriver à être professeurs, il leur a fallu apprendre des choses compliquées et subtiles. Ces mêmes choses compliquées et subtiles, ils les répéteront devant leurs élèves. En Allemagne, où l'odieuse institution des concours n'existe pas, on juge les professeurs de l'enseignement supérieur [Pg 42] d'après leurs travaux personnels et leurs succès dans l'enseignement libre, par lequel ils doivent le plus souvent débuter. En France, on les juge par l'amas de choses qu'ils peuvent réciter dans un concours. Et, comme le nombre des candidats est considérable, et celui des places fort petit, on raffine encore dans ce sens, pour en éliminer davantage. Celui qui saura répéter sans broncher le plus de formules, qui aura entassé dans sa tête la plus grande somme possible de puériles chinoiseries, de subtilités scientifiques ou grammaticales, l'emportera sûrement sur ses rivaux. Tout récemment encore, un des examinateurs des derniers concours d'agrégation, M. Jullian, faisait remarquer, dans une des séances du Conseil supérieur de l'Instruction publique, que le jury était effrayé «de l'effort de mémoire imposé aux candidats. Il pense que si la mémoire est un admirable instrument de travail, elle n'est qu'un instrument au service de ces qualités maîtresses du professeur, qui sont l'esprit critique, la logique et la méthode, la mesure et le tact, la pénétration, l'inspiration et l'ampleur des vues, la simplicité et la clarté dans l'exposition, la correction et la vivacité de la parole.»

Il avait certes raison de se livrer à des réflexions semblables, le respectable jury, mais de là à un effet quelconque il y a loin, et pendant longtemps encore, avec le régime des concours, la mémoire constituera la seule qualité utile à un candidat. Il se gardera soigneusement—en eût-il même le temps et la capacité—de tout travail un peu personnel, sachant bien qu'à tous les degrés, rien n'est plus mal vu de la part des examinateurs. [Pg 43]

Quand un homme a ainsi consacré quinze ans de sa vie à entasser dans sa mémoire tout ce qui peut y être entassé, sans avoir jamais jeté un coup d'œil sur le monde extérieur, sans avoir eu à exercer une seule fois son initiative, sa volonté et son jugement, qu'en peut-on espérer? Rien, sinon qu'il fasse ânonner machinalement à de malheureux élèves une partie des choses inutiles que pendant si longtemps il a ânonnées lui-même. On cite assurément parmi les professeurs de l'Université quelques esprits d'élite ayant échappé aux tristes méthodes d'éducation auxquelles ils ont été soumis, comme sont cités pendant les épidémies de peste les quelques médecins qui échappent aux atteintes du fléau. Combien rares de telles exceptions!

L'Université vit pourtant sur le prestige exercé par ces exceptions. Mais en observant la foule des professeurs, on constate que bien peu savent se soustraire à l'action du déprimant régime qui les a formés. Que de cerveaux jadis intelligents, détruits pour toujours, et bons tout au plus à faire, au fond d'une province, réciter des leçons ou passer des examens, avec la certitude qu'ils sont trop usés pour entreprendre autre chose dans la vie. Leur seule distraction est d'écrire des livres dits élémentaires, pâles compilations où s'étale à chaque page la faiblesse de leur capacité d'éducateurs et ce goût des subtilités et des choses inutiles qu'inculque l'Université. Ils croient faire preuve de science en compliquant les moindres questions et en rendant obscures les choses les plus claires. M. Fouillée, qui paraît avoir fait une étude attentive des livres écrits par ses collègues, a publié d'invraisemblables échantillons [Pg 44] de cette littérature scolaire. Un des plus curieux est celui de ce professeur dont le livre, destiné à l'enseignement secondaire des lycées, se trouve revêtu de l'approbation des plus hautes autorités universitaires.

> «L'auteur déclare avoir volontairement supprimé les termes et les discussions qui auraient pu effrayer l'inexpérience des enfants: c'est pourquoi il leur parle longuement de la césure penthémimère qu'on remplace quelquefois par une césure hepthémimère, ordinairement accompagnée d'une césure trihémimère. Il les initie aux synalèphes, aux apocopes et aux aphérèses, et il les avertit qu'il a adopté la scansion par anacruse et supprimé le choriambe dans les vers logaédiques. Il leur révèle aussi les mystères du quaternaire hypermètre ou dimètre hypercatalectique ou encore ennéasyllabe alcaïque. Que dire du vers hexamètre dactylique, catalectique in dissylabum, du procéleusmatique tétramètre catalectique, du dochmiade dimètre, et de la

strophe trochaïque hypponactéenne, du dystique trochaïque hypponactéen?»

M. Fouillée cite encore un autre professeur qui, dans un livre d'enseignement élémentaire, s'étend longuement sur la méthode pour documenter une pièce de théâtre, en voici un extrait: «On consultera d'abord le répertoire général 20e vol., B N, inventaire y f, 5337=5546, etc.» Suivent trois pages d'indications semblables!

Les ouvrages de sciences sont conçus d'après les mêmes principes. Je pourrais donner comme exemple un livre de physique écrit par un agrégé de l'Université pour les candidats au certificat des sciences physiques et naturelles, lesquels, nous le verrons par les dépositions de l'enquête, ne possèdent que des notions très rudimentaires en mathématiques. L'auteur s'est donné un mal extraordinaire pour bourrer son livre à chaque page d'intégrales totalement inutiles. Dans un supplément destiné à apprendre [Pg 45] les manipulations, les équations ne sont pas davantage épargnées. Pour l'opération si élémentaire du calibrage d'un tube, l'auteur a trouvé le moyen de remplir trois pages serrées d'équations. Ce professeur est assurément tout à fait certain que pas un élève sur mille ne comprendra quelque chose à ses formules, mais qu'est-ce que cela peut bien lui faire?

Avec les nouveaux programmes, les livres pour l'enseignement n'ont fait que se compliquer encore et ils arrivent à être totalement illisibles. En un remarquable article, paru dans le journal l'*Enseignement secondaire* du 15 juin 1904, M. Brucker, professeur au lycée de Versailles, a montré tout le «verbalisme stérile» dont sont entachés les livres consacrés à l'enseignement des sciences naturelles, et en cite d'attristants exemples. En voici un pris au hasard:

> L'auteur d'un autre Précis va plus loin encore. La complication de son langage dépasse ce que l'on avait imaginé avant lui: il appelle les mousses des bryophytes, les fougères des ptéridophytes ou exoprothallées isodiodées, leurs spores des diodes, et ainsi du reste.

Si nos professeurs donnent un si déplorable enseignement, c'est que, formés par l'Université, ils enseignent, je le répète, ce qu'on leur a enseigné et de la façon dont on le leur a enseigné. Tant que les professeurs des Facultés se recruteront comme aujourd'hui, rien ne pourra être modifié dans notre enseignement universitaire.

C'est en grande partie parce que le système de recrutement des professeurs, en Allemagne, diffère fort du nôtre, que l'enseignement à tous les degrés y est si supérieur. Nos voisins ont trouvé le secret [Pg 46] d'intéresser les professeurs des Facultés à leurs élèves et de les obliger à se mettre à leur portée. La formule est très simple. Ce sont les élèves qui paient les professeurs, et, comme il y a pour chaque ordre d'études plusieurs professeurs libres, l'élève va vers celui qui enseigne le mieux. La concurrence oblige donc le professeur à s'occuper soigneusement de ses élèves. Réunir autour de lui beaucoup d'auditeurs et publier des travaux personnels, est le seul moyen, il le sait, d'être appelé à devenir titulaire d'une chaire importante, dont le principal rapport consistera d'ailleurs dans les rétributions des élèves. En France, le professeur de Faculté est un fonctionnaire à traitement fixe, n'ayant aucun intérêt à captiver l'esprit de ses auditeurs et se plier à leur intelligence. Pas besoin d'être un profond psychologue pour comprendre que s'il était payé par eux, son intérêt entrerait immédiatement en jeu, et que, sous l'influence de ce puissant mobile d'action, il serait vite obligé de transformer entièrement ses méthodes d'enseignement. S'il ne savait pas les transformer, ses concurrents l'obligeraient à disparaître.

Malheureusement, un changement aussi capital, le seul qui amènerait la transformation de notre enseignement supérieur d'abord, et, par voie de conséquence, celle de notre enseignement secondaire, est radicalement impossible avec nos idées latines. Les bien rares tentatives faites dans ce sens par l'initiative privée ont été l'objet des persécutions de l'Université sitôt qu'elles ont réussi. Elle ne tolère un peu que celles qui échouent. Je me souviens qu'il y a une vingtaine d'années, le Dr F*** avait ouvert pour les étudiants en médecine un cours [Pg 47] privé d'anatomie, auquel on ne pouvait assister qu'en payant fort cher, mais où ils étaient sûrs d'apprendre l'anatomie, alors que les leçons officielles de la Faculté leur apprenaient très peu de chose. Bien que ces dernières fussent entièrement gratuites, les étudiants les désertaient pour les leçons payées. Le Dr F***, ainsi que ses élèves, fut l'objet de telles persécutions de la part de la Faculté, qu'après une dizaine d'années de lutte, il se vit réduit à fermer son cours.

Nous voici loin des programmes et de leur réforme. Le lecteur doit voir nettement maintenant combien est vaine et inutile toute l'agitation faite à propos de ces programmes, et combien inutiles aussi les monceaux de pages publiées à ce propos. Les programmes ne sont que des façades. On peut les changer à volonté, mais sans modifier pour cela les choses invisibles et profondes qu'elles abritent. S'en prendre aux façades est facile parce qu'on les voit. Essayer de toucher à ce qui est derrière est fort malaisé, parce que le plus souvent on ne le discerne pas.

V

J'espère avoir montré que le problème de la réforme de notre enseignement est bien autrement compliqué que les auteurs de l'enquête parlementaire ne l'ont soupçonné.

Nous ne dirons pas certes que cette réforme soit entièrement impossible. Il n'y a rien d'impossible pour des volontés fortes. Mais avant de réformer au hasard, comme on le fait depuis si longtemps et comme on continue à le faire encore, il faut au [Pg 48] moins connaître à fond l'essence des choses à réformer. En persistant à l'ignorer, on ne réalisera que des changements de mots. On troublera inutilement les esprits, et notre enseignement en sera rendu plus médiocre encore qu'il ne l'est aujourd'hui.

C'est parce que les auteurs de l'enquête ne semblent pas avoir nettement compris les problèmes fondamentaux de l'enseignement, qu'il nous a semblé utile de les préciser.

Cette colossale enquête n'aura pas été inutile. Par elle beaucoup de faits auront été connus, que l'on pouvait soupçonner, mais non prouver. Elle a montré surtout l'état des esprits, et révélé que le mal auquel on cherche à remédier est bien plus profond que ne le faisaient supposer les apparences.

On sait que la conclusion de l'enquête a été un projet de réforme de l'enseignement, présenté à la Chambre des Députés et adopté après une courte discussion. Dans cette discussion, le Ministre de l'Instruction publique a dit de fort bonnes choses pour en défendre de bien médiocres. Il a certainement trop d'esprit philosophique pour ne pas avoir eu conscience de la faible valeur des réformes proposées par la Commission. Quelques étiquettes seules ont été changées. Un député, M. Massé, a dit de ce projet qu'il «fait l'effet d'une de ces façades brillantes édifiées à grands frais dans le goût du jour, et qui sont uniquement destinées à faire illusion sur les commodités d'un immeuble dans lequel rien ou presque rien n'a été modifié».

Toutes ces réformes de programmes, répétées tant de fois, sont d'ailleurs absolument dépourvues d'intérêt. [Pg 49] Notre enseignement restera ce qu'il est tant que nos méthodes actuelles n'auront pas été entièrement changées. Il n'y aura, je continue à le répéter, de changements possibles que lorsque la nécessité d'une transformation complète des méthodes aura pénétré un peu dans la cervelle des parents, des professeurs et des législateurs.

La destinée de la plupart de nos grandes enquêtes parlementaires est de bientôt disparaître dans la poussière des bibliothèques, d'où elles ne sortent plus. Il m'a fallu une forte dose de patience pour lire attentivement les six énormes volumes sur la réforme de l'enseignement, et j'imagine que bien peu de mes contemporains ont eu cette patience.

Les questions d'éducation et d'instruction acquièrent aujourd'hui une importance telle qu'il m'a semblé nécessaire de retirer de cette gangue volumineuse les parties essentielles, de les classer avec méthode, de les discuter quelquefois. Tous les textes reproduits émanent de personnages autorisés, les seuls dont la parole ait quelque influence dans un pays aussi hiérarchisé que le nôtre, les seuls qui puissent agir sur l'opinion des parents et finir peut-être par la changer un peu.

Cette réforme de l'opinion est la première qu'on doive tenter aujourd'hui. Quand elle sera complète, mais alors seulement, une réforme de l'éducation deviendra possible.

Les difficultés d'une pareille tâche sont immenses. Elles ne sont pas insurmontables pourtant. Il n'a jamais fallu beaucoup d'apôtres pour créer les grandes religions qui ont bouleversé le monde, mais il en a fallu quelques-uns. Tout le mouvement dont est [Pg 50] sortie l'enquête qui a si profondément ébranlé l'Université a eu pour unique point de départ la campagne vigoureuse d'un homme d'action énergique, l'explorateur Bonvalot. S'il n'a pas su montrer nettement la voie à suivre, pas plus d'ailleurs que les auteurs des six volumes de l'enquête, il a au moins fait voir combien était funeste celle que nous suivions. Nouveau Pierre l'Ermite, il a secoué l'indifférence du public, et les noms les plus éminents de l'Université se sont bientôt rangés modestement derrière lui, prêts à démolir l'idole dont ils avaient été jadis les plus ardents défenseurs.

Le jour où l'opinion, suffisamment instruite, comprendra le mal que nous a fait notre Université, et le comparera à tout le bien que réalisent dans d'autres pays des institutions semblables, ce jour-là notre antique système d'éducation s'écroulera d'un seul coup, comme ces monuments trop vieux qui gardent une apparence de solidité tant qu'on ne les touche pas. Alors seulement nous pourrons essayer d'obtenir ce que d'autres peuples ont réalisé avec leurs professeurs.

Une éducation appropriée permettrait aux Latins de remonter cette pente rapide de la décadence dont ils semblent menacés. Ce que les Allemands ont su accomplir, nous devrons le tenter. Ils avaient médité longuement le mot profond de Leibniz: «Donnez-moi l'éducation, et je changerai la face de l'Europe avant un siècle.» [Pg 51]

LIVRE II

L'INSTRUCTION ET L'ÉDUCATION AUX ÉTATS-UNIS

CHAPITRE PREMIER

Principes généraux de l'Éducation en Amérique.

C'est surtout par voie de comparaison que se forment nos connaissances. Pour bien saisir les causes de l'infériorité de notre enseignement universitaire, il sera utile de le comparer à l'éducation donnée dans le pays du monde où elle est le plus développée, l'Amérique.

Les publications sur l'Éducation aux États-Unis sont nombreuses; mais rédigées par des universitaires qui la considèrent à leur point de vue, elles apprennent peu de chose. C'est pourquoi le magnifique ouvrage, *les Méthodes américaines d'éducation*, publié récemment par M. Buyse, directeur de l'École de Charleroi, a été une véritable révélation. On a dit très justement que des peuples éduqués avec de pareilles méthodes sont appelés à former une humanité supérieure à la nôtre. [Pg 52]

Cette impression est celle qu'éprouveront tous les lecteurs du livre de M. Buyse. C'est un peu celle ressentie par un de nos plus éminents savants, M. H. Le Châtelier. On en jugera par l'extrait suivant d'un de ses articles:

> A la lecture de cet ouvrage, la première impression est un sentiment d'envie pour une civilisation certainement supérieure à la nôtre. Une confiance générale et absolue dans les bienfaits de l'éducation, une liberté complète permettant le développement parallèle des écoles les plus variées, y autorisant les expériences les plus audacieuses, un respect rigoureux de l'école la maintenant complètement à l'écart des luttes politiques si vives cependant aux États-Unis, une philosophie profonde des méthodes d'éducation les orientant vers le développement de l'activité individuelle, témoignent d'une culture intellectuelle peu commune. Nous aurions grand intérêt à nous assimiler les méthodes d'éducation américaines, mais il ne faut pas trop y compter. Le plaisir de l'action, la passion de la liberté sont des sentiments trop jeunes pour un vieux continent fatigué comme le nôtre.

Les pages qui vont suivre consacrées à l'éducation américaine sont entièrement extraites du livre de M. Buyse[5]. Le lecteur qui voudra étudier son ouvrage avec soin, y verra vite que non seulement une pareille éducation développe à son maximum le caractère et l'intelligence, mais encore *tend à effacer entièrement les différences de classes qui rendent la solution des problèmes sociaux si difficile chez les peuples latins.*

[5] L'auteur a bien voulu me demander d'écrire la préface de la 3ᵉ édition de son livre paru récemment.

Savamment, les professeurs sèment sous les pas des élèves des difficultés graduées, que ceux-ci doivent apprendre à juger et à vaincre; l'acte physique précède ou accompagne l'acte de la pensée; les branches d'enseignement les plus abstraites pour nous sont présentées sous des formes matérielles et concrètes et nécessitent, pour être assimilées, aussi bien l'habileté des [Pg 53] mains que la vivacité de pensée: la géographie est une manipulation; la littérature scolaire est un travail de laboratoire, car elle s'associe intimement avec le dessin et le modelage; la forme supérieure de l'action, les travaux manuels, universellement pratiqués dans les écoles, sont des exercices de résistance morale; tout l'enseignement allie l'effort physique, musculaire, à l'assimilation des idées.

L'enseignement secondaire, qui établit le passage de la dépendance intellectuelle et morale de l'enfance aux convictions intellectuelles de l'adulte, procède de la même pensée et accentue le système de l'instruction par l'action. Les difficultés à résoudre sont plus complexes, le but à atteindre plus éloigné, les obstacles, plus élevés. Affranchir la pensée et le sentiment de toute tutelle, en réduisant graduellement le rôle du professeur au profit de la responsabilité du jeune homme ou de la jeune fille: tel est le but de l'éducation.

Faire agir les enfants comme s'ils étaient seuls au monde, en toute liberté; exalter le plaisir dans l'effort, la joie dans la lutte contre les difficultés, la possession de soi-même—le self-control—telle est la tâche supérieure de l'école; ni les faits, ni les théories ne sont enseignés, ne sont communiqués verbalement aux élèves. Les Américains, professeurs et élèves, ont une vraie répugnance pour les théories toutes faites, pour les définitions et les abstractions, sans sanction pratique.

Dans les écoles, il n'existe plus de trace des méthodes qui cherchent l'effet utile dans la doctrine communiquée par la parole et non traduite en actes par les élèves. Les professeurs considèrent que l'enseignement en général, et spécialement l'enseignement scientifique, ne saurait être fécond si les élèves ne sont pas exercés à trouver eux-mêmes des vérités, à résoudre des questions scientifiques.

L'enseignement des sciences pures ou appliquées est pénétré des principes de la méthode de la «redécouverte» (rediscovery), pratiquée dans les laboratoires et dans les ateliers. Les leçons de classes, d'importance très réduite, préparent, accompagnent ou confirment les études pratiques de laboratoire et d'atelier qui sont les centres d'intérêt des institutions. Les notes de laboratoire et d'atelier, dans lesquelles sont enregistrés les faits et les phénomènes que les élèves ont observés et qui décrivent les constructions réalisées, constituent la pierre de touche de la valeur des études. Aucun cas n'est fait des copies des cours oraux, qui jouent un si grand rôle dans les écoles européennes. L'élève doit arracher aux appareils et au matériel d'expérimentation le secret des phénomènes et des lois qui les régissent. Dans les travaux manuels, la puissance de direction (directive [Pg 54] power) s'exalte par des épreuves de plus en plus dures, développant la réflexion pour approprier les moyens aux fins, la patience pour l'accomplissement de tâches longues et ardues.

Dans les écoles d'enseignement supérieur se continue le triomphe de l'initiative et de l'effort; l'expérience faite par les élèves y est la base des études; le professeur guide les individualités sans les subjuguer; il semble avoir le plus haut souci de laisser se manifester leurs aspirations propres, leur intelligence et leurs talents personnels.

... Déposer dans les cerveaux des enfants et des adolescents le germe de la volonté; leur donner, dès le jeune âge, le goût de l'action persévérante; hâter chez eux le passage de l'état de dépendance à l'esprit d'indépendance; préparer, par une éducation scolaire appropriée, les enfants des classes les plus modestes à se subvenir à eux-mêmes; à ne compter que sur eux-mêmes, au «self-support», telle semble être la plus haute préoccupation des écoles primaires et moyennes.

L'éducation ouvrière par l'école industrielle et professionnelle use également à l'extrême de l'expérimentation pratique.

L'ouvrier américain est le prototype de l'ouvrier européen de l'avenir. Dans toutes les professions qualifiées, il est un homme instruit: le règne de l'ouvrier du passé, dont le savoir se bornait à des recettes, des procédés, des tours de main et des secrets, est depuis longtemps terminé dans les usines modernes du Nouveau-Monde. Toutes réalisent le «labor saving», l'économie de main-d'œuvre, par l'emploi de machines-outils perfectionnées; la conduite intelligente de ces outils nécessite plus de cerveau et de nerfs que de muscles, plus d'attention, de décision rapide et d'habileté manipulatoire que de force physique.

Les perfectionnements et les transformations rapides que l'industrie a subis dans son outillage et dans ses méthodes de travail ont fait naître, chez les ouvriers, conducteurs et chefs d'ateliers, des qualités nouvelles, intellectuelles plutôt que physiques; les écoles industrielles, sous toutes leurs formes, s'efforcent de développer ces qualités et de les fixer dans la race.

Comme dans l'enseignement général, les études théoriques se font d'après des méthodes très concrètes; les leçons orales s'appuient sur des exercices d'expérimentation et de manipulation, qui ont pour effet d'ajouter aux connaissances fondamentales des métiers l'esprit d'observation, l'habileté manuelle, l'intelligence industrielle. Sauf dans trois ou quatre écoles professionnelles, nulle trace de spécialisation; l'école cherche à [Pg 55] développer, chez l'ouvrier, le sens exécutif; elle forme l'homme complet, lui donne une culture générale professionnelle et réagit ainsi contre les efforts déprimants de la monotonie et de la division extrême du travail que comporte la fabrication en série.

A en juger par la puissance créatrice du travail américain, servi par un outillage perfectionné, cette éducation technique semble être particulièrement efficace.

... Au delà de l'Atlantique on ne trouve nulle trace du préjugé, indéracinable en Europe, contre le travail manuel. Personne ne le considère comme humiliant ni déshonorant. Un professeur, un magistrat n'y semblent pas considérés comme intellectuellement supérieurs aux ouvriers et contremaîtres intelligents. Les employés de bureau sont depuis longtemps fixés sur la valeur sociale de leur situation qui représente, au maximum, 50 à 75 francs de salaire par semaine, alors que le maçon, le plafonneur, le menuisier reçoivent 120 francs pour la même durée de travail.

Derrière tout Américain se retrouve l'ouvrier; il juge l'homme par ses capacités de produire et de réaliser; il n'admet pas la croyance que le diplôme confère une certaine noblesse intellectuelle. [Pg 56]

CHAPITRE II

Détails des méthodes usitées dans les écoles américaines.

§ 1.—DIVISIONS DE L'ENSEIGNEMENT.

En Amérique, l'enseignement est divisé en quatre périodes de quatre années chacune:

6 à 10 ans Élémentaire *Primary*
10 à 14 ans Primaire *Grammar Grades*
14 à 18 ans Secondaire ou *High Schools*
Professionnel   *Technical School*
18 à 22 ans Technique supérieur *Institute of Technology*

Tous les jeunes Américains, sans exception, parcourent les deux premiers degrés de l'enseignement. Un nombre tous les jours croissant, même parmi les ouvriers, aborde l'enseignement secondaire avec ses études latines. Beaucoup cependant l'abandonnent après deux années, vers seize ans, soit pour se chercher directement une situation dans le commerce, soit pour se diriger vers les écoles professionnelles dont l'un des principaux objectifs est de remplacer l'apprentissage dans les usines; une élite seulement aborde l'enseignement technique supérieur auquel on reproche de trop reculer l'entrée dans la vie pratique.

Des cinq catégories d'enseignement résumées dans le tableau ci-dessus, les trois premières sont les plus intéressantes. Elles ont fait l'objet d'études, de discussions prolongées, leurs méthodes ont atteint dans toute l'étendue des États-Unis une uniformité assez grande. [Pg 57]

§ 2.—ENSEIGNEMENT ÉLÉMENTAIRE (DE 6 A 10 ANS).

Travaux manuels.—L'éducation est basée sur l'enseignement des travaux manuels. Les travaux manuels apprennent à créer et à exécuter; le principe de création trouve surtout son expression dans les leçons de dessin, de géométrie, et dans les cours d'observation. L'exécution est l'œuvre propre des travaux manuels.

La spontanéité des initiatives particulières, qui se manifeste très heureusement en l'absence de prescriptions générales et de réglementation centrale exclues des écoles américaines, a trouvé des solutions fort intéressantes en ce qui concerne le passage, le pont de l'école Frœbel, aux travaux manuels d'atelier. Les matériaux les plus variés ont été essayés et utilisés dans les constructions.

Dans les écoles de New-York on pratique le modelage, les constructions en papier, le tressage. Le modelage suggère des constructions ébauchées d'une masse plastique et qui présentent donc trois dimensions; les constructions en papier reposent sur la notion des deux dimensions; et enfin la construction avec des fils, de la corde, dans laquelle domine la ligne, envisage la seule longueur.

Dans beaucoup d'écoles américaines, à l'exemple de New-York, le dessin et les travaux manuels des cours primaires gravitent autour de certaines idées fondamentales appelées des «centres d'intérêt» qui se trouvent dans le rayon d'observation des enfants. Ces centres sont:

1° La maison: occupations, devoirs, plaisirs de la famille; 2° la vie de la communauté: moyens de transport, occupation des habitants, amusements; 3° la vie scolaire; 4° la langue maternelle; 5° les vacances; 6° l'étude de la nature.

Suivant un procédé constant, la discussion entre les professeurs et les élèves fait surgir de ces «centres d'intérêt» les sujets à traiter; l'enfant s'y applique avec ardeur; son imagination y attache des sentiments et des souvenirs; il y poursuit la réalisation tangible d'une pensée personnelle.

Dessin.—Le dessin prend un caractère artistique dans les écoles élémentaires.

L'Amérique n'accepte pas l'idée européenne que l'œil et la main doivent se former exclusivement par le dessin à main levée, d'après des objets géométriques et par la copie de modèles. Le dessin d'après nature y est fort en honneur; le but dominant est d'amener les enfants à traduire leur pensée en des [Pg 58] formes artistiques dans le dessin et par l'exécution de travaux. L'enfant américain manie, dès le début, des pinceaux et des couleurs à l'eau, le crayon et la plume.

La technique du dessin consiste dans la reproduction à l'aquarelle, de feuilles, de fleurs, de plantes, dans leurs masses, parfois sans avoir fait, au préalable, le contour au crayon. Les raccourcis sont bannis des modèles; les dessins ne sont que des ébauches, mais, dans le rendu, il y a souvent du goût et de la vigueur.

Le dessin d'après la figure humaine est couramment pratiqué dans les écoles élémentaires. Un enfant joue généralement le rôle de modèle. Il est entouré d'accessoires: tels qu'une échelle, des outils, des avirons de canots, des casses d'écoliers et simule des scènes dont les élèves font le croquis.

Jardinage.—A Washington, 45.000 enfants font des travaux de jardinage; tous les ans les écoles organisent une exposition de fleurs, plantes ornementales, légumes, cultivés par eux, ainsi que des travaux des classes, dont les sujets ont été directement empruntés aux jardins.

Les leçons de choses, les travaux manuels, le calcul, les notions de géographie, etc., donnés dans les classes de Washington, évoluent autour de ces minuscules jardinets et remplissent les cours de données fraîches et concrètes relatives au sol, à l'humidité, à l'orientation, aux semences, à la germination, aux types de feuilles, bourgeons, fleurs, fruits sous leurs formes les plus variées, d'après les espèces de végétaux et les saisons.

Les enfants tiennent des carnets dans lesquels ils marquent les dates des semailles, leurs observations sur la croissance des plantes, l'apparition des fleurs, la maturité et les récoltes.

Les enfants y cueillent d'abondants bouquets qui leur servent de modèles au cours de dessin.

Le dessin, les exercices d'observation et de langage marchent parallèlement avec les travaux du dehors.

§ 3.—ENSEIGNEMENT PRIMAIRE (DE 10 A 14 ANS).

La théorie psychologique de l'éducation par les travaux manuels est définitivement établie; elle peut se résumer ainsi, suivant la conception des Américains: tout mouvement conscient a son origine dans une excitation des cellules motrices du cerveau. La pensée, sans action, peut développer l'imagination, mais laisse inculte la puissance de la volonté. La volonté ne peut se développer que par l'action. Tout mouvement musculaire [Pg 59] se répercute sur les cellules du cerveau par les sensations, se fixe dans les centres de projection sous forme de perception et d'images. Pour augmenter la réceptivité du cerveau, l'éducation rationnelle veut qu'on varie la nature des mouvements des travaux manuels, pour intéresser successivement tous les groupes cellulaires. De ces faits il résulte que, pour développer la région motrice totale du cerveau, il faut multiplier les exercices amples et variés, et les régler de façon à aiguiser la sensibilité et la perception, à faire jaillir la pensée et à fortifier la volonté. Il en résulte aussi que si le mouvement devient habituel, il peut se faire sans réflexion et il cesse de développer les cellules motrices; dès lors, il n'a plus de valeur éducative. Ce n'est que dans la première période d'excitation que l'action des travaux manuels est efficace. Des exercices, poussés au delà du stade éducatif, peuvent devenir des moyens pour préparer à des travaux plus avancés d'ordre professionnel, mais ils ne sont plus à ranger parmi les branches qui contribuent à la formation générale.

Les travaux manuels variés se réduisent à quatre grands systèmes: 1° le système pédagogique, d'origine suédoise; 2° le système technique, de provenance russe; 3° le système social; 4° le système artistique.

Le système pédagogique, représenté par le *sloyd*[6], considère les travaux manuels, au même titre que les mathématiques, le dessin, les sciences physiques, etc., comme un instrument de culture générale, intégrale, exerçant l'attention, la perception exacte et le raisonnement et tendant au développement harmonique de toutes les facultés. Il repose sur le principe de Fræbel: l'éducation par l'action, et a sa source dans l'œuvre scolaire de Coegnus, de Finlande. Il a été élevé à la hauteur d'un système par l'école normale de Naas, en Suède, de là a envahi le monde civilisé, en se transformant suivant les latitudes, les mœurs, la mentalité des races.

[6] De l'expression suédoise *Slojold*, qui signifie travaux manuels.

Le choix des modèles est la pierre de touche du système. Ces modèles doivent inspirer un intérêt tel que l'élève applique à leur exécution son effort volontaire et toutes ses facultés. Dans ce but, il convient de les adapter aux conditions variables de la capacité, du goût, des mœurs, du milieu, etc.: là se trouve le point capital des méthodes de sloyd; l'intérêt ne se trouve pas dans les modèles mêmes, qui ne sont pas inaltérables, mais dans les raisons immuables qui en sont la base: la difficulté croissante et progressive des exercices, l'effet de certains outils sur le développement musculaire, la capacité des élèves d'exécuter [Pg 60] un travail en toute dépendance, l'utilité et l'agrément du modèle à confectionner dans un espace de temps donné; tous ces points sont considérés soigneusement à chaque pas dans le sloyd américain tel que l'a formulé et le pratique M. Larrson.

L'Amérique est arrivée à un degré de prospérité matérielle inconnue dans son histoire; après la satisfaction des besoins matériels, ont surgi des besoins supérieurs dont la satisfaction se trouve dans le Beau.

C'est dans les travaux manuels et le dessin que se manifeste nettement la tendance vers plus de raffinement.

Des systèmes d'enseignement esthétique se sont fait jour dans de nombreux centres. Les écoles d'art appliqué se multiplient; la préparation des professeurs de dessin est l'objet de plus de soins et les cours publics d'art jouissent d'une vogue grandissante. Dans les écoles élémentaires, cette même préoccupation se traduit par des systèmes d'éducation artistique parmi lesquels le plus original, le plus déconcertant est celui de M. Tadd, directeur de la «Public Art School» de Philadelphie.

Dans les salles bondées, s'agitent des enfants, garçons et fillettes, absorbés en une activité qui semble répondre à leur goût: les uns s'appliquent à la création de petits projets de panneaux, de frises, d'encadrements ornés; d'autres dessinent, d'après nature, des oiseaux empaillés, des fleurs, des poissons, des squelettes, des coquillages, des minéraux; pour d'autres encore, le modèle a disparu, et ils s'évertuent à le reconstituer de mémoire. Mais l'intérêt se porte spécialement sur deux ordres de travaux, auxquels les élèves prennent un plaisir intense: le modelage et la sculpture sur bois. Le lien entre tous ces travaux est assuré par des leçons sur la composition décorative et l'histoire de l'art, et richement illustrées de projections lumineuses, de gravures et de photographies.

Formation des professeurs.—Les Américains proclament hautement l'utilité et la nécessité des travaux manuels, mais ils sont exigeants en ce qui concerne la qualité de cet enseignement.

D'après leur conception, les travaux manuels constituent des disciplines, au même titre que le calcul et les sciences naturelles.

Nous ne saurions assez insister sur la marche constante des travaux: la fonction de l'objet est le point de départ de discussions entre élèves et professeurs. De cet examen en commun se dégagent la forme, les dimensions, les matériaux à employer, puis le plan coté de l'objet à confectionner. Les relations entre la fonction, la forme, les dimensions des objets et les matériaux [Pg 61] constituent la pensée même des travaux manuels. Ces notions sont subtiles et doivent procéder de la connaissance de la construction. Ce n'est que par des études sérieuses, que le professeur se prépare à appliquer ce principe supérieur dans les travaux, d'une manière constante et compréhensible. On s'en convaincra par l'exemple suivant: la construction d'une chaise qui entre comme exercice d'application dans les cours de septième et huitième années, pour les enfants de onze et quatorze ans.

Le thème de la leçon peut se fixer comme suit: l'examen de la fonction de ce meuble, qui est de servir de siège, conduit immédiatement à la forme qui doit être celle de l'homme, de l'enfant assis. En poussant plus loin les investigations interrogatives, les élèves, guidés par le professeur, trouvent la forme et les dimensions du dossier; ils peuvent même contrôler la construction, les points à consolider, etc. Ils sont ainsi amenés à faire, rationnellement et graduellement, le croquis coté du meuble, et, munis de ce document qui renferme la pensée à réaliser, ils passent à l'exécution. Le même système d'études rationnelles préalables, par lesquelles la pensée, le raisonnement et le jugement entrent dans les travaux se retrouve dans l'exécution de tous les objets.

Les Américains considèrent comme de nulle valeur éducative et comme de simples «occupations manuelles» les travaux dont l'élève ne possède pas, dans le cerveau, le plan préalablement raisonné. C'est dans cette méthode que se trouve la vertu spéciale des travaux manuels. Ainsi conduites, les opérations se déroulent avec la rigueur logique d'une suite de propositions géométriques; elles imposent à l'élève la prévoyance dans l'établissement du projet, l'adaptation des moyens aux fins, le principe du moindre effort. Cette méthode d'enseignement exige des directeurs chargés de l'organisation et de la surveillance des cours et des professeurs chargés de l'enseigner, des connaissances et des aptitudes sérieuses et diverses, qu'ils ne sauraient acquérir à fond par l'étude des travaux manuels, comme une branche accessoire dans les écoles normales générales.

Pour suppléer à l'insuffisance de ces professeurs, des institutions ont organisé un véritable enseignement normal spécial pour les travaux manuels.

§ 4.—ENSEIGNEMENT SECONDAIRE (DE 14 A 18 ANS).

Dans l'école secondaire américaine s'est effacée la limite entre la culture générale et l'instruction industrielle et commerciale.

Le problème des études moyennes s'est présenté dans les [Pg 62] mêmes termes qu'en Europe. A côté de la vieille académie ou «high school» classique, préparatoire aux collèges, ont été créées des écoles moyennes qui cherchent à résoudre le problème qui préoccupe tous les pays industriels: la préparation, par l'enseignement moyen, aux fonctions de la vie réelle en même temps qu'aux études supérieures.

Pour satisfaire à la fois aux conditions imposées à l'entrée des universités et établir les bases d'une préparation solide à la vie pratique, les programmes d'enseignement se bigarrèrent de mille façons; on y trouve des matières allant d'Eschyle à la comptabilité et l'arpentage. De ce chaos se sont dégagés des groupes de cours qui ont constitué: 1° la section grecque-latine; 2° la section latine; 3° la section scientifique que l'on retrouve dans l'organisation de notre enseignement moyen.

Ces divisions existent dans la généralité des grandes écoles moyennes américaines, non comme un cadre fixe imposé à l'élève, mais conçues très librement. Le régime actuel d'un grand nombre des écoles secondaires n'est pas celui des sections séparées; il est basé sur un noyau de branches prescrites à tous, qui se complètent d'un grand nombre de branches facultatives, parmi lesquelles l'élève choisit librement, sans aucune entrave réglementaire; l'anglais (trois ou quatre années), les mathématiques (deux années) sont, en général, les branches communes les plus usuelles; l'histoire, les sciences naturelles et les langues modernes y sont parfois incluses.

Dans certaines écoles, 70 p. 100 du temps sont dévolus aux branches librement choisies; dans les autres, de 40 à 70 p. 100 du temps. Chose curieuse, les statistiques prouvent que le nombre d'élèves qui étudient le latin se maintient.

Les travaux manuels ont même envahi les écoles moyennes classiques. A Boston, ils sont inscrits au programme comme branche facultative; les élèves sont si bien entraînés par les travaux manuels, universellement enseignés dans les écoles élémentaires, que la plupart de ceux qui passent dans les «high schools» participent volontairement à ces travaux. Les jeunes filles font les travaux de cuisine, de confection et s'exercent dans les arts domestiques, tandis que les garçons travaillent dans les ateliers. Sauf en ce point, les cours des écoles secondaires sont identiques pour les représentants des deux sexes. Les écoles secondaires techniques ne donnent pas l'instruction professionnelle dans les arts mécaniques; elles sont des institutions d'enseignement général au même titre que nos athénées et lycées. Les cours de dessin et de travaux manuels sont des disciplines à l'égal des mathématiques, de la géographie et de l'histoire. Leur enseignement scientifique, littéraire et manuel convient [Pg 63] à toutes les catégories sociales et à tous les jeunes gens, quelle que soit leur profession future, qu'ils deviennent avocats, médecins, directeurs d'établissements industriels ou simples travailleurs.

A titre d'exemple, citons comment est caractérisée la méthode à suivre dans l'enseignement de la géométrie:

La géométrie ne peut s'acquérir par la simple lecture des démonstrations d'un livre ni par un exposé oral; il faut la compléter de travaux indépendants, attrayants et stimulants. La géométrie dans les écoles américaines est conçue pour développer le talent créateur. Les matériaux de la géométrie sont simples, concrets et admettent un nombre infini de combinaisons simples ou complexes. La géométrie élémentaire manque de méthode générale de démonstration. Chaque théorème doit être traité, en soi, par un procédé différant plus ou moins de tout autre. L'invention de ces procédés de démonstration est un exercice intellectuel beaucoup plus puissant que l'application mécanique de quelque méthode générale telle que le calcul différentiel et intégral.

La matière de la géométrie plane ne diffère pas sensiblement de celle que nous enseignons dans nos écoles; mais dans l'enseignement de la géométrie dans l'espace, les Américains emploient des procédés d'intuition dont nos professeurs et auteurs d'ouvrages de mathématiques élémentaires pourraient utilement s'inspirer.

Ils partent du principe que les constructions de la géométrie dans l'espace ne peuvent se tracer avec le relief, ni à la règle, ni au compas, ni à l'aide d'aucun instrument de dessin; or, comme ils jugent l'intuition indispensable, ils font les constructions à l'aide de lignes et de plans matériels, des tiges en acier, des carreaux transparents, des formes en bois. A chaque leçon sur ces matières, le professeur se sert d'appareils ingénieusement intuitifs de grandes dimensions, sur lesquels les élèves cherchent, avant toute démonstration théorique, l'explication des éléments et même la solution du problème ou du théorème. [Pg 64]

CHAPITRE III

L'Enseignement des sciences expérimentales dans les écoles de l'Amérique.

§ 1.—ENSEIGNEMENT DE LA PHYSIQUE.

Dans les auditoires, les professeurs exposent les lois fondamentales de la physique en illustrant leur exposé d'expériences qualitatives: dans le laboratoire, l'élève réalise personnellement une série complète d'expériences quantitatives qui confirment et précisent les données du cours. Dans bien des cas, le laboratoire est en avance sur les cours d'auditoire. Le laboratoire de physique est de création essentiellement américaine: à notre connaissance, aucune école secondaire de l'Europe continentale ne pousse aussi loin le «learning by doing», l'étude par l'action, que les «high schools» des États-Unis.

Nous avons visité une vingtaine de laboratoires d'écoles secondaires en fonctionnement, et c'est avec un intérêt croissant que nous en avons apprécié la saine et forte activité.

Dans la «Crane Manual Training School», au moment de notre visite, l'expérience en cours d'exécution se rapportait à la vérification des lois du pendule. Le lecteur jugera de la satisfaction des jeunes gens et jeunes filles lorsque, l'expérience terminée, ils purent mettre, de science personnelle, au bas de leurs notes: *Lois sur le pendule*: les petites oscillations du pendule sont isochrones; la durée des oscillations est indépendante de la masse; elle est proportionnelle à la racine carrée de la longueur du pendule.» Entre le phénomène produit, d'une part, l'œil et le cerveau de l'élève d'autre part, ne s'interposent ni phraséologie, ni termes, ni définitions, ni formules à retenir: la vérité toute nue lui apparaît; elle entre dans sa mémoire comme sa propriété personnelle.

Dans la plupart des écoles, le matériel est de construction [Pg 65] rudimentaire et solide; on y trouve des appareils empruntés à la pratique, tels que des leviers, des balances, des siphons, des pompes de grandes dimensions et même des moteurs hydrauliques, des treuils, des cabestans, des plans inclinés, du matériel électrique pour l'étude de l'électricité expérimentale et même industrielle; tout cet appareillage a été dans la plupart des cas projeté et construit par les élèves eux-mêmes dans les ateliers de l'école. Les expériences s'appuient sur les «text-books» et sur un syllabus indiquant le but de chaque opération, les précautions à prendre pour éviter des erreurs, les appareils à utiliser, etc. Ces travaux sont le plus possible *quantitatifs*.

L'élève inscrit soigneusement dans un carnet de notes le résultat de ses observations. Le professeur surveille la marche des expériences, tout en laissant à l'élève la responsabilité et le mérite de ses résultats.

§ 2.—ENSEIGNEMENT DE LA CHIMIE.

Les plus petites «high schools» possèdent un laboratoire de chimie où les élèves peuvent accomplir le minimum de travail personnel de laboratoire jugé nécessaire pour la vie, ou prescrit par les examens d'entrée des collèges. La chimie verbale d'auditoire, quelque talent que mette le professeur à faire des expériences, n'est guère populaire aux États-Unis. Dans aucun cas, nous n'avons trouvé d'école qui se contentât de pareil enseignement; l'enseignement verbal des sciences d'observation jure avec la mentalité américaine et ne retiendrait pas les élèves pendant une seule séance. On ne trouve guère, comme chez nous, des auditoires de sciences pouvant réunir des centaines d'élèves devant un ameublement, savamment machiné, alimenté de gaz, d'électricité, d'eau, d'air sous pression et de vide; on n'y voit pas le professeur agissant au nom des élèves et leur communiquant de première ou de seconde main les connaissances qu'il étaye de fragiles expériences. Le pivot des études est pour toutes les sciences expérimentales, et spécialement pour la chimie, le laboratoire où l'élève pense et agit.

Beaucoup d'écoles ne prévoient pas des leçons d'auditoire, vu l'impopularité de ce genre de leçons qui sont rendues superflues par l'abondance des manipulations de laboratoire. Celles qui organisent les cours théoriques ne dépassent pas vingt-cinq leçons de trois quarts d'heure; la plupart d'entre elles prescrivent des leçons de récitation où l'élève, après avoir étudié la théorie des produits examinés, vient la développer devant le professeur en présence de ses camarades. [Pg 66]

L'habitude de l'effort personnel, du débrouille-toi, du «help yourself», qui est le résultat le plus tangible de tout l'enseignement américain, rend très élégantes les méthodes d'enseignement des sciences d'observation.

Le problème expérimental à résoudre se trouve dans le «text-book» ou est remis aux élèves sous forme de syllabus. Voici le texte de quelques-uns de ces documents que nous avons relevés à la «Mac Kinley Manual training high school» à Chicago. Ils sont assez explicites pour ne pas nécessiter de commentaires. Lors de notre visite, les élèves en étaient à la troisième expérience, portant comme sujet: «Les modifications physiques et chimiques du cuivre.» Ils trouvaient dans leur syllabus les directions suivantes:

1° Examinez un morceau de cuivre. En le chauffant dans une éprouvette d'essai, observez-vous quelques modifications apparentes? Se dissout-il dans l'eau? Quelles autres propriétés possède le cuivre?

2° Placez un petit fragment de cuivre dans une éprouvette contenant de l'acide nitrique concentré. Notez avec soin les phénomènes qui se produisent. Lorsque l'action de l'acide nitrique cesse, versez le liquide dans une petite coupe en porcelaine, évaporez-le dans la hotte en la plaçant sur une toile métallique au-dessus du bec Bunsen; chauffez doucement et gardez-vous surtout de chauffer fortement au moment où la dessiccation commence.

3° Après refroidissement, faites sur la substance qui s'est déposée les mêmes essais que vous avez faits sur le cuivre, suivant les prescriptions du 1°.

4° Si vous évaporez trois ou quatre gouttes d'acide nitrique dans une éprouvette, obtenez-vous le même résidu que vous avez trouvé en évaporant le cuivre et l'acide nitrique?

En comparant 3° et 1° et, en prenant en considération 4°, tirez vos conclusions et défendez-les avec assurance en vous appuyant sur votre certitude expérimentale.

Les cours se développent progressivement par l'étude expérimentale d'un groupe de faits qui passent sous la main et sous les yeux des élèves.

Ceux qui connaissent l'horreur qu'éprouvent les élèves de nos athénées pour des cours de chimie basés sur le «Manuel» seraient étonnés de constater le plaisir intense que les jeunes Américains ressentent et le goût qu'ils mettent dans l'étude de cette branche importante par ses applications industrielles et par sa valeur éducative.

Nos élèves considèrent souvent la chimie verbale comme une chose à part dans laquelle ils rencontrent des faits sans connexité [Pg 67] directe avec la vie réelle; les théories chimiques leur semblent ne pas être tirées des faits. L'impression invariable et tenace qu'on conserve de nos cours de chimie—appelée expérimentale parce que le professeur fait de temps à autre quelque manipulation sous le regard des élèves—est que les théories et les lois seraient fondamentales et essentielles; que les faits s'efforcent de se conformer aux théories; que toute la science chimique est suspendue à la théorie atomique et que, sans cette dernière, il ne peut y avoir ni découverte nouvelle, ni analyse possible. Le débutant croit avoir fait un progrès énorme s'il sait appeler l'eau H^2O, quoiqu'il n'ait aucune idée quant à l'origine et à la signification réelle des formules.

Les méthodes d'expériences personnelles des écoles américaines ne versent pas dans ces tendances erronées; elles conduisent à des impressions plus conformes à la réalité: les manipulations systématiques font découvrir des faits nouveaux, elles font apparaître les relations qui existent entre les faits et conduisent à des lois et à des théories, qui facilitent l'investigation et la découverte de nouveaux faits. Aux yeux des élèves, ces théories restent subordonnées aux faits: cette vérité fondamentale les guide dans leurs travaux et est pour leurs études futures un gage de succès.

A nos méthodes passives, basées sur la mémoire des mots, les «high schools» et les écoles techniques américaines opposent triomphalement leurs méthodes actives et éducatives qui mettent en œuvre l'effort, la volonté, l'habileté manipulatoire, la logique.

Dans bien des écoles, une importance spéciale est attachée aux manipulations de chimie quantitative. Ces travaux constituent d'excellents exercices de mesure et de précision dans l'observation. Ils conduisent généralement à la vérification des lois que l'élève serait obligé d'accepter comme une vérité théorique. Nous relevons, parmi ces expériences quantitatives, des travaux sur la distillation, l'équivalent de l'hydrogène, l'ionisation, la loi des proportions multiples, la combinaison d'un métal avec de l'oxygène, etc. A propos de l'oxygène, on fait, en général, des expériences sur sa teneur dans l'air, dans le $KClO^2$, le poids dans un litre d'air, la solubilité dans les liquides, etc.

Les expériences quantitatives sont vivement recommandées: les calculs ne sont pas poussés au delà de la limite d'approximation donnée par les pesées et les lectures.

En Amérique, le monde enseignant est d'accord pour dire que les leçons expérimentales données par le professeur et les «récitations» sont nécessaires pour dégager les idées générales des faits, mais qu'il est inutile d'essayer d'enseigner la chimie ailleurs que dans un laboratoire bien outillé et bien conduit. [Pg 68]

§ 3.—LES TRAVAUX MANUELS DANS L'ENSEIGNEMENT SECONDAIRE.

Dans l'esprit des Américains, le critère du progrès en éducation est l'avancement vers un régime qui assure à l'élève la plus grande activité personnelle; le souci des professeurs est de réduire au minimum leur intervention, de façon à donner à l'élève graduellement l'initiative, le contrôle sur ses actes, l'empire sur soi, la discipline interne qui le dispense de chercher des guides hors de lui.

Sous cette haute préoccupation, toutes les sciences enseignées dans les écoles secondaires, dont nous avons décrit les méthodes, mais plus spécialement les travaux manuels sont devenus l'enseignement de l'activité, de l'énergie, de la volonté appliquées à l'exécution des travaux éducatifs par lesquels les élèves acquièrent des connaissances utiles.

Les principes qui se trouvent à la base des travaux manuels sont identiques à ceux qui guident les travaux scientifiques des laboratoires de chimie, de physique et de sciences naturelles, les méthodes sont celles des sciences expérimentales.

Que les travaux manuels soient inscrits comme branches facultatives aux programmes des écoles secondaires ordinaires, ou qu'ils fassent partie intégrante des programmes comme dans toutes les écoles secondaires techniques, ils comprennent toujours, pour les garçons:

1° Le *travail du bois*: la menuiserie, le tournage, le modelage industriel et, dans certaines écoles, l'ébénisterie;

2° Le *travail des métaux*: le forgeage du fer et de l'acier, l'ajustage à la main et mécanique; dans quelques écoles, les éléments du moulage et de la fonderie.

Nous avons vu enseigner, en outre, dans certaines écoles, le repoussage du métal, autant dans ses éléments techniques que comme application de la composition décorative.

Les jeunes filles pratiquent les *sciences domestiques*: la cuisine, le lessivage, l'entretien de la maison, la couture, l'économie domestique, et les *arts domestiques*: la confection, les modes.

Comme dans l'enseignement élémentaire, les travaux manuels présentent un caractère purement éducatif. Les élèves, moyennement aptes, acquièrent néanmoins une habileté sérieuse, car chaque nouveau modèle comporte, dans une certaine mesure, des procédés déjà appliqués dans les travaux antérieurs.

Les travaux qui se font sans être guidés par une pensée précise n'ont, aux yeux des Américains, aucune valeur comme [Pg 69] moyen d'éducation; ils accusent les éducateurs suédois d'avoir retiré la pensée et la vie aux modèles du sloyd, à force de l'épurer et d'en expulser toute nuance technique; le souci d'introduire dans les travaux une pensée directrice explique le soin avec lequel les projets sont préalablement discutés par les élèves. Dans ce but, ils se groupent autour des professeurs, échangent leurs vues, questionnent, critiquent, tant que la pensée à développer dans le travail n'est pas nettement précisée. De même, pour enseigner une opération nouvelle ou l'usage d'un outil non étudié, le professeur réunit les élèves autour de lui, démonte l'outil, en décrit les parties, l'affûte, le remonte, en explique l'usage et les effets.

Dans les écoles normales pour professeurs de travaux manuels et dans les milieux scolaires, les effets de chaque outil, de chaque opération, et de l'exécution de chaque objet ont été expérimentés méticuleusement au point de vue éducatif.

Si la doctrine tend à s'unifier et à se fixer, la forme des objets auxquels se rattachent les travaux varie à l'infini, suivant la formation personnelle des professeurs et l'influence des milieux.

Certaines écoles secondaires accentuent, plus que les autres, le caractère artistique des travaux et cherchent à développer le sens du beau par l'exécution d'objets qui présentent de belles lignes et une décoration de goût. Aux modèles de base, imposés à tous les élèves et qui relèvent plutôt de la technique de la menuiserie industrielle, elles ajoutent des objets auxquels les élèves appliquent des incrustations, le découpage et même la sculpture, travaux décoratifs qui répondent à une préoccupation d'art, malgré leur caractère sommaire.

CONCLUSIONS

L'Européen envoie ses enfants à l'école pour y apprendre «quelque chose»; l'Américain désire que l'école assure l'éducation intégrale, physique, intellectuelle et morale de ses enfants.

Les grandes idées sur l'essor d'une nation par l'éducation sont à l'arrière-plan dans nos écoles; les cadres de l'instruction sont fixes, les méthodes ne font cas que des notions abstraites, de l'argumentation purement logique et des conclusions tirées du syllogisme; les matières sont enseignées par des moyens conventionnels qui semblent s'éloigner des formes de la vie réelle; les questions d'organisation, les programmes, les tendances [Pg 70] éducatrices ne sont discutées que dans des cercles restreints: le public ne comprend pas le langage de nos pédagogues, il reste étranger et indifférent à ces discussions qui sont l'affaire de professionnels, de fonctionnaires.

En Amérique, au contraire, chaque école a ses pulsations propres: toutes les grandes questions qui touchent à son patrimoine scientifique et classique sont en discussion permanente dans les livres, dans les revues, les journaux, et surtout dans les assemblées et congrès auxquels s'associe et s'intéresse le peuple. Les innovations qui surgissent sont notées, essayées, exécutées; le public—qui est cordialement accueilli dans les classes, les laboratoires,—se préoccupe de leur réalisation et s'en déclare satisfait. Sous sa poussée, la vie sociale et économique s'est prolongée jusque dans le domaine scolaire et elle donne aux études de la fraîcheur et une allure rationnelle et vraie. Dans tout l'enseignement, l'idée et sa réalisation par l'action sont associées indissolublement; par l'éducation agissante, la volonté des enfants et des adolescents prend possession d'elle-même.

L'Américain a aussi la conviction que l'avenir de son pays est entre les mains de la femme qui transmet intégralement l'éducation reçue aux générations qui suivent. Alors que les pays européens ne lui font qu'une part infime dans la vie intellectuelle, par une éducation factice dans les pensionnats ou par une instruction restreinte dans les écoles moyennes, rares et relativement peu fréquentées, toutes les institutions d'enseignement secondaire américaines sont bondées de jeunes filles pauvres et riches, qui viennent s'y former, intellectuellement, par les études littéraires et scientifiques, et professionnellement en vue de leur rôle familial et social, par des travaux de cuisine, d'économie et d'arts domestiques. Les cuisines et ateliers de confection, annexés à ces écoles, sont de vrais laboratoires, où la future épouse acquiert, par une pratique méthodique, les aptitudes et le savoir nécessaires, pour s'assurer une existence indépendante et pour soutenir et accentuer la vigueur physique et morale de la nation.

Ainsi que dans les vieilles races, nos sentiments nous portent tout naturellement vers un altruisme qui s'exalte dans des œuvres de grande philanthropie telles que la mutualité et l'assistance sociale par la bienfaisance. Ces œuvres sont palliatives et lénifiantes, mais elles inclinent naturellement à ménager l'effort des masses en vue de leur propre relèvement.

Les Américains, que l'on dit volontiers individualistes à outrance, pratiquent une solidarité moins sentimentale à coup sûr, mais agissante et préventive. Avec une générosité qui ne [Pg 71] compte pas, les villes comme les particuliers contribuent pécuniairement à la création et aux frais d'entretien des admirables bibliothèques pour enfants et adultes, et rivalisent de largesse envers les institutions d'éducation et toutes les œuvres de relèvement, productrices d'énergie individuelle. Cette forme de solidarité nous apparaît également noble et grande et semble particulièrement propice au progrès social et économique du pays.

L'idéal d'éducation qui procède de ce grand sentiment national est simple et démocratique.

Les études scolaires générales, comme l'étude d'une profession manuelle, reposent sur une large instruction fondamentale.

Pour la même raison de principe, les divers degrés d'enseignement se greffent les uns sur les autres avec une simplicité qu'envient les systèmes européens. L'école maternelle, l'école primaire, l'école moyenne, les collèges, les instituts d'enseignement technique, les universités, les écoles normales, sont charpentés en un tout harmonique qui ne présente pas la moindre lacune ni surcharge.

L'école européenne témoigne de la plus grossière méconnaissance de la nature enfantine et humaine. Elle pratique le façonnage des cerveaux sans honte ni vergogne; elle supprime l'originalité et fait passer, avec un zèle persistant, les personnalités naissantes sous les rouleaux du laminoir égalisateur. L'école américaine exalte l'individualité, lui laisse manifester ses qualités propres par son régime de travaux dans lesquels l'élève conserve sa liberté d'appréciation, son discernement propre, son action originale et sa responsabilité.

Tous ces travaux renforcent l'équation personnelle des individus et tendent à donner à la jeunesse «un capital précieux de méthodes et d'expériences». Nulle part ne résonne la parole niveleuse et sermonneuse du professeur, exposant doctoralement les grises théories verbales et les dernières hypothèses de la science et de la technologie; on n'y voit pas les élèves griffonner fiévreusement des notes, accumuler dans leurs cahiers et dans leurs cerveaux surmenés le savoir de seconde main, appris par ouï-dire et le réciter, sans y ajouter aucun élément de leur savoir personnel. Les écoles américaines portent ces sciences à l'intelligence des élèves par des méthodes de manipulations expérimentales qui forment les facultés et développent les aptitudes, tout en puisant aux sources de saines et de fortes connaissances.

En faisant de l'élève, non l'auditeur passif, mais l'acteur de la vie scolaire, l'école américaine l'incite à se renseigner, à se former par lui-même, à se complaire dans les recherches soutenues [Pg 72] et le travail d'arrache-pied. Elle développe, en outre, la qualité stimulante propre à la nation américaine et si bien caractérisée par le mot «push», c'est-à-dire le besoin d'avancer dans le monde, à tout prix, l'impatience et la volonté de parvenir, forme supérieure de l'arrivisme, ressort puissant de son incessante activité.

A chaque moment des travaux scolaires, depuis son entrée dans les jardins d'enfants jusqu'à sa sortie des collèges, le jeune Américain est amené à faire acte d'initiative. Dans chacune de ses facultés intellectuelles et morales, il accumule ainsi, au cours de ses études, une somme d'énergie potentielle qu'il utilisera dans ses situations ultérieures, dans les diverses circonstances de sa vie, au gré de ses besoins.

C'est par leurs méthodes viriles que les écoles déposent dans les muscles et dans les nerfs de la jeunesse, les vertus qui font la valeur du peuple américain, le besoin d'activité tenace et persévérante, l'énergie pour *réaliser l'effort*. [Pg 73]

LIVRE III

L'ENSEIGNEMENT UNIVERSITAIRE EN FRANCE

CHAPITRE PREMIER

La valeur des méthodes universitaires.

§ 1.—LA MÉTHODE MNÉMONIQUE.

Quittant l'Amérique, nous allons revenir maintenant à notre enseignement universitaire.

Lorsque tout l'enseignement classique consistait uniquement à bien apprendre le latin et les rudiments des sciences qui existaient alors, les méthodes inaugurées par les Jésuites suffisaient parfaitement. Leurs élèves écrivaient assez correctement le latin, et il ne leur fallait pas de grands efforts de mémoire pour retenir le petit bagage de notions scientifiques qui était enseigné. La méthode mnémonique suffisait donc fort bien aux nécessités de l'époque.

Mais avec le développement considérable des connaissances modernes, d'autres méthodes d'enseignement s'imposaient. L'Université n'a pas su le comprendre. La méthode mnémonique est la seule dont elle ait continué à faire usage. [Pg 74]

> Les maîtres de notre temps n'ont recours qu'aux exercices de la mémoire. De là ces programmes surchargés où l'on inscrit constamment des sciences nouvelles, où l'hygiène, le droit, la paléontologie, l'archéologie, l'anthropologie ont leur place à côté des langues mortes, des langues vivantes, des mathématiques, de l'histoire, de la géographie, etc.
>
> On est tombé dans l'erreur de croire qu'on allait ainsi atteindre le sérieux et le profond; on n'a rencontré que le superficiel. On s'est dit que l'enfant devait avoir cet ensemble de connaissances énormes à son entrée dans le monde: il ne sait plus rien[7].

[7] *Enquête*, t. II, p. 545. Hanotaux, ancien ministre, ancien professeur à l'École des Hautes-Études.

Il ne sait plus rien dans aucune branche des connaissances. Les dépositions de l'enquête vont nous le prouver. Elles se ressemblent tellement qu'il suffira d'en choisir quelques-unes relatives aux divers sujets enseignés par l'Université.

§ 2.—LES RÉSULTATS DE L'ENSEIGNEMENT DU LATIN ET DES LANGUES VIVANTES.

L'enquête nous apprend que les neuf dixièmes des élèves sont incapables, après sept à huit ans d'études, de traduire à livre ouvert l'auteur le plus facile, dans l'impossibilité, par conséquent, de lire les écrivains latins. Inutile donc de disserter sur la vertu éducatrice d'une langue que l'Université est incapable d'enseigner. Sur ce point de l'ignorance totale de l'immense majorité des élèves, les déclarations ont été à peu près unanimes. Je me bornerai à donner la déposition de M. Andler, maître de conférences à la Sorbonne, qui les résume fort bien.

> ... Le latin appris à fond n'est propre qu'à former des professeurs de rhétorique; appris médiocrement, comme aujourd'hui, il n'est plus qu'un signe extérieur à quoi se reconnaît [Pg 75] une certaine aristocratie bourgeoise. Si l'on pensait que le latin sert à autre chose, par exemple à maintenir certaine tradition nationale, cette tradition serait mal assurée. Car les résultats ne permettent pas de supposer qu'elle tienne à cela; même, il y a à peine 10% des élèves qui puissent se tirer d'un texte élémentaire de Cicéron. J'assiste de très près tous les ans au dépouillement des copies latines du baccalauréat; il y a une version passable sur dix. Si la tradition nationale repose sur la connaissance que nous avons de la culture latine, elle est bien compromise. Toutes les phrases pathétiques sur l'ennoblissement des âmes, la culture morale, le goût artistique qui nous viendraient des Latins ne sont plus vraies dès que les connaissances latines élémentaires sont aussi mal assurées qu'elles le sont.

> Après une étude qui prend jusqu'à dix heures par semaine et dure sept ans, les élèves ne sont pas capables de se tirer d'une version autrement qu'à coups de dictionnaires. C'est du temps gaspillé[8].

[8] *Enquête*, t. II, p. 63. Andler, maître de conférences à l'École Normale.

C'est à peu près, d'ailleurs, ce qu'avait dit M. Jules Lemaître, dans une conférence qui fit beaucoup de bruit, et dont je reproduis un extrait.

> J'ai vu les cahiers et les «devoirs» de quelques adolescents, pris au hasard: c'est lamentable. Il est clair que leur latin ne leur servira pas même à écrire en français avec propreté, si ce don n'est infus en eux, ou à comprendre les latinismes de nos écrivains classiques: ce qui pourtant serait encore un assez petit gain et hors de toute proportion avec ce qu'il aurait coûté.

Ainsi ils auront deux fois perdu leur temps, puisqu'ils l'auront passé à ne pas apprendre une langue, qui, l'eussent-ils apprise, leur serait à peu près inutile. Et ce temps aurait donc été mieux employé, je ne dis même pas à l'étude des langues vivantes, des sciences naturelles et de la géographie (c'est trop évident), mais au jeu, à la gymnastique, à la menuiserie—à n'importe quoi.

Cette incapacité de l'Université à enseigner le latin ou d'ailleurs une langue quelconque, car bien entendu les élèves ignorent autant les langues modernes que les langues anciennes, a quelque chose de merveilleux et de bien propre à exciter l'étonnement. Étant donné [Pg 76] qu'il n'y a rien de plus facile à apprendre qu'une langue, que c'est même la seule chose apprise sans difficulté et sans exception par tous les enfants en bas âge, l'incapacité de l'Université à enseigner les langues est déconcertante. Il faut pénétrer dans le détail de ses méthodes pour comprendre comment il se fait qu'elle enseigne si mal ce que jadis les Jésuites enseignaient si bien.

La cause générale de leur insuffisance est aisée à saisir. Avec quelques traductions interlinéaires et de nombreuses lectures, les élèves apprendraient fort vite le latin à peu près sans professeurs. Ces derniers y ont mis ordre, en ne considérant les traductions que comme une chose accessoire et obligeant les élèves à apprendre par cœur de savantes grammaires, des étymologies, l'histoire des mots, des formes et de toutes les subtilités qui peuvent germer dans des cervelles d'universitaires.

Je tiens dans les mains un livre classique dans lequel dix-sept sortes de vers sont scandés, où l'attention de l'élève est appelée avec détails sur les mètres les plus rares, où l'hexamètre de Virgile tient quelques lignes à peine, tandis que l'auteur s'étend sur les diverses formes de catalectiques, les dimètres, les trimètres et les octonaires, pour passer aux asynartètes, aux anapestiques et entrer enfin dans la distinction des logaédiques qu'ils soient simples ou composés, ou bien encore phérécratiens ou asclépiades[9].

[9] *Enquête*, t. I, p. 51. Picot, secrétaire perpétuel de l'Académie des Sciences morales et politiques.

L'élève, heureusement pour lui, oublie ces chinoiseries le lendemain de l'examen. Quant au latin, il n'a pas à l'oublier, puisqu'il ne l'a jamais su.

Les langues vivantes sont naturellement enseignées de la même façon, c'est-à-dire en obligeant les élèves à apprendre par cœur des subtilités grammaticales. [Pg 77] Aussi, après sept ou huit ans d'études, sont-ils incapables de lire un ouvrage quelconque. Les dépositions de M. Lavisse et d'autres membres de la commission ont été d'accord sur ce point.

> Parmi les étudiants que je connais à la Sorbonne, il est très-rare qu'il s'en trouve un capable de lire couramment l'anglais ou l'allemand[10].

[10] *Enquête*, t. I, p. 44, Lavisse, professeur à la Sorbonne.

§ 3.—LES RÉSULTATS DE L'ENSEIGNEMENT DE LA LITTERATURE ET DE L'HISTOIRE.

Mêmes méthodes pour l'enseignement de la littérature et de l'histoire, et par conséquent mêmes résultats. Des dates, des appréciations toutes faites, des subtilités inutiles apprises dans les manuels et destinées à être oubliées le lendemain de l'examen.

> Qu'arrive-t-il aujourd'hui?

> On donne aux enfants des appréciations faites par leurs professeurs, on leur fait lire des critiques littéraires rédigées par des auteurs contemporains de talent, il est vrai, mais qui ne sont ni Racine, ni Pascal, ni Corneille, ni Bossuet, ni Lamartine, etc.

> Nos élèves sont donc formés avec les œuvres de leurs professeurs ou d'écrivains de second ordre, mais ils ne lisent pas nos grands auteurs de génie, ni les auteurs latins ou grecs.

> Quant à leurs compositions françaises, elles sont absolument défectueuses: on leur donne des sujets trop techniques; et les malheureux enfants cherchent à se rappeler ce qu'on a bien pu leur dire sur tel ou tel sujet[11].

[11] *Enquête*, t. II, p. 231. Orain, directeur à l'École de Blois.

> On a remplacé l'étude de la littérature elle-même par l'étude de l'histoire littéraire, en sorte qu'on sait moins ce qu'il y a dans les principales maximes de La Rochefoucauld que la différence qu'il y a entre les éditions successives des *Maximes*[12].

[12] *Enquête*, t. II, p. 172. René Doumic, professeur à Stanislas.

C'est là ce que les élèves apprennent le mieux, car c'est ce que savent le mieux leurs professeurs, les [Pg 78] concours d'agrégation étant surtout des concours d'ergotage. Les candidats ont appris à ergoter et ne peuvent guère enseigner autre chose à leurs élèves. Le monde marche. La concurrence des autres peuples nous menace. Pendant ce temps, les professeurs ergotent. Tels les Byzantins, alors que Mahomet les assiégeait. Les Barbares étaient dans leurs murs. Ils ergotaient encore.

> En faisant, comme on le fait aujourd'hui dans tous les collèges, ergoter sur des idées, couper des cheveux en quatre, discuter des idées subtiles, on va exactement contre la destination elle-même de l'enseignement[13].

[13] *Enquête*, t. I. p. 171. Doumic, professeur à Stanislas.

Dans un article publié par la *Revue de Paris*, M. Lavisse donne une excellente idée de la valeur de nos méthodes universitaires par les réponses des élèves à l'examen d'entrée de Saint-Cyr. On y voit avec quel soin les professeurs s'attachent aux petits faits isolés, aux détails faciles à emmagasiner dans la mémoire et leur impuissance à enseigner des idées générales sur les institutions, les mœurs, les coutumes d'une époque.

> Un candidat interrogé sur Condé, un autre sur Luxembourg, ne savent ni l'un ni l'autre la vie, le caractère, la méthode de ces deux hommes de guerre, mais la réponse est toute prête pour la question: «Qui commandait l'avant-garde au passage du Rhin?» Et pas un nom ne manque dans l'énumération des batailles de Condé et de Luxembourg.

M. Lavisse a fort bien résumé, dans les lignes suivantes, les méthodes d'enseignement de l'Université.

> Petits livres appris par cœur, salis par des doigts ennuyés; mots incompris encombrant les mémoires distraites; opinions d'autrui, absorbées sans être même assimilées, sur des chefs-d'œuvre [Pg 79] qu'on n'a pas lus; formules pour examens; la morale et Dieu lui-même mis en face d'accolades, qui engendrent des sous-accolades. Et ce qui est pire encore, des maîtres préparent leurs élèves à la réponse qu'ils savent devoir plaire à l'examinateur[14].

[14] Conférences sur le baccalauréat, par Lavisse, professeur à la Sorbonne.

§ 4.—LES RÉSULTATS DE L'ENSEIGNEMENT DES SCIENCES.

Mêmes méthodes d'enseignement pour les sciences. Des mots, toujours des mots, des manuels compliqués et subtils appris par cœur.

En chimie, au lieu d'exiger la connaissance réelle de la nomenclature et l'étude très précise, très pratique, des grandes lois et d'une douzaine des corps les plus importants, ce qui donnerait à l'élève le goût de la chimie et le désir de compléter ses connaissances, l'opinion nous oblige d'exiger que notre élève soit un chimiste encyclopédique. Le sélénium, le tellure, le brome, l'iode, le fluor, le bore, le silicium, etc., etc., défilent devant ses yeux: le résultat immédiat est le dégoût; le résultat éloigné, les lois de la mémoire outrageusement violées l'assurent, c'est l'oubli.

En physique, au lieu de l'attention constamment et vigoureusement appelée sur les grandes lois générales, c'est un abus fâcheux de descriptions d'appareils compliqués, comme si nous voulions faire de nos élèves des ouvriers constructeurs: après la machine d'Atwood, celle de Morin, qui n'ajoute rien à la compréhension du principe. Après l'expérience de Torricelli, c'est le baromètre de Fortin, dont les élèves ne se serviront jamais, sauf s'ils font des études spéciales, puis celui de Gay-Lussac, puis celui de Bunsen, si bien que les élèves finissent par ne plus apercevoir l'édifice entouré de tant d'échafaudages, et très forts sur la description des appareils, ils perdent quelque peu de vue les lois elles-mêmes.

Ce mal est le même partout, en littératures ancienne et moderne, en langues vivantes, en sciences naturelles et même en philosophie.

Les élèves, isolés de la vie, de la réalité, par des murailles de mots, ne sont point habitués à regarder en eux-mêmes, parce qu'ils sont distraits par le monde extérieur. Ce monde extérieur lui-même ils le voient, mais ils ne savent point le regarder. Toute leur vigueur intellectuelle est concentrée sur des mots[15].

[15] JULES PAYOT. *Revue Universitaire*, 15 avril 1899.

[Pg 80] Les résultats de l'enseignement des mathématiques au lycée ne sont pas supérieurs aux résultats fournis par l'enseignement des autres sciences.

Ce qui est très frappant, c'est que, de tous les élèves de rhétorique qui ont fait cependant pas mal de mathématiques, bien peu seraient capables de passer le brevet élémentaire à l'Hôtel de Ville[16].

[16] *Enquête*, t. II, p. 7. Beck, directeur de l'École Alsacienne.

Pour juger de la valeur des méthodes universitaires et des résultats qu'elles produisent même sur l'élite des élèves, on ne saurait trop méditer la déposition suivante de M. Buquet, directeur de l'École Centrale, dont l'examen d'entrée est à peine inférieur à celui de l'École Polytechnique.

Nous sommes très préoccupés de constater parmi les jeunes gens qui nous arrivent de très bons sujets présentés par les professeurs de lycées comme étant des premiers de leur classe ayant obtenu des accessits de concours général, sachant admirablement l'analyse, qui couvrent un tableau de formules sans s'arrêter, mais ne sachant absolument pas, quand ils arrivent à la fin, ce qu'ils ont voulu faire et trouver. Ils ne comprennent rien sinon qu'ils ont résolu une équation.

Si, à des jeunes gens très forts qui emploient très bien les formules et l'analyse au tableau, on propose de mettre à la place de A des kilos et à la place de B des kilomètres, ils se dérobent: on ne trouve plus personne: ils ne comprennent plus.

De là cette opinion parmi eux: c'est que le professeur dont on ne comprend pas bien le cours est un grand homme; on est dans ces idées-là. Moins on comprend ce qu'il indique, plus on croit qu'il est supérieur aux autres.

Tant qu'on reste dans des questions d'examen oral, les jeunes gens répondent bien. Si nous leur donnons une composition écrite, un problème comportant une application des sujets de cours, 75% ne comprennent pas ce problème.

Il est vraiment déplorable de voir des jeunes gens de vingt ans arriver à l'Ecole après avoir travaillé et être incapables de comprendre ce qu'ils ont cherché et voulu après plusieurs lignes de formules. Nous avons toutes les peines du monde à leur faire comprendre que les cours pratiques que nous leur faisons [Pg 81] suivre sont d'une utilité quelconque. Le cours d'analyse supérieure, le cours de mécanique, ils les suivent avec entrain: ils sont entraînés par les mathématiques spéciales. Mais faites un cours de ponts et chaussées, de chemins de fer, d'architecture, ils disent: cela, c'est bon pour les maçons, les ouvriers. Alors il faut pendant des mois faire campagne pour leur faire comprendre qu'on ne vit pas d'algèbre[17].

[17] *Enquête*, t. II, p. 503. Buquet, directeur de l'École Centrale.

§ 5.—LES RÉSULTATS DE L'ENSEIGNEMENT SUPÉRIEUR ET DE L'ESPRIT UNIVERSITAIRE.

Bien que la question de l'enseignement supérieur sorte du cadre de cet ouvrage, je suis obligé d'en dire quelques mots, car, si notre enseignement secondaire est à ce point défectueux, c'est que l'enseignement supérieur ne vaut pas davantage. Dans tous les pays où l'enseignement supérieur est bon, l'enseignement secondaire l'est nécessairement.

L'enseignement supérieur se trouve caractérisé chez nous, comme l'enseignement secondaire, par la récitation des manuels, l'entassement dans la tête de théories, qui n'y resteront que jusqu'au jour de l'examen. Le licencié, le polytechnicien, le normalien, doivent en réciter plus que le bachelier, et il n'y a pas entre eux d'autres différences.

La même méthode mnémonique est appliquée à toutes les formes de l'enseignement. C'est elle qui rend notre production scientifique si médiocre et nous met dans une position si inférieure à l'égard de l'étranger. Nos agrégés, nos docteurs, nos ingénieurs, ont appris bien plus de choses que leurs rivaux étrangers, et pourtant dans la vie ils leur sont inférieurs. Ils appartiennent trop souvent à ce type spécial, artificiellement créé par notre [Pg 82] Université et qu'on a justement qualifiés «d'idiots savants».

Lorsque l'État fournit des places aux produits de l'Université, leur infériorité ne se manifeste pas nettement, mais lorsqu'ils sont livrés à leurs propres forces et obligés de se créer une situation dans la vie, la nullité de leur instruction apparaît aussitôt.

Elle apparaît surtout dans les métiers, celui d'ingénieur, par exemple, où les connaissances précises sont indispensables. On en a fourni des cas intéressants devant la commission.

> Quand un ingénieur allemand sort de l'École de Freyberg, par exemple, il peut être immédiatement utilisé, et rendre des services pratiques. Il a déjà une valeur professionnelle.—Lorsqu'un jeune Français sort de l'École Centrale, il sait beaucoup plus de choses que son collègue allemand: on lui a enseigné depuis l'apiculture jusqu'aux constructions navales. Il sait tout, mais si superficiellement, qu'en fait et pratiquement, il est, comme on l'a dit, apte à tout, bon à rien[18]...

[18] *Enquête*, t. I, p. 454. Maneuvrier, directeur des établissements de la Vieille-Montagne.

Dans l'industrie, les grands patrons, de parti pris, choisissent leurs ingénieurs de moins en moins parmi les élèves de l'École Polytechnique. A peine s'ils prennent des élèves de l'École Centrale; ils s'adressent aux élèves des écoles d'arts et métiers de Châlons, d'Angers[19].

[19] *Enquête*, t. I, p. 360. Chailley-Bert, professeur à l'École des Sciences politiques.

Aujourd'hui il a tout envahi, ce terrible esprit universitaire qui croit que la valeur des hommes se mesure à la quantité de choses qu'ils peuvent réciter. Il fait partie maintenant des idées héréditaires de notre race et fort peu de Latins sont aptes à comprendre que la récitation des manuels n'est pas le seul idéal possible de l'éducation. [Pg 83]

Qu'il s'agisse de sciences, de médecine, d'art militaire, d'agriculture, etc., c'est toujours le manuel remplaçant la vue des choses. Un officier de marine, M. L. de Saussure, rappelle, dans une publication récente, les malheureux élèves-officiers obligés de réciter par cœur pendant des mois la théorie du tir devant des canons auxquels on ne les laisse pas toucher, et les amiraux passant l'inspection donnant les meilleures notes aux élèves qui récitent le mieux. «Dans une école vraiment éducatrice, ajoute l'auteur, on s'y prendrait autrement... leur faisant mettre la main à la pâte, on leur ferait démonter seuls individuellement les pièces. Le jour où un élève tirera un coup de canon avec une pièce dont il aura démonté de sa propre main la culasse et le frein, soyez certain qu'il connaîtra mieux son métier que par deux années de récitatifs fastidieux.»

On est presque honteux d'avoir à répéter des choses si évidentes. Il faut les avoir vues pour comprendre à quel point l'esprit universitaire a pénétré partout et ce qu'il nous a coûté. C'est à l'Université surtout que nous devons d'être un peuple de théoriciens, étrangers aux réalités, oscillant toujours entre les extrêmes, incapables de nous plier aux nécessités, et de jugement très faible. Et, bien que je me sois imposé de citer presque exclusivement des universitaires dans ce livre, je reproduirai encore quelques lignes de l'officier que je viens de nommer. Homme d'action, il a beaucoup voyagé et très bien observé.

Dans tous les pays qui ont échappé aux principes abstraits du rationalisme, dans tous les pays adaptés aux circonstances de l'évolution et de la concurrence modernes, dans tous les pays dont le commerce, la population et le commerce vont grandissant, en Suisse, en Hollande, en Scandinavie, en Allemagne, en [Pg 84] Angleterre, aux États-Unis, l'éducation est à peu près ce qu'elle doit être: l'art de développer les éléments héréditaires de la nature humaine en vue de la meilleure utilisation. La pratique, l'expérience et les sciences naturelles ont fait comprendre que les facultés de l'homme n'ont rien d'absolu, qu'elles ne se développent que par l'usage et en employant certains mobiles, qu'elles sont fort diverses selon les individus, et qu'il n'y a pas de démarcation entre les facultés du corps et celles de l'esprit. La volonté, l'énergie, le coup d'œil, le jugement aussi bien que l'intelligence proprement dite, sont des facultés héréditaires et variables, mais qui, pour une hérédité donnée, sont susceptibles de s'épanouir plus ou moins suivant les occasions qu'on leur fournit. Ces occasions naissent de la vie quotidienne, et l'éducation consiste à les graduer et à les multiplier.

Pour que le sentiment des nécessités de la lutte pour l'existence puisse naître chez ceux qui dirigent l'opinion, encore faut-il que leur éducation ne les ait pas rendus incapables de discerner ces nécessités. Or, l'éducation actuelle tend à isoler les jeunes Français du contact des réalités, à les endormir par une confiance illimitée dans les destinées de la Patrie, dans le triomphe assuré des Principes, dans la Justice immanente des choses, par la conviction que les guerres modernes sont les dernières manifestations de l'esprit d'arbitraire et qu'une ère de paix et de fraternité universelle va s'ouvrir pour aboutir à l'apothéose de la France. Cet état d'esprit peut conduire un pays à la décadence, car la décadence n'implique nullement la dégénérescence: les Espagnols n'ont pas dégénéré depuis Charles-Quint, mais ils n'ont pas su prendre conscience du changement des circonstances ambiantes; leurs éducateurs les ont fait vivre dans un monde imaginaire et les ont endormis dans une confiance vaniteuse en des destinées immanentes. Même de nos jours, alors que depuis cinquante ans les Américains s'immisçaient dans leurs affaires de Cuba, ils n'ont pris aucune mesure défensive, et, jusqu'à la dernière heure, ils se sont refusés à admettre que leur chevaleresque patrie pût avoir quelque chose à redouter d'une nation que la presse leur représentait comme composée de marchands de porcs, uniquement mus par l'esprit de lucre. A notre époque de progrès rapides et de transformations incessantes, une nation qui ne sait pas modifier ses idées et refréner ses sentiments instinctifs même les plus louables, risque de perdre le sens du réel et d'être surprise par les événements. [Pg 85]

§ 6.—L'OPINION DE L'UNIVERSITÉ SUR LA VALEUR GÉNÉRALE DE SON ENSEIGNEMENT.

Les citations précédentes montrent que les professeurs éclairés sont parfaitement édifiés sur la valeur de leur enseignement. Si, comme je l'ai fait observer dans mon introduction, ils ne perçoivent pas clairement pourquoi cet enseignement est si défectueux, ils en voient au moins les résultats. Les opinions émises devant la Commission d'enquête ont été formulées avec un pessimisme complet. Il nous suffira de citer.

> La masse sort du collège, ayant vu défiler devant elle une série d'esquisses rapides, ayant plus ou moins absorbé sans profit un amas de matières indigestes. En général, ils ne savent ni écrire, ni même lire le latin; ils n'ont aucune notion des beautés des littératures antiques dont ils ont péniblement essayé d'expliquer quelques fragments, sans avoir jamais lu en entier un des chefs-d'œuvre de ces littératures; la plupart ne peuvent pas écrire une page sans faute d'orthographe et en un français correct[20].

[20] *Enquête*, t. II, p. 392. Lavollée, docteur ès lettres.

> Examinez les copies du baccalauréat; assistez à quelques examens oraux, vous verrez à quel pénible avortement ont abouti, pour la plupart des candidats, les efforts de maîtres très consciencieux et très distingués, répétés pendant six ou huit années consécutives[21].

[21] *Enquête*, t. I, p. 449. Maneuvrier, ancien élève de l'École Normale Supérieure.

> J'estime que les trois quarts des bacheliers ne savent pas l'orthographe. Le mal n'est pas grand peut-être; mais si l'enseignement classique ne sert même pas à cela, à quoi peut-il servir? Je suis sûr que la moitié des licenciés en droit et ès lettres ne sont pas capables de faire une règle de trois ou d'extraire une racine carrée, et en géographie, si vous posez une question quelconque à tous les licenciés du monde, ils n'en sauront pas un mot.

> ... Comme examinateur à l'École navale, nous reconnaissons tout de suite les produits de l'enseignement secondaire. [Pg 86]

> Je ne sais pas d'ailleurs pourquoi on s'obstine à lui donner ce nom: il n'est ni secondaire, ni primaire, ni supérieur, il est

tout et il n'est rien. C'est un fossile qui n'est plus de ce monde: il date de l'ancien régime et il a cessé de vivre depuis plus de trente ans[22].

[22] *Enquête*, t. I, p. 293. Bérard, maître de conférences à la Sorbonne, examinateur à l'École Navale.

La situation de l'enseignement classique est en ce moment exactement celle-ci: cet enseignement miné, menacé de tous les côtés, n'inspirant plus la même confiance qu'autrefois, tendrait de plus en plus à devenir une sorte de spécialité, en sorte que le latin et le grec seraient enseignés à peu près comme l'hébreu et le sanscrit, réservés à quelques mandarins et par conséquent n'ayant plus aucune part à la formation générale de l'esprit, de l'intelligence et du caractère français[23].

[23] *Enquête*, t. I, p. 170. René Doumic, professeur à Stanislas.

On doit reconnaître que notre enseignement actuel n'est pas suffisamment approprié aux besoins de notre époque. Il est, en partie la cause de l'infériorité économique dans laquelle se trouve aujourd'hui la France, infériorité relative sans doute, mais très affligeante, quand on compare le développement si lent de notre industrie et de notre commerce avec les progrès considérables que font les peuples voisins, les Allemands surtout[24].

[24] *Enquête*, t. II, p. 438. Blondel, professeur de faculté.

Je n'hésite pas à vous le dire tout crûment, je crois que l'enseignement classique actuel ne répond plus aux besoins; ceux qui le donnent n'y croient guère plus que ceux qui le reçoivent[25].

[25] *Enquête*, t. I, p. 367. Brunot, maître de conférences à la Sorbonne.

Je vous dirai ma pensée avec une très grande franchise: je suis convaincu que, en tant que formant la base de l'éducation secondaire générale, l'enseignement classique est destiné tôt ou tard à disparaître, à faire place à un enseignement nouveau; je crois que c'est un fait qui appartient à l'évolution de la civilisation moderne[26].

[26] *Enquête*, t. I, p. 82. Gaston Paris, de l'Institut.

CHAPITRE II

Les résultats finals de l'éducation universitaire. Son influence sur l'intelligence et le caractère.

[Pg 87] Nous venons de voir que les méthodes universitaires, employées aujourd'hui, ne permettent à l'élève d'apprendre réellement aucune des choses qui font partie des programmes.

Le premier résultat de l'enseignement classique est donc l'ignorance finale, mais cet enseignement n'aurait-il pas d'autre résultat plus dangereux encore? Ne serait-ce pas à lui que nous devons, d'une part, cette légion d'esprits faux, aigris, déclassés, devenus fatalement de redoutables ennemis de la société qui les a élevés? Ne serait-ce pas au même enseignement que nous devrions encore cet encombrement d'hommes sans caractère, sans volonté, sans initiative, incapables de rien entreprendre sans la protection de l'État?

Pour répondre à ces graves questions, nous n'aurons qu'à reproduire certains passages de l'enquête. Ils sont tout à fait navrants. «Qu'est-il besoin d'ajouter à ces réquisitoires? Qui pourrait nier après [Pg 88] les avoir lus le méfait social de l'enseignement secondaire?» pourrions-nous répéter avec un des rapporteurs chargés de résumer les conclusions de l'enquête.

> Les vices essentiels dont souffre actuellement l'enseignement classique le condamnent à produire de plus en plus non une élite d'hommes dignes de ce nom, mais une foule d'aspirants aux fonctions publiques, de littérateurs de vingtième ordre ou de déclassés.
>
> Ajoutez à cela l'épreuve finale qui le termine, le baccalauréat, et qui, en raison même du grand nombre des concurrents et de la rapidité des interrogations, devient, de plus en plus, une loterie: les élèves le savent bien et sortent du collège imbus de cette idée qu'il en est de la vie entière comme du baccalauréat, que tout s'y décide par chance ou par protection[27].

[27] *Enquête*, t. II, p. 391. Lavollée, docteur ès lettres.

> Cette absence de force virile, de persévérance, cette inhabileté à soutenir l'effort, à le conduire jusqu'au bout, la comparaison de nos adolescents avec ceux de beaucoup d'autres pays, les font clairement apparaître. Cela se manifeste d'abord par la façon dont le Français choisit sa carrière. Sur ce point, je n'insiste pas: il suffit de sortir de

France pour se rendre compte à quel point nos jeunes gens sont dans l'erreur, lorsqu'ils choisissent une carrière; ils se tournent vers celle qu'ils croient devoir leur donner le moins de lutte et se devoir terminer le plus doucement possible[28].

[28] *Enquête*, t. II, p. 661. De Courbertin, chargé de missions relatives à l'étude des divers systèmes d'éducation.

On nous reproche avec raison de ne pas marquer nos élèves d'une empreinte morale assez profonde.

... Nous laissons échapper de nos mains des caractères sans couleur et sans relief, que la vie fait muer ensuite sans résistance en indifférents, en sceptiques et en jouisseurs[29].

[29] *Enquête*, t. II, p. 652. Rocafort, professeur de rhétorique.

L'enseignement public est organisé par le Gouvernement de la France; c'est au premier chef une œuvre d'État. Il devrait préparer nos jeunes gens à la vie; or nous ne les préparons pas à la vie; nous les préparons au rêve et au discours; nous ne les préparons pas à l'action; nous cultivons par-dessus tout leur imagination.

Cet enseignement ne nous donne pas les hommes dont le pays a plus que jamais besoin[30].

[30] *Enquête*, t. I, p. 313. Léveillé, professeur à la Faculté de droit de Paris.

[Pg 89] Rien n'est plus exact que cette dernière assertion. Notre Université ne fabrique que des rêveurs et des discoureurs, étrangers au monde où ils sont appelés à vivre.

Ils sont surtout incapables d'agir sans appui. Au foyer familial, c'est la main maternelle qui les guide. Au collège, c'est la main du pion. Jetés dans la vie, ils resteront désorientés tant que l'État ne les guidera pas à son tour.

La peur des responsabilités est signalée aujourd'hui comme une des caractéristiques du Français, en particulier de la bourgeoisie. Ce qui tendrait à prouver que le régime scolaire des collèges est bien pour quelque chose dans cette dangereuse maladie de la volonté.

... Où trouverait-on en France de ces enfants que j'ai vus à l'étranger? L'un, âgé de dix ans, s'en allait seul de Londres à Saint-Pétersbourg;—une escouade de huit ou dix collégiens étaient établis sous la tente dans une île du Saint-Laurent pendant la moitié de leurs vacances. Ils vivaient de pêche et de chasse. A vingt-cinq ans ces élèves pourront coloniser[31].

[31] *Enquête*, t. II, p. 262. Pasquier, recteur à Angers.

Certes non, on ne rencontre pas une telle valeur et de telles aptitudes chez nos pauvres lycéens tout effarés dès qu'ils n'ont plus un surveillant derrière eux, pour les faire marcher. Prendre un billet de chemin de fer tout seuls, pour rejoindre le domicile paternel pendant les vacances, constitue une difficulté à laquelle peu de familles osent les soumettre. Toujours ils porteront les traces de ce défaut d'éducation première.

Toutes les personnes qui ont voyagé ont pu vérifier la justesse du passage suivant emprunté au rapport de M. Raymond Poincaré, ancien ministre de l'Instruction publique, devant la Commission.

> Je ne connais pas d'humiliation plus profonde que celle qu'on [Pg 90] éprouve quand on rencontre des Français à l'étranger. Rien n'est aussi triste. Le Français, hors de France, est dépaysé, incapable de répondre à quoi que ce soit[32].

[32] *Enquête*, t. II, p. 681. R. Poincaré.

Et pourquoi est-il si dépaysé? Toujours pour la même raison, que n'ayant jamais appris à se diriger, il ne sait pas se conduire lorsque personne n'est plus là pour le guider. Il ne voit rien, ne sait rien, ne comprend rien. On peut le définir avec M. Payot, un emmuré:

> On a appelé les aveugles du nom d'*emmurés*: mais nos élèves sont plus emmurés que les aveugles, qui eux, du moins, ne sont privés que d'un seul sens. A la suite de l'atrophie qui affaiblit progressivement les centres nerveux qui demeurent longtemps inactifs, ils finissent par être presque totalement privés de l'usage de leurs cinq sens[33].

[33] *Revue Universitaire*, 15 avril 1899, J. Payot, inspecteur d'Académie.

Aussi, non seulement ne savent-ils pas se conduire, mais encore sont-ils incapables de toute réflexion. Le même auteur l'a exprimé devant la Commission dans les termes suivants:

> Ils ne savent pas penser personnellement parce qu'ils ont été toute leur vie d'écoliers victimes d'un bourrage qui les a rendus incapables de réflexion.

> D'autre part, par ce procédé, on les dégoûte des lectures; ils ne prennent aucun appétit pour les choses que nous leur enseignons. Ils sont dans la situation d'un enfant qu'on gaverait de nourriture[34].

[34] *Enquête*, t. II, p. 640. J. Payot.

Parmi les défauts artificiellement créés par notre misérable système d'éducation, un des plus curieux au point de vue psychologique, bien que des plus faciles à prévoir, est l'indifférence profonde qu'éprouvent nos jeunes gens pour le monde extérieur, indifférence égale à celle du sauvage à l'égard des [Pg 91] merveilles de la civilisation. Tout ce qui ne fait pas partie des programmes d'examen n'existe pas. Parle-t-on devant eux de la guerre de 1870, le sujet n'étant pas matière à examen, ils n'écoutent pas. Devant eux fonctionne le téléphone. Cela ne se demande pas aux examens, ils ne regardent pas.

Et, comme de telles assertions pourraient sembler invraisemblables, il faut s'empresser de citer. Devant l'énormité de telles constatations, je ne mentionnerai que des autorités de premier ordre.

> Nous arrivons quelquefois à constater des résultats navrants. Je le disais récemment à la Société de l'enseignement supérieur, et cela a été confirmé par plusieurs de mes collègues, il y a de malheureux candidats qui ne savent presque rien de la guerre de 1870, qui ignorent que Metz et Strasbourg n'appartiennent plus à la France. Je ne vous apporterais pas mon témoignage s'il était unique, mais il a été confirmé d'une façon très nette l'autre jour par M. Hauvette et d'autres personnes. Il y a une inertie tout à fait regrettable chez les jeunes gens[35].

[35] *Enquête*, t. I, p. 302. Darboux, doyen de la Faculté des sciences de l'Université de Paris.

> Le doyen de la Faculté de médecine citait récemment le cas d'un bachelier qui n'avait jamais entendu parler de la guerre de 1870.

> Cela est dû à une incuriosité totale: beaucoup de jeunes gens ont horreur, en sortant des classes, d'apprendre et d'écouter quoi que ce soit; une fois sortis du lycée, ils ne veulent plus rien voir, rien entendre; ils ont horreur de tout enseignement, même sur un fait presque contemporain.

> Un jeune homme que j'interrogeai sur le téléphone, parut complètement étonné de ma question, et je constatai qu'il n'avait jamais entendu parler du téléphone[36].

[36] *Enquête*, t. II, p. 34. Lippmann, professeur de physique à la Faculté des sciences de Paris, membre de l'Institut.

Cette incuriosité complète, signalée par les membres les plus éminents de l'enseignement, s'accompagne d'un autre phénomène très explicable psychologiquement—bien qu'il ait paru beaucoup surprendre [Pg 92] le Président de la Commission—je veux parler de l'oubli rapide et total, quelques mois après être sortis du lycée, de tout ce que les élèves y ont appris. Ces malheureux qui, le jour de l'examen, savaient sans broncher la généalogie des Sassanides et toutes les démonstrations de la géométrie, sont incapables, au bout de quelque temps, de résoudre une règle de trois. De là le fait souvent remarqué, que dans les examens élémentaires exigés par plusieurs administrations: Postes, Douanes, Contributions, etc., les bacheliers sont fort souvent refusés, et quand ils sont reçus, classés généralement après les élèves des écoles primaires, qui ayant peu appris savent mieux ce qu'ils ont appris. Ici encore hâtons-nous de citer.

> Quinze jours après l'examen, il se produit un véritable déclenchement; les candidats ne retiennent rien, ou si peu, qu'on peut dire rien[37].

[37] *Enquête*, t. II, p. 266. Pasquier, recteur à Angers.

> Vous savez, Messieurs, que les Facultés des sciences ont maintenant une année de préparation aux études médicales.
>
> Eh bien, au commencement de l'année, nous sommes obligés de donner des répétitions de mathématiques à nos nouveaux élèves. Bien entendu ce n'est pas pour leur apprendre l'algèbre ou la géométrie; non, c'est simplement pour leur rappeler les éléments de l'arithmétique la plus simple, la règle de trois, par exemple, ou la division, qu'ils ont oubliée[38].

[38] *Enquête*, t. I, p. 305. Darboux, doyen de la Faculté des sciences.

> Les meilleurs élèves, parmi les bacheliers, passent à la Faculté des lettres pour préparer leur licence; or en ce moment on s'aperçoit qu'ils ne savent pas faire un thème. On a été obligé d'installer à la Faculté des lettres de Paris un professeur spécial, qui fait aux étudiants une classe de lycée avec des thèmes comme en quatrième.
>
> On a constaté que nombre de nos futurs médecins, bacheliers ès sciences, ne savent faire ni une division, ni une règle de trois. On a donc été obligé de charger un des jeunes maîtres du [Pg 93] P. C. N. de Paris d'enseigner aux élèves en question de l'arithmétique élémentaire.
>
> Pour compléter le tableau, j'ajouterai que, s'ils savent peu d'arithmétique élémentaire, ils ignorent encore davantage

l'algèbre. Ils ne sont donc guère en état de suivre un cours de physique élémentaire[39].

[39] *Enquête*, t. II, p. 33. Lippmann, professeur de physique à la Sorbonne.

Cet oubli total, que l'expérience a fini enfin par prouver à tous les professeurs, avait été parfaitement montré par Taine, dans le dernier ouvrage qu'écrivit cet illustre philosophe. Voici comment il s'exprimait:

> Au moins neuf sur dix ont perdu leur temps et leur peine; ils ont perdu des années efficaces, importantes ou même décisives: comptez d'abord la moitié ou les deux tiers de ceux qui se présentent à l'examen, je veux dire les *refusés*; ensuite, parmi les admis, gradués, brevetés et diplômés, encore la moitié ou les deux tiers, je veux dire les *surmenés*. On leur a demandé trop en exigeant que tel jour, sur une chaise ou sur un tableau, ils fussent, deux heures durant et pour un groupe de sciences, des répertoires vivants de toute la connaissance humaine. En effet, ils ont été cela ou à peu près, ce jour-là, pendant deux heures; mais un mois plus tard, ils ne le sont plus; ils ne pourraient pas subir de nouveau l'examen; leurs acquisitions trop nombreuses et trop lourdes glissent incessamment hors de leur esprit, et ils n'en font pas de nouvelles. Leur vigueur morale a fléchi: la sève féconde est tarie; l'homme fait apparaît, et souvent c'est l'homme fini.

Voilà ce que l'Université fait de la jeunesse qui lui est confiée, de cet espoir de la France, dont elle ne réussit qu'à pervertir ou atrophier les âmes. Que vont devenir les jeunes gens ainsi formés? Que seront-ils un jour?

Ce qu'ils seront, nous le savons déjà, des résignés ou des déclassés. Résignés, ceux qui pourront entrer dans les emplois publics, et devenir fonctionnaires, professeurs, magistrats, etc. Les pions qui les dirigeaient au collège seront remplacés par d'autres pions ne [Pg 94] différant des premiers que par leurs titres. Sous leur direction ils feront avec inertie et indifférence de nouveaux devoirs. Ils s'achemineront lentement vers l'âge mûr, la vieillesse, puis disparaîtront de ce monde, après trente ou quarante ans de vie végétative, avec la certitude d'avoir été des êtres nuls, aussi inutiles à eux-mêmes qu'à leur pays.

Et les autres?

Les autres pourraient se diriger vers l'agriculture, l'industrie, le commerce, mais ils ne s'y résignent qu'après avoir tout tenté. Ils y entrent à contre-cœur et, par conséquent, n'y réussissent guère. Ces professions, qui font la richesse et la grandeur d'un pays, l'Université leur en a enseigné le mépris. Ce n'est certes pas un membre de l'Université qui eût écrit cette réflexion profonde d'un éminent homme d'État anglais: «L'homme capable de bien diriger une ferme serait capable de gouverner l'empire des Indes».

Sur les résultats finals de notre enseignement universitaire, l'accord a été, je le répète, à peu près complet. Voici comment le Président de la Commission d'enquête, M. Ribot, a résumé les dépositions dans son rapport officiel:

> Notre système d'éducation est, dans une certaine mesure, responsable des maux de la Société française. La Révolution, qui a renouvelé tant de choses, n'a pas eu le temps de donner à la France un système d'éducation secondaire. Avec l'Empire, nous avons repris et nous gardons encore les cadres, déjà vieillis à la fin du XVIIIe siècle, d'un enseignement qui ne répondait plus au caractère et aux besoins du pays; c'est pourquoi la question de l'enseignement secondaire est encore à cette heure un des problèmes les plus complexes, et, par certains côtés, les plus brûlants que nous ayons à résoudre[40].

[40] *Enquête.* Ribot, Rapport général, t. VI, p. 3.

> [Pg 95] Un système qui classe les hommes à vingt ans, d'après les diplômes qu'ils ont obtenus, prive l'État du droit de choisir ceux qui se sont faits eux-mêmes, et que les professions libres ont mis hors de pair. Appliqué seulement à certaines carrières, comme celle d'ingénieur, ce système n'est pas sans inconvénient. Étendu à la plupart des emplois publics, il devient un danger parce qu'il pousse toute la jeunesse à la poursuite de diplômes inutiles, qu'il fausse les idées sur le rôle de l'éducation, qu'il affaiblit le ressort moral de la nation, en faisant plus ou moins des déclassés de ceux qui échouent aux examens et qui n'ont pas la force d'entreprendre après coup une seconde éducation, et en donnant à ceux qui réussissent l'illusion qu'ils n'ont plus qu'à se mettre sur les rangs pour obtenir un emploi public.

> ... M. Berthelot est du même avis. Il critique les programmes et les procédés de classement adoptés pour l'entrée aux grandes écoles.

> «C'est là, dit-il, le minotaure qui dévore chaque année une multitude de jeunes gens incapables de résister à la préparation à des épreuves si mal combinées pour constater la véritable intelligence et la valeur personnelle, mais si propres à faire triompher la mnémotechnie et la préparation

mécanique. Les plus forts passent malgré tout; mais combien y périssent ou sont faussés pour toute leur vie. Aucun peuple n'a adopté de régime analogue, et tous s'accordent à regarder le nôtre comme une cause d'affaiblissement physique et intellectuel pour notre jeunesse[41].»

[41] *Enquête*. Ribot, t. VI, pp. 45 et 50.

C'est donc très justement que, dans son rapport devant la Commission, un magistrat distingué, M. Houyvet, s'est exprimé ainsi:

> Cet enseignement, *tel qu'il est donné*, fait des déclassés, des propres à rien, il n'est pas à la hauteur des besoins de l'époque; il nous faut des industriels, des agriculteurs, des colonisateurs, des gens qui sachent autre chose qu'ânonner quelques mots de latin et de grec[42].

[42] *Enquête*, t. II, p. 302. Houyvet, premier président honoraire.

Notre enseignement classique fait surtout des déclassés et c'est là qu'est son danger. Je l'ai déjà expliqué longuement dans un chapitre de ma *Psychologie du Socialisme* consacré aux inadaptés. J'y ai [Pg 96] montré combien devient dangereuse et menaçante la légion des bacheliers et licenciés sans emploi et quelles recrues redoutables elle apporte à l'armée de l'anarchie, des révolutions et du désordre. Ils sont prêts à toutes les destructions mais ne sont prêts qu'à cela.

Cette vérité, les universitaires eux-mêmes commencent à l'entrevoir.

> Ce bourrage encyclopédique qui laisse sommeiller les facultés actives et principalement l'esprit d'observation et la sagacité d'interprétation des faits constitue, dans un état démocratique, un danger terrible. Le jeune homme, jeté dans la mêlée sociale avec toute la fougue de son âge, avec son besoin d'affirmation et sans avoir été formé à la méditation tranquille et prolongée ni au doute philosophique, ira grossir la clientèle des journaux violents, rédigés par quelque impulsif spirituel et inintelligent ou par quelque illuminé haineux et sectaire et par la tourbe des «ratés», pour qui la violence n'est qu'un moyen de gagner malhonnêtement le pain quotidien, et aussi de satisfaire un fond trouble de jalousie. Les éducateurs sont directement responsables du naufrage de beaucoup d'intelligences et de caractères[43].

[43] *Revue Universitaire*, 15 avril 1899, J. Payot, inspecteur.

Cette redoutable question n'a pas été négligée entièrement devant la Commission, mais elle n'a été qu'effleurée. Il y a des choses que chacun pense mais que peu de personnes osent dire tout haut. M. Ducrocq, professeur à la Faculté de droit de Paris, y a rappelé une discussion de la Société d'économie politique de Paris du 5 mai 1894 dans laquelle Léon Say avait posé la question suivante: «Les faits qui se sont produits depuis quarante ans justifient-ils les conclusions du pamphlet de Bastiat: Baccalauréat et socialisme».

L'opinion de Léon Say et de la plupart des membres [Pg 97] présents fut que nos études classiques étaient responsables des progrès actuels du socialisme.

Le type de déclassés qu'elles fabriquent, type destiné à se multiplier bientôt, est assez bien représenté par l'anarchiste bachelier Émile Henry, qui avait poussé ses études jusqu'au concours de l'École Polytechnique et finit sur l'échafaud, se croyant, comme tous les diplômés sans emplois, victime des iniquités sociales.

Le demi-savoir, qui porte à mépriser le travail utile, ne fait qu'aiguiser les appétits sans donner les moyens de les satisfaire. Tous ces malheureux bacheliers et licenciés qui ont vu défiler tant de choses sans en comprendre aucune, sont absolument incapables d'apercevoir la complexité des phénomènes sociaux et ne peuvent en saisir que les injustices apparentes.

Leur armée grandit chaque jour. Avec le mépris progressif du travail manuel, elle ne peut que s'accroître encore. En 1850, 20.000 familles seulement réclamaient pour leurs fils l'enseignement secondaire. Leur nombre a décuplé maintenant[44].

[44] *Enquête*, t. VI, 5e partie, p. 3.

Parmi les causes diverses de décadence qui agissent sur les peuples latins, l'avenir dira sans doute que nulle ne fut plus active que l'enseignement universitaire. [Pg 98]

CHAPITRE III

Les Lycées.

§ 1.—LA VIE AU LYCÉE, LE TRAVAIL ET LA DISCIPLINE.

Il y a bien longtemps que la question de l'internat, c'est-à-dire des lycées, est agitée, et elle l'est bien vainement puisque ces discussions laissent toujours de côté l'opinion des intéressés, celle des parents. Or cette opinion est la seule qui puisse compter.

Le lycée représente en France l'expression de certains besoins, désirs et sentiments des familles. Si elles ne gardent pas les enfants chez elles ou ne les placent pas chez des professeurs comme cela se pratique dans d'autres pays, c'est évidemment qu'elles ne le peuvent ou ne le veulent. Leur volonté devrait donc avant tout être modifiée pour pouvoir changer l'état de l'enseignement et ce n'est pas avec des règlements ou des projets en l'air qu'on y arrivera.

Évidemment les lycées sont de tristes casernes où se déforment le corps, l'esprit et le caractère de la jeunesse. Tout ce qu'on peut dire en leur faveur c'est qu'ils constituent des nécessités. Il faut savoir s'accommoder à ces nécessités, jusqu'à ce que l'opinion ait été transformée. [Pg 99]

L'enquête dont nous allons reproduire quelques passages y contribuera peut-être. Elle nous montrera surtout combien est difficile chez les peuples latins le problème de la réforme de l'éducation.

Le lycée est une caserne fort mal tenue, si l'on veut, mais enfin une caserne. Cette définition a été plusieurs fois donnée devant la Commission.

> Dans les grands lycées, vous avez 400, 500, 600 et jusqu'à 800 internes; par conséquent le lycée ne peut être qu'une caserne, chaque élève est un numéro, et il est impossible, quels que soient l'attention et le scrupule du proviseur et du censeur, qu'ils connaissent les élèves même par leur nom[45].

[45] *Enquête*, t. I, p. 267. Séailles, professeur à la Sorbonne.

> Quand un lycée a 1.200 internes, sans préjudice de plusieurs centaines d'externes, il est encombré. Pour y maintenir l'ordre matériel, on ne peut qu'y adopter des règlements étroits et rigoureux, semblables à ceux d'une caserne. En tout cas, il est impossible de faire autre chose que suivre la

tradition aveuglément, en se conformant de point en point aux précédents[46].

[46] *Enquête*, t. I, p. 15. Berthelot, secrétaire perpétuel de l'Académie des sciences.

Le lycée est sur tous les points du territoire géré par des règlements méticuleux et uniformes, partout identiques.

Les élèves de nos lycées et collèges, en ce qui concerne le travail sédentaire, sont divisés, d'après leur âge, en deux catégories:

a) Les enfants de sept à treize ans, qui sont astreints à un travail de dix heures par jour;

b) Les enfants de treize ans et au-dessus, qui sont astreints à un travail de douze heures et même treize heures par jour quand ils assistent à la veillée facultative.

La Commission considère ce règlement comme tout à fait contraire aux exigences d'une bonne hygiène. On ne saurait imposer, sans de graves inconvénients, à des hommes faits, dix et douze heures par jour de silence et d'immobilité, d'application intellectuelle, dans un local fermé et insuffisamment aéré. Et ces exigences ne sont pas seulement nuisibles, elles sont [Pg 100] inutiles. En effet, une telle continuité d'efforts intellectuels étant presque impossible, et la somme d'attention soutenue dont l'enfant le mieux doué est capable étant fort au-dessous de la limite réglementaire, on produit la lassitude et l'ennui, sans obtenir plus de travail utile. Par ces excès, on compromet en quelque sorte la discipline en la rendant oppressive, et on justifie la dissipation en la rendant presque nécessaire[47].

[47] *Enquête*, t. I, p. 415. Maneuvrier, ancien élève de l'École Normale.

Dans tous les lycées de France, on se lève à la même heure, on se couche à la même heure; mêmes heures pour les repas, les classes, les récréations. De même, le régime des études, programmes, exercices scolaires, est réglé jusque dans les plus petits détails[48].

[48] *Enquête*, t. I, p. 38. Lavisse, professeur à la Sorbonne.

Le nombre d'heures de travail au lycée est excessif et très supérieur à celui qu'on impose aux forçats. L'hygiène y est déplorable. Le régime alimentaire généralement détestable.

Je puis vous parler du régime de l'internat, au point de vue matériel, intellectuel et moral.

Au point de vue matériel, c'est un régime absurde à première vue. Si nous faisons le compte des moments que l'élève passe debout en plein air, nous arrivons à deux heures et demie au total.

Il semble que, pour des êtres qui se développent, il y a là une situation dangereuse, anormale; être deux heures et demie à l'air libre, sur vingt-quatre, c'est trop peu.

Nos promenades du jeudi et du dimanche sont sans intérêt et sans utilité. L'élève s'y traîne dans les rues et sur les routes. Il en revient fatigué, sans profit pour son développement physique.

... J'en viens à la nourriture. Elle est, en général, franchement mauvaise, parce que mal préparée[49].

[49] *Enquête*, t. II, p. 417. Pequignat, répétiteur au lycée Henri IV.

Ce régime abrutissant plonge les élèves sinon dans la tristesse au moins dans une sorte de résignation hébétée que trahit leurs faces mornes.

La plupart de nos élèves ne sont pas gais; nous leur infligeons tant d'heures de travail que nécessairement leur santé [Pg 101] laisse quelque peu à désirer, et lorsque arrivent les vacances, ils ont un véritable besoin de repos[50].

[50] *Enquête*, t. II, p. 640. Payot, inspecteur d'Académie.

Aucun exercice physique ne vient rompre la monotonie de ce fastidieux labeur. On a beaucoup parlé des exercices physiques, on a fondé de belles ligues, prononcé d'éloquents discours, mais, devant l'opposition sourde de l'Université, qui méprise ces exercices rappelant pour elle le travail manuel, objet de tous ses dédains, ils ont progressivement disparu.

Les exercices physiques n'existent même pas. Chaque élève y consacre quarante minutes environ par semaine[51].

[51] *Enquête*, t. II, p. 396. Potot, surveillant général à Sainte-Barbe.

Mais ce qui dépasse l'imagination, c'est la discipline ou au moins la surveillance étroite et méticuleuse à laquelle sont soumis les élèves. Leurs surveillants ne doivent pas les quitter d'une minute. Dans les lycées construits à la campagne et qui possèdent de vastes parcs, ils n'ont même pas le droit d'y jouer.

Les choses touchant ici à l'invraisemblable, il faut bien vite nous abriter derrière des citations. Le lecteur sera suffisamment éclairé par le dialogue suivant qui s'est engagé entre M. Ribot, Président de la Commission, et deux proviseurs, sur cette interdiction faite aux élèves de circuler avec liberté aux heures de récréation.

> M. Marc Sauzet. Vous avez été au lycée de Vanves, qui est à la campagne. Avez-vous remarqué quelque différence, au point de vue du régime des élèves, avec les autres lycées?
>
> M. Béjambes. Le régime est absolument le même. Le lever et le coucher sont à la même heure. La seule différence, c'est que l'été le matin les élèves passaient une demi-heure dans le parc, en promenade, sous la surveillance des répétiteurs, au lieu d'aller en étude directement. [Pg 102]
>
> M. le Président. Ils n'allaient pas en rang, j'espère?
>
> M. Béjambes. En rang, dans les allées du parc. Jamais je n'ai vu les élèves aller jouer dans le parc. Il y avait des cours qui donnaient sur le parc, mais il était bien interdit aux élèves de dépasser la limite de la cour[52].

[52] *Enquête*, t. II, p. 416. MM. Marc Sauzet, Béjambes et Ribot.

> M. le Président (s'adressant à M. Plançon, proviseur du lycée Michelet). Vous n'avez pas osé prendre la responsabilité de leur laisser une certaine indépendance?
>
> M. Plançon. Non, d'abord pour des raisons de moralité, puis parce que nous avons la garde du parc; il faut y éviter quelquefois des petites déprédations, et nous ne pouvons naturellement pas ne pas veiller à ce que le parc soit toujours en bon état; nous y avons intérêt, parce que d'abord c'est une propriété de l'État que nous avons le droit de maintenir intacte et propre, et ensuite pour les familles. Nous ne pouvons pas les laisser errer seuls dans le parc.
>
> M. le Président. On n'a jamais essayé de leur laisser un peu plus de liberté dans le parc?
>
> M. Plançon. Je ne crois pas que mes prédécesseurs l'aient essayé[53].

[53] *Enquête*, t. I, pp. 582 et 583.

Quelque peu interloqué et supposant peut-être qu'il se trouvait en présence de cas exceptionnels, le Président s'est tourné vers M. Staub, proviseur du lycée Lakanal, et alors s'est engagé le dialogue suivant, digne, comme le précédent, d'être livré à la méditation des écrivains de l'avenir qui rédigeront l'invraisemblable histoire de l'éducation du peuple français à la fin du XIXᵉ siècle.

M. le Président. Quelle est l'étendue du parc?

M. Staub. 10 hectares.

M. le Président. Et vous croyez qu'il y aurait des inconvénients graves à laisser les élèves jouer dans le parc?

M. Staub. Très graves.

M. le Président. Et ces inconvénients sont de nature assez délicate pour que vous ne puissiez pas nous les dire?

M. Staub. Nullement. Ce sont nos mœurs qui s'y opposent. [Pg 103] Le moindre accident nous amène les responsabilités les plus graves.

M. le Président. Ne peut-il pas arriver des accidents dans les cours aussi bien que dans le parc?

M. Staub. Les élèves y sont surveillés.

M. le Président. Et vous craignez les responsabilités pénales?

M. Staub. Ce n'est pas une crainte vaine.

M. Plançon. Nous avons l'exemple de nos collègues de Louis-le-Grand et de Charlemagne, celui-ci a été bel et bien condamné à 5.000 francs d'amende, parce qu'un élève, en jouant, avait passé la main dans une vitre et s'était blessé.

M. le Président. C'est donc la magistrature qui doit être accusée du peu de liberté des élèves au lycée Lakanal?

M. Staub. Tous les arrêts rendus en ce sens ont recherché s'il y avait eu ou non manque de surveillance.

M. le Président. Si la jurisprudence était modifiée, auriez-vous une raison d'exercer la même surveillance sur les élèves?

M. Staub. Oui, monsieur le Président.

M. le Président. Il est un peu pénible de ne pas même procurer aux enfants cet agrément qui est un des meilleurs à leur offrir.

Vous ne voyez pas le moyen d'utiliser ces grands espaces pour l'éducation des enfants. Vous n'en sentez pas le besoin?

M. Staub. Je ne dis pas que ce serait une mauvaise chose, mais ce serait une organisation spéciale; j'ai trouvé une organisation toute faite en arrivant.

Bien entendu, avec un régime pareil et conforme, d'ailleurs, à la volonté des parents, ce lycée champêtre ne saurait attirer plus d'élèves que les lycées urbains. La suite du dialogue entre le Président et le proviseur indique bien que le digne fonctionnaire n'a jamais compris pourquoi.

M. le Président. Le lycée Lakanal se développe lentement.

M. Staub. Nous avons eu un moment de prospérité au début, puis le lycée a baissé, mais il a remonté.

M. le Président. Combien pourrait-il loger d'élèves?

M. Staub. 630 internes.

M. le Président. Et combien en a-t-il? [Pg 104]

M. Staub. 210 environ.

M. le Président. De sorte que chacun doit revenir assez cher?

M. Staub. En effet. Il est difficile de comprendre que les internes ne soient pas plus nombreux. C'est le plus beau lycée de France. Le lycée de Bordeaux est un beau lycée, mais il n'est pas comparable à Lakanal[54].

[54] *Enquête*, t. I, p. 585.

Eh! oui, sans doute, c'est le plus beau lycée de France et j'imagine qu'il refuserait beaucoup d'élèves s'il était administré par un proviseur anglais avec des règlements anglais. Cependant encore faudrait-il supposer des parents assez audacieux pour y placer leurs enfants dans ces conditions de liberté relative.

Quel que soit le degré de routine et d'aveuglement atteint par la plupart des universitaires, il ne faudrait pas supposer que quelques-uns n'aient pas entrevu tout ce qu'a d'absurde le régime de surveillance tatillonne auquel sont soumis nos lycéens, mais leurs efforts pour y remédier ont toujours été rudement réprimés.

Je sais qu'un grand nombre d'administrateurs ne demanderaient pas mieux que d'entrer dans une voie plus libérale; mais ils ne se sentent pas la liberté nécessaire.

J'ai fait, une fois, dans ma classe, la tentative que voici: j'ai dit à mes élèves: «Je vais voir si je puis avoir confiance en vous, je vais sortir pendant deux minutes; je suis sûr que vous vous conduirez bien».

Je fis comme j'avais dit, mais pendant ce temps, le surveillant général vint à passer,—c'était en province,—«C'est épouvantable ce que vous venez de faire là, me dit-il, songez donc, si, pendant votre absence, un enfant avait crevé l'œil de son voisin...»

Je lui répondis que, même présent, il m'était difficile, à moi comme à tout autre, d'empêcher un élève de mettre une plume dans l'œil de son camarade.

Avec cet esprit-là, on n'arrive à rien[55].

[55] *Enquête*, t. II, p. 379. Weil, professeur au lycée Voltaire.

[Pg 105] Hélas! si, on arrive à quelque chose! On forme pour l'avenir ces tristes générations d'êtres impuissants, oscillant sans cesse entre la révolution et la servitude.

Quant aux conséquences immédiates d'un tel régime, M. Lavisse les a nettement indiquées.

Nous nous exposons à cette conséquence si périlleuse: des jeunes gens surveillés à outrance, dont tous les mouvements ont été épiés, sont, du jour au lendemain, leurs études terminées, jetés dans les rues des villes et exposés à tous les abus d'une liberté dont ils n'ont pas fait l'expérience[56].

[56] *Enquête*, t. I, p. 38. Lavisse, professeur à la Sorbonne.

§ 2.—LA DIRECTION DES LYCÉES. LES PROVISEURS.

La valeur d'un établissement industriel et commercial dépend étroitement de la personnalité qui le dirige. C'est là une banalité ne nécessitant, je pense, aucune démonstration. Nous devons donc admettre que la valeur d'un lycée dépendra de l'homme qui est à sa tête.

Il en est réellement ainsi dans l'enseignement congréganiste. Il ne saurait en être de même dans les établissements de l'État et voici pourquoi:

Chaque lycée est théoriquement administré par un proviseur. En pratique, ce directeur n'est guère qu'un modeste comptable guidé dans ses moindres actes par les ordres que lui envoient les commis des bureaux du ministre. Sans autorité, sans pouvoir, suspecté par ses supérieurs, dédaigné par les professeurs, peu redouté par les élèves, son rôle est celui d'un humble bureaucrate et non celui d'un directeur.

> C'est un fonctionnaire, et, dans les grands établissements, un fonctionnaire débordé de besogne administrative. La centralisation, [Pg 106] qui rend le ministre légalement, parlementairement responsable de tout ce qui se passe dans chaque maison, a cette conséquence d'obliger le proviseur à passer le meilleur de son temps, non à diriger cette vie intérieure, mais à en rendre compte. Ce sont incessamment des rapports, des notices, des statistiques, une correspondance sans fin avec inspecteur, recteur ou ministre. Comment, dans les très grands lycées, le proviseur pourrait-il, ainsi surchargé, suivre chacun des élèves, en prendre la charge intellectuelle et morale?

> Ajoutez qu'il n'a aucun pouvoir sur les programmes; il n'a aucun droit de modifier, d'assouplir les cadres des enseignements pour répondre aux besoins, aux vœux, de la ville, de la région. Il est enfermé dans son budget comme un simple comptable, et l'établissement de ce budget, qu'arrête seule l'autorité centrale, n'est pour lui, comme l'a fort bien dit M. Poincaré, qu'une opération administrative[57].

[57] *Enquête*, t. II, p. 686. Léon Bourgeois, ancien ministre de l'Instruction publique.

> L'esprit bureaucratique, en France, envahit tout. La besogne matérielle, la correspondance, la tenue des registres de toute sorte, la paperasserie, tiennent de plus en plus de place dans les fonctions des chefs d'une maison[58].

[58] *Enquête*, t. II, p. 130. Bernès, professeur de rhétorique au lycée Lakanal.

> Aujourd'hui tout a été concentré entre les mains de l'Administration centrale, et notre initiative personnelle n'existe pour ainsi dire plus. Même pour le renvoi d'un élève, il faut recourir à un conseil.

> Un recteur ne pourrait même pas affecter un maître au grand ou au petit lycée d'une ville. Le ministre règle les moindres détails de l'administration[59].

[59] *Enquête*, t. I, p. 559, Dalimier, proviseur du lycée Buffon.

Peu à peu on nous a retiré toutes nos prérogatives et nous sommes arrivés à être enserrés par les règlements d'une façon telle que, si nous nous laissions faire, nous n'aurions absolument qu'à suivre l'impulsion qui nous viendrait d'en haut[60].

[60] *Enquête*, t. I, p. 466. Follioley, proviseur honoraire.

Je crains que les proviseurs et principaux de collège n'aient pas plus d'autorité sur les professeurs que sur leurs maîtres répétiteurs. Par la fatalité même du système, qui est administratif et paperassier, on en est arrivé à les considérer comme des administrateurs et des bureaucrates, et non pas comme des [Pg 107] éducateurs. Et cela n'est pas étonnant! Ils n'ont ni initiative ni responsabilité, pas plus pour l'instruction que pour l'éducation[61]!

[61] *Enquête*, t. II, p. 295. Clairin, président de la Commission de l'Enseignement.

Nous avons vu, a dit M. Ribot devant la Chambre des députés, et cela sautait aux yeux, que dans nos lycées s'était introduit un système de centralisation poussé si loin, avec une minutie bureaucratique si perfectionnée, que nos proviseurs, les chefs de nos établissements, ceux qui ont la charge de développer l'initiative chez les élèves, à qui on dit toujours: «Faites des hommes et exaltez le sentiment de la responsabilité,» quand ils se regardent eux-mêmes, sont les serviteurs liés par les chaînes les plus étroites, par les ordres venus soit de la rue de Grenelle, soit du cabinet d'un recteur.

La situation est véritablement pénible et je n'y veux pas insister. Un proviseur ne peut pas disposer d'une somme de 5 francs pour gratifier un serviteur fidèle; il ne peut ordonner une promenade, introduire une innovation quelconque—je ne parle pas des études, mais de l'administration intérieure du lycée et de la discipline—sans se heurter à des règlements; un proviseur passe son temps à accuser réception des circulaires qui viennent par centaines s'empiler sur son bureau; bien plus, un proviseur d'un de nos lycées, que nous avons mis à la campagne sans doute pour faire des expériences et pour donner aux élèves la liberté dans les champs reconquis, ce proviseur se croit obligé de suivre fidèlement la consigne donnée aux proviseurs des lycées urbains, de mettre en rang ses élèves le dimanche ou le jeudi pour aller sur les routes poudreuses de nos villages de banlieue au lieu de leur ouvrir le parc de dix ou de quinze hectares que l'État a acquis à grands frais. Quand nous lui demandons: pourquoi faites-vous ainsi? Parce que, dit-il, mes prédécesseurs ont fait ainsi et que je ne veux pas m'exposer à des reproches en faisant autrement[62].

[62] Séance de la Chambre des Députés du 13 février 1902, p. 657 de l'*Officiel*.

Un proviseur, en général, ne sait pas toujours exactement ce qui se passe dans son établissement. Il n'ose pas intervenir dans les classes. Il éprouve à l'égard du professeur un certain sentiment de défiance et il ne prend pas la liberté de lui donner des conseils. De son côté, le professeur le tient quelquefois en faible estime.

J'estime,—avec M. le Président—que le véritable défaut de nos lycées, c'est le manque de solidarité, d'unité, d'harmonie. [Pg 108] Chacun va de son côté, et il est fort heureux que, malgré ce défaut, les lycées ne marchent pas plus mal[63].

[63] *Enquête*, t. II, p. 223. Gautier, professeur au lycée Henri IV.

En fait, proviseurs et professeurs se détestent cordialement et ne sont pas moins détestés par leurs élèves. Il n'est pas admissible que, dans de semblables conditions, un établissement puisse prospérer.

On ne saurait s'en prendre aux proviseurs du fonctionnement si défectueux des établissements qu'ils dirigent. Enserrés comme ils le sont, ils ne peuvent mieux faire. Dès qu'on leur donne l'indépendance et la responsabilité, ils se transforment. M. Dupuy l'a très bien marqué dans le passage suivant de son rapport:

Les collèges qui sont au compte du principal sont plus florissants que les autres; là où le principal est plus directement intéressé au succès du collège, le succès se manifeste assez vite. Je prendrai pour exemple certains collèges de l'Académie de Lille: ils étaient languissants, on les a mis au compte du principal, et aujourd'hui, ils sont florissants, et ce changement s'est produit assez vite. Je crois que cela tient précisément, non seulement à ce que le principal a un intérêt plus direct, mais à ce qu'il est plus libre de ses actions, à ce qu'il peut modifier un peu le régime à son gré, à ce qu'il peut faire aux familles certaines concessions qu'un principal ordinaire ne peut pas faire[64].

[64] *Enquête*, t. I, p. 241. E. Dupuy, inspecteur général de l'Université.

Un malheureux proviseur est aujourd'hui enfermé dans un lacis de règlements, une surveillance méticuleuse et soupçonneuse qui le paralysent entièrement et en font le plus tyrannisé et le moins indépendant des fonctionnaires. Voici comment le Président de la Commission, M. Ribot, a résumé les vœux formulés à ce sujet.

> Moins d'uniformité, moins de bureaucratie, un peu de liberté: c'est le vœu général qui se dégage de l'enquête. Les lycées [Pg 109] étouffent sous la centralisation. On n'a fait, depuis dix ans, que la rendre plus pesante. On s'est appliqué à enlever aux proviseurs ce qui restait de leur initiative. Il n'est pas une académie, pas un lycée d'où ne s'élève une plainte, partout la même et partout aussi vive[65].

[65] *Enquête*. Ribot, t. VI, p. 4.

§ 3.—CE QUE COUTENT LES LYCÉES A L'ÉTAT.

Il est utile de savoir ce que coûte un pareil enseignement. Cela est d'autant plus intéressant que nous aurons comme point de comparaison l'enseignement congréganiste. C'est une règle générale bien connue et sur laquelle nous avons insisté dans un autre ouvrage, que tout ce qui est géré par l'État, qu'il s'agisse de chemins de fer, de navires ou de n'importe quoi, coûte de 25 à 50% plus cher que ce qui est géré par l'initiative privée.

Les lycées, bien entendu, n'échappent pas à cette loi. Alors que les maisons congréganistes, qui ne reçoivent aucune subvention, réalisent des bénéfices, l'État trouve le moyen de perdre des sommes énormes avec les lycées.

> En restant sur le terrain économique mais en me plaçant à un point de vue plus général, j'ai eu la curiosité de relever un point intéressant de la statistique d'après le budget de l'Instruction publique de 1895; je suis arrivé à cette conclusion que l'État donne pour les collèges une subvention de 75 francs par tête de collégien, pour les lycées une somme de 300 francs par tête de collégien, pour les facultés une subvention de 495 francs par tête d'étudiant.
>
> On voit que, pour les enfants des classes dirigeantes, l'État fournit une subvention beaucoup plus considérable que celle qui est afférente à l'enseignement primaire[66].

[66] *Enquête*, t. II, p. 427. Brocard, répétiteur général à Condorcet.

En 1869, il y avait 22 lycées qui ne demandaient aucune subvention [Pg 110] à l'État; en 1870, 19; en 1871, 12; en 1872, 11; en 1873, 10; en 1874, 1875, 1876, 3 ou 4. Aujourd'hui, tous sans exception doivent être subventionnés[67].

[67] *Enquête*, t. II, p. 530. Moreau, inspecteur général des finances.

Et à quoi tiennent ces frais énormes? En voici les raisons principales: d'abord le luxe entièrement inutile des lycées. Les architectes actuels croient devoir bâtir somptueusement ces casernes. Tout est en façade—comme l'enseignement universitaire—mais ces façades se paient très cher. M. Sabatier[68] a fait remarquer que le lycée Lakanal, qui compte cent cinquante élèves, revient à une dizaine de millions. Le logement de chaque élève revient à 750 francs. Pour le même prix, on aurait pu donner à chacun d'eux une petite villa et un jardin suffisants à le loger lui et ses parents.

[68] *Enquête*, t. I, p. 201.

Ceci est une première raison, mais il en existe bien d'autres. Le règlement étant uniforme pour tous les lycées, les frais sont partout égaux. Alors même qu'il n'y a pas d'élèves, on nomme des professeurs.

Je pourrais citer tel collège qui coûte 20.000 francs à la ville et qui compte un élève en rhétorique, un en deuxième, deux en troisième et quatre en quatrième. En tout, 60 élèves dans les petites classes[69].

[69] *Enquête*, t. II, p. 625. Grandeau, représentant de la Société nationale d'Agriculture.

Quand on voit, dans le budget d'un petit lycée, qu'une classe de sixième, qui compte quatre élèves, a un professeur agrégé au traitement de plus de 5.000 francs, on peut se demander s'il ne serait pas possible de trouver là une économie[70].

[70] *Enquête*, t. II, p. 533. Ribot, président de la Commission d'enquête.

Dans le même lycée, le professeur de cinquième, également agrégé, a cinq élèves. Les exemples analogues sont fréquents. Il serait difficile d'imaginer un plus complet gaspillage. [Pg 111]

La troisième raison du prix excessif de l'enseignement des lycées est que les proviseurs n'ont absolument aucun intérêt à faire des économies et ont même un intérêt sérieux à n'en pas faire. S'ils économisent, ils gênent la comptabilité des bureaux. Immédiatement, on réduit leur budget et on ne le rétablira plus, même en cas de nécessité, ce qui, pour l'avenir, leur servira de leçon.

Le passage suivant de l'enquête est fort typique sur ce point.

> Une petite réforme pourrait être intronisée immédiatement. Elle consisterait à permettre aux proviseurs, sous contrôle toujours, de disposer librement des économies qu'ils réalisent sur le budget de leur établissement. Aujourd'hui, lorsqu'un budget est fixé, le proviseur n'a aucun avantage à faire des économies. S'il en a réalisé 1.500 francs par une surveillance attentive sur le chauffage, l'éclairage, etc., on lui dit: «Cette année vous pourrez faire les mêmes économies que l'an passé,» et on diminue d'autant son budget. Il faudrait laisser le proviseur appliquer à ce qu'il croirait bon les économies qu'il parviendrait à réaliser[71].

[71] *Enquête*, t. II, p. 537. J. Payot, inspecteur d'Académie.

CHAPITRE IV

Les professeurs et les répétiteurs.

§ 1.—LES PROFESSEURS.

[Pg 112] Nous venons de voir l'état et l'administration des maisons scolaires où la jeunesse française est élevée. Nous avons vu la qualité de l'enseignement qu'elle y reçoit. Il nous reste à examiner—toujours d'après les dépositions de l'enquête—la valeur pédagogique de ses professeurs.

Les professeurs sont, par définition, des personnes qui enseignent et, par conséquent, doivent savoir enseigner. Or, l'éducation qu'ils ont reçue ne leur a jamais rien appris de cet art si difficile. Ils savent par cœur beaucoup de choses, mais très peu sont capables d'en enseigner aucune. C'est ce qui ressort nettement des déclarations faites devant la Commission par les universitaires les plus autorisés.

L'incapacité éducatrice des professeurs tient surtout au mode de préparation à l'agrégation. M. Léon Bourgeois l'a parfaitement marqué dans les lignes suivantes:

> L'agrégation devrait être, non un grade des études supérieures, mais un certificat d'aptitude à l'enseignement secondaire. Or elle [Pg 113] devient de plus en plus un concours entre candidats aussi savants et aussi spécialisés que possible. «Spécialisés», c'est ce dernier mot qui contient la condamnation du système[72].

[72] *Enquête*, t. II, p. 694. Léon Bourgeois, ancien ministre de l'Instruction publique.

La valeur pédagogique des professeurs est nettement indiquée dans les dépositions dont j'extrais les passages suivants:

> Il y a énormément de professeurs qui ne savent plus professer. Ils savent tout, sauf leur métier, la partie pratique de leur métier. Ce n'est pas tout que de gaver les jeunes gens d'un stock de questions sans leur faire comprendre le pourquoi des choses. Il faut les faire raisonner. Ce n'est pas la mémoire seulement qu'il faut exercer, mais le jugement. Aujourd'hui, c'est par le jugement que les élèves pèchent[73].

[73] *Enquête*, t. II, p. 505. Buquet, directeur de l'École Centrale.

Et c'est là peut-être un des plus dangereux résultats de notre éducation. Les produits de l'Université, élèves et professeurs, pèchent surtout par leur défaut de jugement et leur incapacité à raisonner correctement. Or le but fondamental de l'instruction devrait être précisément de développer le jugement et le raisonnement.

La très grande insuffisance pédagogique de nos professeurs est certainement une des causes principales des pauvres résultats de notre éducation classique.

> Je crois que la préparation pédagogique des professeurs laisse à désirer. Il y a même chez la plupart d'entre eux une sorte de préjugé contre la pédagogie, préjugé dont ils sont les premiers victimes, puisque beaucoup des plus brillants échouent dans leur classe, faute d'avoir réfléchi sur les procédés à employer pour communiquer leur savoir à autrui. Mais ce n'est pas seulement sur ce point que la préparation des professeurs est insuffisante: elle l'est aussi au point de vue historique et philosophique. Une des raisons de la crise incontestable chez la jeunesse actuelle, qui manque évidemment de direction, c'est que les [Pg 114] enfants ne reçoivent pas, dès le lycée, les grandes idées directrices qui devraient les dominer. Cela tient à ce que trop de professeurs n'ont pas eux-mêmes des idées très nettes à ce sujet; ils n'ont pas reçu aussi l'enseignement pédagogique et civique qui leur dirait quel est le rôle de l'Université dans la France républicaine d'aujourd'hui[74].

[74] *Enquête*, t. II, p. 639. Payot, inspecteur d'Académie.

M. Lavisse, à qui l'on doit en grande partie les programmes d'après lesquels se formèrent nos plus récentes générations de professeurs, ne s'est pas montré beaucoup plus tendre pour les éducateurs stylés par les méthodes qu'il a contribué mieux que personne à fortifier.

> Il sait qu'il sera professeur, mais il n'a pas le temps d'y penser. Et quelques semaines après qu'il a conquis son titre d'agrégé il tombe dans un lycée. Il ne connaît ni les lois, ni les règlements auxquels il doit obéir; il est exposé à se tromper sur ses droits, à méconnaître ses obligations, à regimber à tort. C'est le moindre des inconvénients. Il peut ne pas savoir enseigner du tout. Dans l'enseignement de l'histoire, pour ne parler que de celui que je connais le mieux, il faut savoir choisir entre les faits et les idées, éliminer ceux qui ne sont pas intelligibles, n'employer que des mots clairs ou qui puissent être clairement définis. Autrement, l'enseignement de l'histoire ne laisse dans les

esprits que des notions confuses enveloppées dans un verbalisme vague. Il perd toute puissance éducative. Il faudrait que le futur professeur fût averti de ces difficultés, habitué à les vaincre[75].

[75] *Enquête*, t. I, p. 42. Lavisse, de l'Académie française.

Sans doute, pourraient répondre les professeurs. Mais qui aurait dû nous «avertir de ces difficultés» sinon ceux qui nous ont formés? On commence à voir maintenant les mauvais résultats des méthodes qu'on nous a appliquées, mais est-ce bien à nous qu'il faut s'en prendre?

Les méthodes universitaires ne font du professeur qu'un subtil rhéteur et nullement un éducateur. [Pg 115] Elles lui laissent une mentalité très déformée. Ne connaissant rien du monde ni des nécessités qui le mènent, il vivra toujours dans le chimérique et l'irréel.

Les professeurs de l'Université constituent une caste dont les contours sont aussi arrêtés que celle des militaires et des magistrats. L'uniformité des programmes qu'ils ont dû subir leur donne des pensées identiques et des façons non moins identiques de les formuler. Très indifférents au fond des choses, ils n'attachent guère d'importance qu'à la façon de les exprimer. Ils redoutent fort les opinions nouvelles et ne s'y rallient que lorsqu'elles sont approuvées par des maîtres d'une autorité reconnue, acceptant alors sans difficulté les opinions les plus extrêmes. Leurs rares tentatives d'originalité n'aboutissent le plus souvent qu'à donner une forme paradoxale à des idées fort banales.

Ce qu'ils savent le mieux, c'est compliquer les choses les plus simples, et c'est ce qui rend leur enseignement si mauvais. M. Léon Bourgeois a su le dire, bien qu'en termes un peu voilés, devant la Commission d'enquête.

> Il y a certaines manières de «faire la classe» que j'admire et que je redoute en même temps. Je parle de beaucoup de professeurs distingués, brillants même, qui y mettent toute leur ardeur et tout leur talent. C'est une occasion pour eux de se distinguer personnellement, en suivant et en faisant valoir leurs propres goûts, devant quelques élèves d'élite auxquels ils se communiquent. Mais les autres, dont nous avons cependant la charge? Certes, ces professeurs sont très aimés de tous les élèves: ils laissent *tranquilles* les médiocres et les mauvais, et les *forts* sont ravis d'un maître dont ils semblent partager un peu la renommée. Je ne puis m'empêcher de penser que le but de l'enseignement public, qui doit s'adresser à tous, est mieux atteint, et le profit pour l'État encore plus considérable, lorsqu'un [Pg 116]

professeur plus modeste parvient à faire travailler l'ensemble de ses élèves, à entraîner la masse, dont il a charge, à tirer de tous ce qu'ils peuvent véritablement donner[76].

[76] *Enquête*, t. II, p. 693. Léon Bourgeois, ancien ministre de l'Instruction publique.

Ce zèle accidentel se refroidit d'ailleurs assez vite, et au bout de fort peu de temps, le rhéteur disert devient un simple bureaucrate faisant son cours à heure fixe sans s'occuper de ses élèves. C'est alors que, comme je le faisais remarquer dans l'introduction, il pourrait être remplacé par un phonographe. M. Raymond Poincaré, ancien Ministre de l'Instruction publique, a fort bien marqué l'évolution bureaucratique finale de l'Universitaire.

Le professeur arrive généralement avec l'idée de partir à la fin de sa classe, il fait son travail très consciencieusement, mais il ne fait que son travail.

Il vient, comme un bureaucrate ou un employé de ministère, passer deux heures dans le lycée. Il ne connaît pas ses élèves, il n'a aucun rapport avec eux[77].

[77] *Enquête*, t. II, p. 677. Raymond Poincaré.

Il ne faut pas trop en vouloir au professeur de se transformer si vite en bureaucrate et d'avoir la plus parfaite indifférence à l'égard de ses élèves. Il est le plus souvent un mécontent et un aigri. Le public a pour lui une considération assez faible, et l'Université le traite un peu en fonctionnaire subalterne auquel on ne ménage pas les tracasseries.

Le défaut de prestige de l'universitaire en France est un point fort délicat, lourd de conséquences de toutes sortes, mais qu'il serait inutile de dissimuler.

Ce qui contribue, dans le public, au manque de considération pour les professeurs de l'Université, [Pg 117] c'est l'insuffisance d'éducation extérieure de beaucoup d'entre eux. Cette absence d'éducation et ses causes ont été sobrement indiquées devant la Commission.

Chacun connaît la principale raison pour laquelle nombre de familles se portent de préférence vers l'enseignement libre;—c'est qu'elles croient y trouver plus de garanties, non pas assurément pour l'instruction, mais pour l'éducation. Cela seul, à mon sens, indique dans quelle voie on doit chercher à améliorer l'enseignement public. Les professeurs et les maîtres d'étude offrent assurément toutes garanties au point de vue de l'enseignement et de l'instruction, mais peut-être n'en offrent-ils pas toujours autant au point de vue de l'éducation[78].

[78] *Enquête*, t. I, p. 150. A. Leroy-Beaulieu, de l'Institut.

Aujourd'hui, nous recrutons encore nos candidats dans les couches profondes de la démocratie ouvrière ou rurale.

Nous recevons des fils d'ouvriers, de paysans, surtout des fils d'instituteurs, qui nous arrivent après avoir pu faire, grâce aux secours des municipalités et de l'État, leurs études dans les collèges, puis dans le lycée du département, pour les terminer dans les lycées de Paris[79].

[79] *Enquête*, t. I, p. 139. Perrot, de l'Institut, directeur de l'École Normale Supérieure.

Sortis de couches fort modestes, où naturellement l'éducation laisse un peu à désirer, les jeunes professeurs n'ont pas trouvé dans le milieu universitaire les moyens de réparer les lacunes de leur éducation première. Ils ne connaissent rien du monde, où ils sont brusquement lancés, et ils y restent trop souvent dépaysés.

Cette raison d'origine ne suffirait pas à expliquer le défaut d'éducation et de tenue qu'on reproche trop souvent aux universitaires puisque l'enseignement congréganiste recrute ses professeurs dans des couches sociales tout aussi modestes. Mais les congréganistes ont toujours attaché une importance très [Pg 118] grande aux formes extérieures. Ils ont des traditions perpétuées dans un milieu homogène, et, si l'on peut redouter leurs doctrines, on ne saurait contester qu'au point de vue de l'éducation extérieure ils sont fort supérieurs aux professeurs de l'Université.

Quelles que soient les causes de son défaut de prestige, l'universitaire est peu considéré par le public, et il en souffre vivement. Sa profession est tenue comme honorable assurément, mais faiblement cotée. A peine au-dessus du vétérinaire et assez au-dessous du pharmacien. Bien qu'il soit très convenablement rétribué, les familles voient toujours en lui le monsieur légèrement râpé, besogneux et courant le cachet. Si par hasard on le reçoit au moment des examens, il passe toujours après l'ingénieur, l'officier, le magistrat et le notaire. C'est l'invité sans importance qu'on met au bout de la table, qu'on n'écoute guère et que les héritières ne regardent pas. Un peu gauche, un peu emprunté, d'aspect assez fruste, il se sent mal à son aise dans le monde, et redoute de s'y montrer.

Ce défaut de prestige que l'universitaire sent fort bien, reste toujours un mystère irritant pour lui. Les illusions dont il est saturé lui ont laissé croire que c'est par les diplômes que se marquent les différences intellectuelles et sociales entre les hommes. Persuadé qu'avec ses parchemins il devrait être aux meilleures places dans la vie, il s'indigne secrètement d'en rester fort loin, et finalement n'a qu'antipathie pour une société qui ne lui donne pas la situation à laquelle il s'imagine avoir droit. De là en grande partie les tendances cachées ou avouées de la plupart des universitaires [Pg 119] pour les doctrines révolutionnaires les plus avancées.

Un écrivain qui a longtemps appartenu à l'Université a très bien marqué ces causes de l'antipathie des professeurs pour la société, et surtout pour l'armée, dans les lignes suivantes:

> Quelques professeurs détestent l'armée par jalousie plus que par politique.
>
> Chez les membres de l'Université, l'éducation première n'est pas toujours au niveau du savoir acquis. C'est par les honorables et modestes fonctions de l'enseignement que beaucoup d'enfants du peuple font leur entrée dans la bourgeoisie. Ils s'y trouvent d'abord un peu dépaysés. Munis de leurs diplômes, ils se jugent très supérieurs au monde qui les entoure.
>
> Si leurs manières un peu gauches, leurs vêtements dépourvus d'élégance ne leur assurent pas dans la haute compagnie des petites villes la place qu'ils estiment due à leur mérite, ils rendent, au fond de leurs cœurs froissés, les dédains au centuple. Ils jurent une haine mortelle à la société futile ou ignorante qui les tient si injustement à l'écart.
>
> Ainsi s'expliquent les opinions révolutionnaires de certains professeurs.
>
> Au contraire, l'officier, avec son brillant uniforme, est partout accueilli, recherché, fêté. Il orne les salons de la préfecture, il participe aux grandes chasses, aux aristocratiques réunions.
>
> Par surcroît, le décret de messidor lui assigne dans les cérémonies la préséance sur les professeurs des lycées.
>
> Que fait-on de l'adage «Que les armes passent après la toge?»
>
> Il y a de quoi gonfler de venin et faire crever de dépit les amours-propres vulgaires[80].

[80] H. DES HOUX, *Figaro*, 1er décembre 1901.

Et malheureusement la considération que l'universitaire n'obtient pas dans le monde, il ne l'obtient pas beaucoup plus dans l'Université, qui ne voit en lui qu'un fonctionnaire subalterne qu'on peut rudoyer à son gré. M. de Coubertin a très bien marqué dans les lignes suivantes la situation actuelle des professeurs de notre Université. [Pg 120]

> A voir le professeur dans son lycée, on le prendrait trop souvent pour le petit employé subalterne d'une administration publique, avec cette différence qu'il n'y jouit pas du confort relatif qu'offre le bureau. Dès la porte, l'absence de considération se marque dans le regard dédaigneux et les propos bourrus du concierge. Le professeur n'est pas là chez lui.

> ... Si l'Université veut que ses professeurs soient traités partout avec égards, c'est à elle à commencer; car elle est en grande partie responsable de leur effacement. Eux le sentent et ils en souffrent. J'ai été surpris de constater à quel point cette souffrance inavouée influait sur leur manière d'être et sur leurs pensées. Elle se traduit chez les plus âgés par une sorte de raideur, de froideur solennelle dont ils ont peine à se dépouiller en dehors même de leurs fonctions et qui leur devient comme une seconde nature; l'expérience des mille tracas auxquels ils sont en butte leur donne en plus une circonspection exagérée qui dégénère facilement en méfiance; leur enseignement se fait alors austère et sec; ils n'ont plus cette indulgente gaieté, cette bonne humeur qui sont indispensables à l'éducateur. Les autres—les jeunes— sont poussés inconsciemment au pessimisme; ils voient le monde en noir et laissent percer, lorsqu'ils en parlent, de l'âpreté ou de l'ironie. Sortir de la carrière serait l'ambition secrète de beaucoup d'entre eux: ils n'osent y songer[81].

[81] DE COUBERTIN. *Revue Bleue*, 1898, p. 80.

Tel est le professeur que l'Université nous a fait. C'est à lui que revient le rôle d'élever la jeunesse. Nous connaissons déjà les résultats de son enseignement. Il était facile de les prévoir.

Des exceptions existent assurément, mais si rares, qu'elles n'ont aucune action. On doit les signaler cependant pour les encourager, car l'Université ne les favorise guère. Deux ou trois professeurs ont exposé devant la Commission les efforts qu'ils avaient faits pour rendre aux élèves leur enseignement utile et on ne saurait trop les donner en exemple.

Parfois ma classe a lieu à l'Hôtel Carnavalet, au Louvre, au musée de Cluny.

Je choisis le moment où, dans les textes, nous avons rassemblé [Pg 121] un certain nombre de faits qu'il y a lieu d'élucider par la vue même des choses.

Traduisons-nous, par exemple, le discours où Cicéron reproche à Verrès d'avoir volé en Sicile tant d'objets de prix, je conduis mes élèves au Louvre, à la vitrine renfermant le trésor de Bosco-Reale, et je leur dis: Voilà une collection qui est à peu près de l'époque de Verrès, voilà quelques-unes des œuvres d'art qu'il aimait; voilà, sur des plats d'argent, de ces figures en relief qu'il admirait tant. Regardez comment, la plaque de métal qui les porte étant soudée au plat, il pouvait faire détacher ces hauts-reliefs pour se les approprier, si le plat ne lui plaisait point, etc.

M. le Président. C'est très intéressant, si c'est bien fait.

M. Rabaud. Je citerai encore le musée de Montpellier, qui est dirigé par un ancien surveillant général de Saint-Louis. Ce proviseur—il n'est pas apprécié à sa valeur—a organisé des excursions à Nîmes, à Arles et dans toute cette admirable région du Midi, pleine de vestiges de l'antiquité.

M. le Président. Tient-on compte au professeur des efforts qu'il tente en ce sens?

M. Rabaud. Jamais, monsieur le Président[82].

[82] *Enquête*, t. II, p. 235. Rabaud, professeur au lycée Charlemagne.

Je suis persuadé que le Président de la Commission d'enquête aurait rendu un grand service à son pays en demandant immédiatement au nom de la Commission, la croix pour les deux ou trois professeurs qui ont donné de telles preuves d'initiative, de zèle et de vraie intelligence des méthodes d'éducation. Cette récompense eût rendu peut-être de tels exemples un peu plus contagieux.

Le jour semble bien éloigné où de semblables méthodes se vulgariseront, et pendant longtemps encore nous aurons des professeurs aussi ignorants de la psychologie de l'enfance qu'incapables de modifier leurs méthodes d'enseignement. Quelques rares professeurs commencent d'ailleurs à l'apercevoir. [Pg 122]

Il ne serait peut-être pas mauvais que des hommes chargés d'instruire la jeunesse, de l'élever, au sens le plus complet et le plus noble du mot, étudiassent ce que c'est que la jeunesse, par quels procédés, depuis qu'on élève des enfants, on les a élevés, quels ont été les meilleurs de ces procédés, comment on s'y est pris pour enseigner telle ou telle science, pour en tirer le plus grand profit possible, comment on s'y est pris pour former les caractères, les cœurs des jeunes gens, en un mot pour préparer des hommes. Or, cela, je suis bien obligé de dire qu'on ne l'apprend pas. La plupart d'entre nous, pour ne pas dire tous, que nous ayons passé par l'Ecole Normale ou par une Faculté, ou que nous nous soyons formés seuls, nous avons, au cours de nos études, appris beaucoup de choses, sauf la façon de les enseigner. On nous a jetés brusquement dans le torrent de l'enseignement en nous laissant nous débrouiller.

Les réformes proposées ont presque toutes surpris la majorité de l'opinion publique universitaire; habituée à certaines méthodes, elle s'est trouvée malhabile à s'accommoder de méthodes nouvelles. Telle est la raison essentielle de l'échec de ces réformes, et toutes les modifications qu'on pourra imaginer d'apporter dans l'enseignement secondaire risqueront toujours de rester lettre morte, tant qu'on ne se préoccupera pas d'abord de préparer un personnel qui les accepte volontairement, les comprenne bien et les applique[83].

[83] *Enquête*, t. II, p. 627. Jules Gautier, inspecteur d'Académie.

Rien n'est plus juste que ces dernières lignes. On ne saurait trop répéter qu'il n'y a pas de réformes possibles tant qu'on n'aura pas donné aux professeurs une éducation tout autre que celle qu'ils reçoivent aujourd'hui. L'auteur de la déposition précédente est un des bien rares universitaires qui l'aient compris.

§ 2.—LES RÉPÉTITEURS.

Le répétiteur n'a guère d'autres fonctions que la surveillance des élèves. En relation constante avec ces derniers, il pourrait rendre à l'enseignement d'immenses services, car il est le plus souvent très [Pg 123] instruit. Pratiquement il est réduit au rôle pénible de simple surveillant. Méprisé par les professeurs, détesté par les élèves, tenu en défiance par le proviseur, il mène l'existence la plus dure et la plus ingrate qu'on puisse rêver.

Une difficulté presque insoluble, est celle du maître d'études. C'est lui qui vit réellement avec les élèves, qui donc pourrait devenir leur éducateur?

C'est un subordonné, qu'on ne paraît pas apprécier beaucoup, envers lequel, s'il le rencontre, le professeur se croit quitte quand il lui a envoyé un petit salut. Les relations des élèves avec les répétiteurs se ressentent des relations des répétiteurs avec les professeurs; les répétiteurs ont, à leurs yeux d'enfants, une infériorité marquée, ce sont des hommes sans prix. Au contraire, une autorité morale très grande est indispensable à celui qui veut donner une éducation[84].

[84] *Enquête*, t. II, p. 650. Rocafort, professeur de rhétorique au lycée de Nîmes.

Parmi eux il s'en rencontre parfois qui sont désireux d'être utiles aux élèves. L'Administration les guérit vite de pareilles fantaisies.

Je connais beaucoup de maîtres d'études qui ne demanderaient pas mieux que de bien faire, mais c'est toujours difficile de bien faire. Il m'est arrivé d'envoyer de ces jeunes gens dans les lycées, et je leur disais qu'il n'y a pas de petite besogne, que leur besogne est extrêmement importante, capitale même dans un établissement d'enseignement secondaire; ils arrivaient pleins de zèle, d'ardeur; ils s'efforçaient de faire une discipline morale, de connaître les élèves, de les attacher à eux et d'agir par des procédés éducateurs. Mais aussitôt l'inquiétude s'emparait de l'Administration, on disait: il ne fait pas comme les autres, c'est un mauvais esprit; et parce que ce garçon arrivait plein de zèle et n'aspirait qu'à bien faire, on se débarrassait de lui[85].

[85] *Enquête*, t. I, p. 268. Séailles, professeur à la Sorbonne.

Tant que les trois dernières lignes qui précèdent resteront l'expression de la vérité, l'instruction et l'éducation des jeunes Français demeureront au bas degré où nous les voyons aujourd'hui. [Pg 124]

L'Administration se méfie tout à fait des capacités éducatrices du répétiteur et s'obstine à le maintenir dans son rôle subalterne de surveillant. C'est pour cela sans doute qu'elle redoute si fort de voir des relations cordiales s'établir entre le répétiteur et l'élève.

Dans un article publié par une revue, je trouve le passage suivant:

Un répétiteur fut un jour très durement relevé par son proviseur pour avoir serré la main à un élève; un autre fut révoqué pour avoir fait de la gymnastique avec sa division.

Et lui qui pourrait exercer une grande influence sur ses élèves, en est réduit à se faire détester[86].

[86] *La France de demain*, 1899, p. 415.

Il ne faut pas croire que ces malheureux répétiteurs soient des individus quelconques, des sortes de manœuvres. Ils sont traités en manœuvres, mais ne le sont nullement. Leur instruction est à peu près celle des professeurs, et dans tous les cas beaucoup plus que suffisante pour instruire les élèves. La plupart sont licenciés et beaucoup sont docteurs.

> Au lycée Montaigne, en particulier, sur sept ou huit répétiteurs généraux, cinq étaient ou sont docteurs en médecine, candidats à la licence en droit...
>
> Ils tâchent de trouver un débouché de ce côté puisque le professorat leur est fermé. Un de mes camarades était bi-licencié; il n'avait jamais pu obtenir un poste de professeur; il a pris son doctorat en médecine. Quand il en trouvera l'occasion, il s'en ira; il reste dans le répétitorat comme pis-aller, la carrière de médecin étant, elle aussi, paraît-il, déjà fort encombrée[87].

[87] *Enquête*, t. II, p. 407. Provost, répétiteur général au lycée Montaigne.

Parmi les réformes proposées devant la Commission, la plus utile peut-être serait de supprimer la distinction entre professeurs et répétiteurs. Avant d'être professeur il faudrait avoir été répétiteur pendant cinq à six ans. Dans ce milieu transitoire, le professeur [Pg 125] apprendrait l'art d'enseigner qu'il ignore totalement aujourd'hui. J'ajouterai que l'enseignement donné par le répétiteur sera toujours supérieur à celui donné par des agrégés, simplement parce qu'il est moins bourré de choses inutiles, et parce que, possédant une science plus récente, se rappelant la peine qu'il eut pour l'acquérir, il saura mieux se mettre à la portée des élèves.

Si le lecteur a suffisamment médité sur ce chapitre et sur ceux qui précèdent, s'il a bien compris ce qu'est le lycée, ce que sont les professeurs, il doit commencer à entrevoir nettement combien les réformes apparentes proposées sont peu de chose devant les réformes profondes qu'il faudrait accomplir, mais que nul aujourd'hui ne pourrait, ni même n'oserait tenter. C'est pourquoi, sans doute, on n'en parle pas. [Pg 126]

CHAPITRE V

L'enseignement congréganiste.

L'enquête parlementaire s'est beaucoup occupée des progrès de l'enseignement congréganiste. Elle a rappelé certains faits connus de tout le monde, mais elle a aussi révélé des choses que le public ne soupçonnait pas. On n'eût guère pensé, par exemple, que les Frères des Écoles chrétiennes, jadis relégués dans l'enseignement primaire le plus humble, arriveraient à faire une très sérieuse concurrence à l'Université dans l'enseignement secondaire et supérieur. En quelques années leurs progrès ont été foudroyants. Dans nos grandes écoles, l'École Centrale notamment, sur les 134 élèves présentés par eux en dix ans, les neuf dixièmes ont été reçus. Ils avaient 30 établissements qui donnaient l'enseignement secondaire. En outre, le seul enseignement agricole véritable en France était dans leurs mains. Ils possédaient des fermes de 35 hectares, où les élèves recevaient une instruction pratique et obtenaient tous les prix dans les concours. Ils dirigeaient également des écoles commerciales et industrielles sans rivales. Et, alors que nos établissements d'instruction coûtent si cher à l'État, les leurs rapportaient des dividendes [Pg 127] aux commanditaires qui avaient prêté des fonds pour les créer. Quant aux autres maisons d'éducation congréganistes, bien que ne recevant aucune rétribution du budget, alors que les lycées lui sont si onéreux, ils faisaient à ces lycées une concurrence des plus redoutables et leurs succès s'accroissent chaque jour.

Toutes ces observations sont d'ailleurs de l'histoire déjà ancienne. L'Université ne pouvant lutter contre l'enseignement des Frères a obtenu qu'il fût supprimé. Les professeurs durent aller porter leurs méthodes dans des pays étrangers qui les ont reçus à bras ouverts.

Les résultats obtenus par l'enseignement congréganiste sont incontestables, mais l'enquête n'a pas su en montrer les causes. Elles sont pourtant bien évidentes. Elles résident simplement dans la qualité morale des maîtres. Tous avaient un idéal commun et l'esprit de dévouement qu'un idéal inspire. Cet idéal peut être scientifiquement traité de chimère, mais la qualité philosophique d'un idéal est absolument sans importance. Ce n'est pas à sa valeur théorique qu'il faut le mesurer, c'est à l'influence qu'il exerce sur les âmes. Or, l'influence de l'idéal qui guide les congréganistes est immense. Tous ces professeurs à peine rétribués sont dévoués à leur tâche et ne reculent pas devant les plus humbles besognes. A la fois surveillants et professeurs, ils s'occupent sans cesse de leurs élèves, les étudient, les comprennent et savent se mettre à leur portée. Leurs origines familiales sont au moins aussi modestes que celles des professeurs de l'Université, mais leur tenue générale est infiniment supérieure, et, par contagion, celle de leurs élèves le devient également. Il n'y a pas à [Pg 128] contester que ces élèves ne soient, au moins extérieurement, beaucoup mieux élevés que ceux de nos lycées. Les parents s'aperçoivent très bien de la différence et les libres penseurs eux-mêmes envoyaient de plus en plus leurs enfants chez les congréganistes. Ils savaient d'ailleurs aussi que ces congréganistes s'intéressaient personnellement à leurs élèves, ce qui n'est pas le cas des professeurs des lycées, et les faisaient très bien réussir dans la préparation aux examens ouvrant l'entrée des grandes écoles.

Comme je ne vois aucun moyen d'infuser à nos universitaires les qualités incontestables que les congréganistes devaient à leurs croyances religieuses, j'ignore de quelle façon on ralentira les progrès des derniers. Des règlements, si rigides puissent-ils être, n'y pourront rien. Les supprimer est simplement les obliger à changer de costume. La diffusion de l'esprit clérical est assurément fâcheuse dans un pays aussi divisé que le nôtre, mais aucune persécution ne saurait l'entraver. On peut évidemment décréter, comme on l'a proposé, que l'État ne laissera les fonctions publiques accessibles qu'aux élèves ayant passé par le lycée, mais une telle loi serait facile à tourner, car les congréganistes n'auraient qu'à envoyer leurs élèves au lycée le nombre d'heures suffisant pour obtenir les certificats nécessaires. Supposons cependant que par des moyens draconiens, on les oblige tous à fermer leurs établissements comme il a déjà été fait pour les plus prospères. De telles lois auraient pour conséquence immédiate de transformer en ennemis du Gouvernement les parents tenant à confier leurs enfants aux congréganistes. Elles auraient aussi cette autre conséquence, beaucoup plus grave encore, de supprimer [Pg 129] toute concurrence à l'Université, et par conséquent de détruire le seul stimulant qui l'empêche de descendre plus bas qu'elle ne l'est aujourd'hui.

Tout ce qui vient d'être dit de l'enseignement congréganiste, et surtout de la supériorité de son éducation, a été très bien mis en évidence dans l'enquête et cela par les professeurs de l'Université eux-mêmes. Je n'ai maintenant qu'à citer.

> Dans les maisons religieuses, les professeurs sont très souvent improvisés: à peine deux ou trois qui ont voulu être professeurs et qui ont leurs grades. En revanche, l'entraînement particulier qu'ils subissent en vue de l'apostolat sacerdotal les prépare admirablement au métier d'éducateur. Les pensées élevées sur lesquelles on les tient attachés, les sentiments de dévouement et de sacrifice dont on les pénètre, les leçons de psychologie pratique et de direction spirituelle qu'on leur enseigne, tout cela constitue

des ressources pédagogiques de premier ordre, utilisables dès leur entrée en fonctions[88].

[88] *Enquête*, t. II, p. 651. Rocafert, professeur d'histoire.

Au point de vue moral, il n'y a pas d'éducation, de direction dans l'Université. Nous n'avons pas de doctrine morale comme nous n'avons pas de doctrine disciplinaire. Nous n'enseignons rien de précis sur ce point important. Les maisons religieuses ont sur nous l'avantage d'enseigner au moins la morale d'une religion; nous, nous n'enseignons même pas la morale de la solidarité, qu'on enseigne dans les écoles primaires. Nos élèves n'ont part aux théories morales qu'en philosophie; à ce moment ils sont déjà formés, il est trop tard[89].

[89] *Enquête*, t. II, p. 419. Pequignat, répétiteur à Henri IV.

Les enfants, dans les lycées, ne vivent qu'entre eux, n'ayant de rapport avec l'Administration que pour en recevoir des ordres ou des punitions. Or, la pire des écoles, c'est celle des enfants entre eux; c'est ce qui rend si dangereuse l'école de la rue. Un enfant ne peut être élevé que par quelqu'un de formé, de plus âgé, de plus équilibré. En somme, nos jeunes gens ne sont pas assez avec des personnes qu'ils aiment et qui les aiment. Les établissements religieux n'ont évidemment pas une supériorité réelle sur les établissements laïques, mais ils tiennent compte des sentiments des enfants, ils occupent leur imagination, ils excitent leurs bons sentiments. Je lisais même [Pg 130] récemment dans un livre sur les patronages catholiques que, dans les écoles classiques, les grands garçons sont peu à peu habitués à se préoccuper de leurs futurs devoirs, de leur futur rôle dans la société.

On leur enseigne à s'intéresser aux autres, surtout aux petits, aux faibles; enfin, on leur trace une sorte de programme moral, tandis que ces précautions d'ordre élevé ne sont pas prises chez nous[90].

[90] *Enquête*, t. II, p. 436. Gaufrès, ancien chef d'institution.

Aux raisons qui précèdent, il faut joindre les succès que les congréganistes font obtenir à leurs élèves. Aussi leurs progrès s'accroissaient-ils rapidement.

Il y a une poussée de concurrence de la part des établissements ecclésiastiques, ce n'est pas douteux; tandis que les établissements publics ne s'accroissent plus guère, les établissements ecclésiastiques en particulier, parmi les établissements libres, s'accroissent rapidement[91].

[91] *Enquête*, t. II, p. 83. Max Leclerc, chargé de missions relatives a l'enseignement.

Actuellement, d'après les chiffres donnés par MM. Leclerc et Mercadier devant la Commission, l'enseignement libre, c'est-à-dire congréganiste, possède 53,4% du nombre des élèves, celui de l'État 46,5% seulement.

La proportion au profit de l'enseignement congréganiste s'élève d'année en année, et pour l'entrée aux grandes écoles, il fait une rude concurrence aux lycées. D'après M. Mercadier, les établissements congréganistes fournissent à eux seuls 24% des élèves de l'École Polytechnique. Pour d'autres écoles du Gouvernement, la proportion est plus élevée encore.

Mais ce qui est beaucoup plus intéressant et constitue une véritable révélation, ce sont les résultats qu'obtenaient les Frères des Écoles chrétiennes dans tous les ordres d'enseignement, aussi bien ceux [Pg 131] régis par les programmes de l'État que ceux créés par eux pour répondre aux besoins modernes dont l'Université ne se préoccupe nullement et dont les Frères ont été à peu près les seuls à s'occuper jusqu'ici. La déposition du Frère Justinus, assistant du Supérieur général de ces Écoles, a été aussi longue qu'intéressante, et montre à quels merveilleux résultats peuvent arriver des hommes de cœur, d'initiative et de volonté. Sans aucune assistance pécuniaire de l'État, alors que notre Université pèse si lourdement sur le budget des contribuables, ils réussissaient à donner des dividendes aux actionnaires qui leur avaient prêté des fonds.

Voyons d'abord les résultats obtenus dans l'enseignement secondaire par les Frères, puisque c'est de lui qu'il s'agit maintenant. Je n'ai qu'à leur laisser la parole. Ce ne seront plus les belles périodes, les phrases sonores, autant que vides, des académiciens universitaires sur les beautés de l'enseignement classique, la vertu éducatrice du latin, etc., mais des faits bien nets, simplement exprimés. Les Frères ont montré tout le parti que l'on peut tirer des programmes et justifié une de mes assertions fondamentales, à savoir que ce ne sont pas les programmes, mais les professeurs, qu'il faudrait pouvoir changer.

D'après les renseignements donnés à la Commission, les Frères possédaient 456 écoles, dont 342 en France, les autres établies dans huit colonies, dont cinq sont françaises. Ces écoles étaient de toute nature: primaires, industrielles, secondaires, etc., suivant les besoins du milieu où elles se trouvaient créées. Celles d'enseignement uniquement secondaire étaient au nombre d'une trentaine environ. Dans les maisons [Pg 132] d'enseignement secondaire de Passy, de 1892 à 1898, ils ont préparé avec succès 365 élèves au baccalauréat. 48 élèves ont obtenu un double baccalauréat.

Pour couronnement des études, il a été organisé, à Passy, un cours de préparation à l'Ecole Centrale, faisant immédiatement suite aux classes secondaires modernes. De 1887 à 1898, le pensionnat de Passy a eu quatre fois le *major* de la promotion, deux fois le *sous-major* et un certain nombre d'élèves dans les dix premiers. Sur 134 élèves présentés durant cette période, 119 ont été admis, soit plus de 89%.

A l'Ecole des Mines de Saint-Étienne, durant les dix dernières années, nous avons eu 11 majors sur les 20 réunis de l'entrée et de la sortie.

49 de nos élèves font actuellement partie de l'École des Mines, et 287 ont déjà obtenu à leur sortie le diplôme d'ingénieur. Plusieurs occupent aujourd'hui les positions les plus honorables (ingénieurs en chef ou directeurs) dans les bassins de la Loire, de l'Aveyron, du Gard, du Nord et du Pas-de-Calais.

En ce qui concerne les carrières suivies par les élèves sortis de nos établissements secondaires, voici les indications données par une statistique récente:

Commerce 35%
Agriculture 33%
Industrie 15%
Administration 7%
Armées et colonies 5%
Etudes 5%

La grande majorité se dirige donc vers les carrières du commerce, de l'agriculture et de l'industrie[92].

[92] *Enquête*, t. II, pp. 592 et suiv. Frère Justinus.

Ces résultats indiquent la supériorité des méthodes employées, mais une chose beaucoup plus intéressante encore, c'est le développement que les Frères ont su donner aux établissements agricoles et industriels, rendant ainsi d'immenses services dont on ne saurait leur être trop reconnaissant. Je laisse de côté leurs écoles d'agriculture, notamment celle dont il est parlé dans l'enquête, comprenant une ferme de [Pg 133] 35 hectares où les élèves doivent exécuter tous les travaux agricoles, y compris ceux du labourage, ce qui a valu au directeur de cette école, en 1899, le titre de premier lauréat de la Société des Agriculteurs de France. Je me bornerai à reproduire le passage de la déposition où il est montré comment l'enseignement varie suivant les besoins des régions.

Nous avons organisé pour l'industrie des cours pratiques analogues à ceux qui existent pour l'agriculture.

Aux derniers examens d'admission pour l'École des apprentis élèves-mécaniciens de la flotte, nos établissements de Brest, de Quimper et de Lambézellec ont fait admettre 27 de leurs élèves.—L'école de Brest a eu le n° 1 de la promotion; le pensionnat de Quimper, le n° 2; celui de Lambézellec, le n° 3.

A l'autre extrémité de la France, 30 de nos élèves de la seule école Saint-Éloi d'Aix ont été déclarés admissibles à l'École Nationale d'Arts et Métiers, dans les examens du 30 juin au 2 juillet 1898.

Notre pensionnat secondaire moderne de Rodez possède également une section industrielle très prospère. De 1890 à 1898, on compte 88 de ses élèves admis à l'École Nationale d'Arts et Métiers, aux Équipages de la flotte ou à l'École des contremaîtres de Cluny.

Des organisations semblables existent dans un certain nombre de nos établissements. Plusieurs, comme à Saint-Malo, à Paimpol, à Dunkerque, ont des cours spéciaux de répétitions de sciences, de calculs nautiques, etc., pour les élèves inscrits aux écoles d'hydrographie. Il y a quelques semaines à peine, 24 de ces jeunes gens, ainsi préparés à Saint-Malo et à Paimpol, ont été reçus capitaines au long cours et 6 autres capitaines pour le cabotage.

En ce qui concerne les cours professionnels proprement dits, le type le plus généralement connu est offert par l'établissement Saint-Nicolas, de Paris.

Dans sa séance du 12 juin 1897, l'Académie des Sciences morales et politiques décernait à cette œuvre, reconnue d'utilité publique, le prix Audéoud. Voici comment s'exprimait à ce sujet M. Léon Aucoc, dans son rapport:

La maison principale (Paris) compte à elle seule 1.030 élèves; celle d'Issy, 1.050; celle d'Igny, 830.

Chaque année, le Conseil d'administration est obligé de refuser des enfants, faute de place. [Pg 134]

Selon le désir des parents, les enfants reçoivent uniquement l'instruction primaire à ses différents degrés ou une instruction spéciale qui les prépare soit à l'industrie, soit à l'horticulture.

Les ateliers de la maison de Paris sont un des traits caractéristiques de l'œuvre de Saint-Nicolas.

La maison traite avec des patrons, qui font toutes les dépenses et profitent de toutes les recettes qui résultent du travail fait dans les ateliers, sous la direction d'un contremaître choisi par eux. Suivant les professions, l'apprentissage dure trois ou quatre ans. Il n'y a pas, dans ces ateliers, un instant perdu pour l'instruction professionnelle, et les apprentis ne sont pas exposés à subir, dès l'âge de treize ans, de mauvaises influences. En général, c'est à des métiers qui exigent une intelligence développée et du goût que sont préparés les enfants: imprimeurs, graveurs-géographes, lithographes, relieurs, facteurs d'instruments de précision, mécaniciens, sculpteurs sur bois, monteurs en bronze, ciseleurs sur métaux. Chaque jour, les apprentis reçoivent, des Frères qui s'occupent de leur éducation, des leçons spéciales de dessin et de modelage appropriés à leurs travaux. Les contremaîtres se louent beaucoup de leurs apprentis, et chaque année, au moment des vacances, le supérieur de la maison reçoit un grand nombre de propositions qui lui sont faites pour donner de l'emploi à ces jeunes gens.

Les résultats de l'instruction primaire proprement dite ont été, dans toutes les expositions universelles, à Chicago comme à Paris, l'objet de distinctions éclatantes. Ce que nous aimons surtout à signaler, c'est le travail de tous les jours: 346 certificats d'études, 36 brevets d'instruction primaire élémentaire et 5 d'instruction primaire supérieure, tel est le résultat de l'année 1895-1896.

Pour l'instruction agricole et horticole, donnée à Igny, les jeunes apprentis ont obtenu 44 prix: 19 au concours de Reims, 13 à celui de Paris, 12 à celui de Versailles, parmi lesquels un *prix d'honneur* et un *premier grand prix*.

Tout ce travail est soutenu par une discipline douce et affectueuse, qui produit les meilleurs résultats.

L'œuvre de Saint-Nicolas a été à Paris la première institution de travail manuel; elle en est restée un des modèles.

A Lyon, l'école de La Salle a été organisée par les Frères en faveur des élèves d'élite de leurs écoles. Les fondateurs offrent aux familles qui le désirent pour leurs enfants, avec une éducation religieuse et morale, un complément d'instruction primaire et professionnelle.

Les cours sont de trois années à l'école de La Salle.

L'instruction est à la fois industrielle et commerciale. [Pg 135]

Elle comprend le dessin industriel et toutes les mathématiques qu'il exige, le français, la correspondance, le droit usuel, la comptabilité, l'économie sociale, l'histoire et la géographie, l'anglais, l'étude de la physique et de la chimie appliquées à l'industrie.

Des ateliers d'ajustage, de forge, de tissage, de menuiserie, de modelage, de manipulations chimiques, de typographie et de gravure, permettent aux élèves de connaître leurs aptitudes spéciales et de préparer sûrement leur avenir.

Le système des ateliers extérieurs à l'établissement, dirigés par de véritables chefs d'industrie, et dans lesquels les élèves restent sous la surveillance de l'École, parut donc au Comité être la vraie solution de la question de l'apprentissage. Ce fut aussi l'avis des principaux industriels de la région.

L'expérience a établi que l'on avait bien jugé, car le système adopté a donné les meilleurs résultats. Il a aussi pour lui l'expérience de l'étranger. Dans les grandes villes industrielles de Hollande, d'Allemagne, de Belgique, de Suisse, qui sont nos rivales, les écoles professionnelles sont généralement des fondations libres qu'encouragent par des subventions les villes ou le gouvernement.

Les industriels de la localité leur prêtent leur concours, et c'est pour elles une garantie de progrès incessants[93].

[93] *Enquête*, t. II, pp. 598 et suiv. Frère Justinus, assistant du Supérieur général des Frères des Écoles chrétiennes.

Un fait très caractéristique et prouvant une fois de plus la supériorité de tout ce qui sort de l'initiative privée, c'est que cet enseignement, qui donne de si remarquables résultats, non seulement ne demandait comme je l'ai déjà dit, aucune subvention à l'État, aucune assistance de personnes bienfaisantes, mais constituait au contraire une source de bénéfices pour ceux qui l'avaient fondé. Voici d'ailleurs sur ce point la déclaration du Frère Justinus.

> Toutes les sociétés civiles, propriétaires des locaux dans lesquels nous avons organisé nos pensionnats, ont toujours distribué leurs dividendes annuels. Il n'en est pas une, à ma connaissance, qui ait dérogé à cette règle.
>
> Nous nous sommes imposé le devoir de ne point frustrer des légitimes intérêts de leurs capitaux les amis qui nous prêtent [Pg 136] leur concours dans notre œuvre d'éducation. Aussi les directeurs de nos pensionnats s'attachent-ils scrupuleusement à satisfaire à toutes les obligations qui leur incombent envers les sociétés civiles propriétaires. C'est la première de leurs obligations financières.
>
> M. le Président. Vous arrivez à faire une concurrence qui est redoutable, non pas seulement aux établissements publics, mais aux collèges ecclésiastiques. Partout on le constate[94].

[94] *Enquête*, t. II, p. 602. Frère Justinus.

Concurrence redoutable sans doute, mais j'ajouterai, bienfaisante et utile, et il serait à souhaiter qu'elle se fût développée encore. Je ne suis pas suspect, je pense, de cléricalisme, mais j'avoue que si j'étais Ministre de l'Instruction publique, mon premier acte serait de nommer directeur de l'enseignement primaire et secondaire en France le Supérieur des Écoles chrétiennes qui a obtenu de tels résultats. Je lui laisserais toute liberté quant au choix des méthodes et des professeurs, exigeant simplement qu'il renonçât rigoureusement à toute prédication religieuse, de façon à laisser aux parents une liberté totale sur ce point.

Je me suis étendu sur la déposition qui précède plus que sur aucune autre parce que au point de vue de l'enseignement secondaire, les Frères arrivent à des résultats supérieurs à ceux de nos meilleurs lycées, et qu'au point de vue de l'enseignement agricole et professionnel, si nécessaire aujourd'hui, ils sont sans rivaux. La première chose à faire pour rivaliser avec eux serait d'étudier leurs méthodes. On est libre d'avoir, au point de vue religieux, des opinions différentes des leurs, mais nous devons tâcher d'acquérir assez d'indépendance d'esprit pour reconnaître [Pg 137] leur supériorité, surtout quand elle est aussi manifestement écrasante.

Le Directeur de tels maîtres méritait une statue. Leur sauvage expulsion doit être considérée comme un désastre national. Personne et surtout l'Université n'est capable de donner l'enseignement industriel, agricole et technique qui va nous manquer maintenant. [Pg 138]

LIVRE IV

LES RÉFORMES PROPOSÉES ET LES RÉFORMATEURS

CHAPITRE PREMIER

Les réformateurs. La transformation des professeurs.

La réduction des heures de travail.

L'éducation anglaise.

§ 1.—LES RÉFORMATEURS.

Nous avons vu dans les pages qui précèdent que la plupart des personnes ayant déposé devant la Commission d'enquête ont montré avec éloquence l'insuffisance et les dangers de notre système universitaire. Quand il s'est agi d'exposer les moyens de le remplacer, cette éloquence a été vite tarie et la plupart des réformateurs se sont montrés singulièrement incertains dans leurs projets, se bornant le plus souvent à des modifications de programmes, bien des fois essayées déjà sans succès, à des conseils vagues, à des projets en l'air, sans indication des procédés capables [Pg 139] de les réaliser. C'est très bien de dire, par exemple, avec M. Gréard, recteur de l'Académie de Paris, qu'il faut «diversifier, assouplir les formes de l'instruction secondaire». Mais combien cet éloquent académicien n'aurait-il pas fait œuvre plus utile en donnant, au lieu de phrases très vides, des conseils un peu pratiques.

Il est à remarquer que ce sont justement les auteurs des critiques les plus vives qui se sont montrés le plus insuffisants dans leurs projets de réforme. On aurait peine à suivre, en vérité, des conseils comme celui de M. Jules Lemaître, quand il propose de «laisser l'enseignement un peu à la merci du professeur, qui, dans la branche qui le concerne, enseignerait ce qu'il saurait lui-même et ce qu'il aimerait le mieux»[95].

[95] *Enquête*, t. I, p. 187.

Devant des propositions aussi vagues, les critiques des critiques avaient une belle occasion d'exercer leur verve. Ils n'y ont pas manqué. Devant la Commission, M. Darlu s'est exprimé de la façon suivante:

> Malgré sa sagesse et sa philosophie, M. Fouillée a cédé à une tentation à laquelle nous ne résistons guère, et qui nous entraîne à concevoir chacun notre système. Car il y a autour de chaque chose réelle, comme le dit Leibniz, une infinité de possibilités qui ont tout le charme que leur prête notre imagination, tandis que les défauts de la réalité frappent nos yeux.

Je suis un peu effrayé, je l'avoue, de voir tant d'esprits en travail pour enfanter des systèmes d'éducation nouveaux. Il y a quelque temps, c'était M. Jules Lemaître qui prenait en main la direction de l'Instruction publique en France.

Il est vrai qu'il l'a abandonnée pour réclamer celle des Affaires étrangères et ensuite celle de l'Intérieur. Eh bien, M. Jules Lemaître avait commencé par demander la suppression pure et simple de l'enseignement classique, sauf dans quatre ou cinq lycées qu'il conservait comme des échantillons d'une flore disparue. [Pg 140] Puis il entendit parler du système des cycles; il se précipita sur cette idée, et quelques jours après c'était la thèse qu'il soutenait ardemment[96].

[96] *Enquête*, t. II, p. 532. Darlu, maître de conférences.

La plupart des professeurs envisagent d'ailleurs avec une parfaite indifférence tous ces projets de réforme, dont ils perçoivent aisément l'inanité. M. Sabatier n'a pas hésité à le dire devant la Commission:

> L'on constate que tous les essais de réforme de l'enseignement secondaire faits parallèlement ont misérablement échoué, et n'ont servi qu'à aggraver la situation de cet enseignement. Si bien que j'ai entendu plusieurs professeurs me dire: Au nom du ciel, qu'on ne fasse plus de réformes, qu'on ne change plus les programmes, qu'on n'annonce plus d'ères nouvelles[97]!

[97] *Enquête*, t. I, p. 204. Sabatier, doyen de la Faculté de théologie protestante.

Tous ces projets sont, je l'ai répété, la conséquence, de l'indéracinable illusion latine qu'un peuple peut modifier à son gré ses institutions. En réalité, il ne peut pas plus choisir ses institutions que sa littérature, sa langue, ses croyances, ses arts, ou tout autre élément de civilisation. Nous avons bien des fois montré dans nos ouvrages que ces éléments sont le produit de l'âme de la race et que pour les changer il faudrait changer d'abord cette âme.

L'éducation ne saurait échapper à une loi aussi générale. Bonne ou mauvaise, elle est fille de nécessités sur lesquelles nous ne pouvons que bien peu de chose. Les réformes en bloc sont absolument sans valeur, et alors même qu'un tyran les imposerait par la force, elles ne pourraient durer, car, pour les maintenir, il faudrait réformer l'âme des professeurs, des parents et des élèves.

Tous ces pompeux projets de réforme radicale ne [Pg 141] constituent qu'une inutile phraséologie. Pour l'éducation, tout comme, d'ailleurs, pour les institutions, les seules réformes possibles et efficaces sont les modifications de détail, accomplies d'une façon successive et continue. Elles constituent les grains de sable dont l'addition finit, à la longue, par former des montagnes.

Et même ces petites réformes successives ne sont possibles qu'à la condition d'être en rapport avec les nécessités du moment et les exigences de l'opinion. En matière d'éducation, la volonté et les préjugés des parents sont aujourd'hui tout-puissants.

Nous allons essayer d'extraire du monceau de projets présentés devant la Commission les quelques réformes possibles, sinon aujourd'hui, au moins plus tard, c'est-à-dire lorsque les préjugés qui s'opposent à leur réalisation auront été suffisamment ébranlés.

Voici l'énumération des principales.

§ 2. TRANSFORMATION DU PROFESSORAT.

NÉCESSITÉ POUR TOUS LES PROFESSEURS DE PASSER PAR LE RÉPÉTITORAT.

Je ne crois pas cette réforme réalisable avant longtemps, avec nos idées latines, mais je la mentionne cependant en premier rang, parce qu'elle a figuré dans les projets présentés par un ministre à la Chambre des Députés. Elle est capitale, et pourrait, quand il sera possible de l'appliquer sérieusement, amener des résultats considérables.

Cette réforme entraînerait deux conséquences, dont la première est la suppression de l'agrégation, la seconde un recrutement des professeurs fort différent du recrutement actuel. [Pg 142]

La suppression de l'agrégation serait fort importante. Nous avons vu, en effet, par les dépositions de l'enquête, que si notre corps de professeurs est si faible au point de vue pédagogique, c'est que les nécessités du concours de l'agrégation en font des spécialistes au lieu d'en faire des professeurs. Un des meilleurs ministres de l'Instruction publique, M. Léon Bourgeois, l'a dit en termes excellents devant la Commission.

Le concours de l'agrégation pourrait tout au plus être maintenu pour l'enseignement dans les Facultés, bien qu'il fût infiniment préférable d'agir comme en Allemagne, où les professeurs de l'enseignement supérieur sont choisis d'après la valeur de leurs travaux personnels, le succès de leur enseignement libre, et nullement d'après leur aptitude à réciter ce qu'ils ont appris dans les livres. La méthode allemande façonne des savants capables de faire avancer la science, la méthode française ne fabrique que des perroquets.

Mais nous n'avons à nous occuper ici que de l'enseignement secondaire et non de l'enseignement supérieur. Or, pour l'enseignement secondaire, il n'est aucunement besoin de spécialistes versés dans les subtilités des livres. De simples licenciés, dont la cervelle est moins bourrée de choses inutiles, sont infiniment préférables, et la meilleure preuve en est fournie par les professeurs de l'enseignement congréganiste, qui sont tout au plus licenciés. La plupart de nos répétiteurs, étant licenciés, sont très aptes, pourvu qu'ils possèdent les qualités pédagogiques nécessaires, à donner l'enseignement secondaire. Ce qu'il importe uniquement de savoir, c'est s'ils ont ces qualités pédagogiques. [Pg 143]

Supposons donc l'agrégation supprimée entièrement pour l'enseignement secondaire, et voyons de quelle manière un jeune licencié pourrait devenir professeur. Il entrerait au lycée comme répétiteur, mais avec le droit, qu'il n'a guère aujourd'hui, de donner des répétitions et de suppléer le professeur en congé ou malade, ce qui permettrait de juger de ses aptitudes pédagogiques. Au bout de quatre ou cinq ans de stage, et s'il était reconnu capable d'enseigner, il serait nommé professeur titulaire d'une chaire élémentaire. Il avancerait ensuite à l'ancienneté, comme le font actuellement les professeurs. Du même coup serait supprimé l'antagonisme entre les professeurs et les répétiteurs. Tous les professeurs obligés d'être d'abord répétiteurs, c'est-à-dire de vivre sans cesse avec les élèves, apprendraient à les connaître et la pratique les rendrait d'excellents pédagogues.

Cette réforme ne coûterait absolument rien à l'État. Au lieu d'agrégés beaucoup trop payés et de répétiteurs très insuffisamment payés, les lycées auraient des professeurs moyennement payés, mais auxquels la perspective de l'avancement et de la retraite serait un stimulant suffisant.

Quant aux fonctions de surveillant: conduite des élèves, inspection des dortoirs, etc., on pourrait les confier, comme l'a proposé M. Léon Bourgeois, à de simples sous-officiers. Leurs habitudes de discipline en feraient des agents excellents, qui exécuteraient avec ponctualité et plaisir une besogne que les répétiteurs actuels exécutent sans ponctualité et sans plaisir.

C'est un peu timidement qu'une telle réforme a été proposée par MM. Bourgeois et Payot. Il est aisé [Pg 144] cependant de lire le fond de leur pensée et je ne fais que la préciser. Voici d'ailleurs les parties essentielles de leurs dépositions.

> Au lieu de faire parmi eux des catégories distinctes, j'admettrais que le professeur pût et dût même, dans

certains cas, prendre des enfants en dehors de la classe et les faire travailler; j'admettrais aussi que les répétiteurs pussent contribuer à l'enseignement pour certaines parties; je les chargerais de cours complémentaires. Pourquoi ne feraient-ils pas des cours de langues vivantes, de sciences élémentaires, etc., s'ils possèdent des licences correspondantes?

M. le Président. Vous inclineriez à les fondre dans le corps des professeurs, à ne plus faire une démarcation aussi absolue? Ce seraient des professeurs adjoints?

M. Léon Bourgeois. Oui[98].

[98] *Enquête*, t. II, p. 690. Léon Bourgeois, ancien ministre de l'Instruction publique.

Quant aux répétiteurs, j'estime que nous ne savons pas les associer à notre enseignement. La plupart sont jeunes, intelligents, cultivés, enthousiastes; ils ont foi dans leurs fonctions d'éducateurs. Nous les confinons de façon un peu dédaigneuse dans des fonctions policières de pure surveillance. Nous pourrions tirer meilleur parti de leur ardeur, notamment en leur confiant certaines parties de l'enseignement. Je voudrais aussi voir les professeurs ne pas considérer comme une déchéance de s'associer à la surveillance. On pourrait commencer par déclarer interchangeables les heures du professeur et celles du répétiteur; les professeurs chargeraient les répétiteurs plus spécialement attachés à leur ordre d'enseignement de faire la classe pendant certains jours, quitte pour les professeurs à rendre ce travail sous forme d'heures de surveillance[99].

[99] *Enquête*, t. II, p, 638. Payot, inspecteur d'Académie.

Ajoutons enfin que le professeur, un peu plus démocratisé et cessant de se croire autre chose que ce qu'il est réellement, c'est-à-dire un modeste fonctionnaire, sera obligé de s'occuper des élèves, et même, pour augmenter ses ressources, d'en prendre en pension quelques-uns chez lui. Ce serait presque le système du tutoriat, très en honneur en Angleterre [Pg 145] et en Allemagne, et que l'Université interdit aujourd'hui à ses professeurs.

L'éducation, ne l'oublions pas, est la chose essentielle. Nous n'aurons rien fait, tant que nous n'aurons pas reconnu sincèrement les graves lacunes de notre système. Ici je voudrais d'abord la franchise d'avouer le mal et la ferme volonté d'y porter remède. Loin d'être: le plus d'internes possibles dans un lycée, l'idéal doit être: peu d'internes.

Nous interdisons, sous une forme ou sous une autre, aux professeurs d'avoir des élèves chez eux, c'est une concurrence! Il faudrait les y encourager; il faudrait créer des maîtres-répétiteurs externes, mariés, ayant un groupe d'élèves, une petite famille; il faudrait, au lycée même, donner au maître-répétiteur un rôle au moins égal à celui du professeur[100].

[100] *Enquête*, t. I, p. 268. Séailles, professeur à la Sorbonne.

Donner au répétiteur «un rôle égal à celui du professeur», c'est justement la première réforme que nous avons demandée. Ce rôle sera égal quand le répétiteur saura que son emploi est un début, et que les futurs professeurs constateront qu'on ne peut arriver à être professeur qu'après avoir été répétiteur.

M. Couyba, ancien agrégé de l'Université, a très bien montré devant la Chambre des Députés la nécessité de transformer les répétiteurs en professeurs après un stage suffisant. Mais je crains qu'il n'ait pas senti tout le poids des préjugés universitaires, s'opposant absolument à une telle réforme, si capitale pourtant.

Renoncez à l'utopie du professeur-adjoint, et préparez à tous ces jeunes gens l'accès aux fonctions de professeur titulaire; s'il le faut, diminuez pendant quelques années le nombre des boursiers de licence et d'agrégation et des normaliens, et, par conséquent, le nombre des licenciés et des agrégés; réservez, au fur et à mesure des extinctions, les postes de professeurs de collège aux répétiteurs licenciés. Je souscris d'avance, monsieur le Ministre, et toute l'Université souscrira, aux mesures transitoires qui auront pour but d'améliorer en ce sens la situation des répétiteurs. [Pg 146]

Mais—j'y insiste à nouveau—toutes ces mesures ne peuvent avoir qu'un caractère provisoire. Dès aujourd'hui il faut préparer cette réforme profonde qui réalisera l'idéal de l'éducation, je veux dire l'union dans la personne d'un même maître des fonctions de professeur et de répétiteur[101].

[101] COUYBA. Séance de la Chambre des Députés du 12 février 1902; p. 614 de l'*Officiel*.

Malheureusement, bien que,—un philosophe dirait parce que—sortis des rangs les plus humbles de la démocratie, les universitaires se croient des personnages importants, et rougiraient d'être confondus avec les répétiteurs, personnages sans aucune valeur évidemment, puisqu'ils ne sont que licenciés, c'est-à-dire incapables de réciter autant de choses qu'eux!

En Allemagne, ces grotesques préjugés n'existent pas.

> J'ai vu en Allemagne un professeur, très versé dans la philosophie de Kant, enseigner à la fois la danse, l'histoire naturelle et la musique, au lycée de jeunes filles[102].

[102] *Enquête*, t. I, p. 335. Boutroux, de l'Institut, professeur à la Sorbonne.

Mais nous sommes en France, pays démocratique, et non en Allemagne, pays aristocratique. Il faudrait donc qu'un ministre eût la main prodigieusement énergique pour exécuter la réforme dont il vient d'être question dans ce paragraphe, et qui est pourtant une des plus importantes à réaliser aujourd'hui.

§ 3.—LA RÉDUCTION DES HEURES DE TRAVAIL.

La réduction des heures de travail, plusieurs fois proposée devant la Commission, serait évidemment une excellente mesure, mais bien difficilement applicable avec l'organisation actuelle des lycées. On a fait remarquer très justement devant la Commission [Pg 147] qu'il est impossible de travailler de tête douze heures par jour. C'est de toute évidence, et on peut être bien certain que les élèves ne travaillent pas pendant ces douze heures. La vérité est que s'ils sont tenus assis douze heures par jour, c'est simplement parce qu'on ne sait que faire d'eux. Parents, professeurs, surveillants, chacun cherche simplement à s'en débarrasser. M. Keller l'a dit nettement et avec raison.

> Il ne manque pas de parents qui mettent leurs enfants au collège pour s'en débarrasser, et là, les maîtres se laissent aller à garder leurs élèves dans les salles d'étude pour les surveiller plus facilement[103].

[103] *Enquête*, t. II, p. 555. Keller, vice-président de la Société générale d'éducation.

Sans doute il vaudrait beaucoup mieux que les élèves passassent une moitié de leur temps à se promener, à faire de l'exercice, etc. Mais, devant l'opposition des proviseurs, des professeurs, et probablement aussi des parents, je crois la réforme sinon impossible, au moins d'une réalisation bien difficile.

Cette unique raison, tenir les élèves assis pour n'avoir pas à s'occuper d'eux, est aussi celle qui prolonge la durée des classes et leur donne une absurde longueur.

> Dans nos lycées, les classes ont une durée de deux heures consécutives. Or, cette durée dépasse la capacité normale d'attention chez les adultes, à plus forte raison chez les enfants. Nous tous qui faisons des cours, nous savons très bien qu'une heure de suite est, pour le professeur et pour les auditeurs, l'extrême limite de l'effort utile.
>
> J'avoue même que je préférerais encore le système allemand proprement dit, qui fixe la durée de toutes les classes à cinquante minutes[104].

[104] *Enquête*, t. I, p. 333. Boutroux, professeur à la Sorbonne.

[Pg 148] Cette réforme est une de celles qui ont été adoptées dans les nouveaux programmes. Je doute que les élèves y gagnent quelque chose. Le temps qu'ils passaient assis dans une classe, ils le passeront assis dans une étude. On peut avoir la parfaite certitude qu'ils ne le passeront pas à se promener ou à faire des exercices, qui leur seraient cependant si nécessaires.

§ 4.—L'ÉDUCATION ANGLAISE.

La réforme consistant à introduire l'éducation anglaise en France a été à peine mentionnée devant la Commission. Ceux qui s'en étaient faits les bruyants apôtres n'ont pas songé à venir la défendre.

Je suis très partisan de l'éducation anglaise, dont j'ai parlé bien souvent dans mes livres, et dont j'ai montré les avantages fort longtemps avant ses propagateurs actuels. Mais cette éducation, admirablement adaptée aux besoins d'un peuple chez lequel la discipline est une vertu héréditaire, ne l'est en aucune façon aux besoins de jeunes Latins, qui n'ont pas de discipline du tout et ne travaillent guère que lorsqu'ils y sont forcés.

Le principal mirage fascinant les partisans du système anglais, ce sont les grandes écoles confortables situées à la campagne, mais ils oublient que le prix de pension étant extrêmement cher, ces établissements ne peuvent être fréquentés que par les fils de l'aristocratie ou de la haute bourgeoisie. L'éducation y est excellente, l'instruction très faible, mais ceux qui en sortent sont assurés par l'influence de leurs parents d'entrer dans les hautes fonctions du Gouvernement, de la magistrature, de l'industrie, etc. [Pg 149]

D'ailleurs il est bien inutile de discuter là-dessus, puisque l'adoption du système anglais obligerait à renverser de fond en comble notre Université actuelle, à changer les idées des parents, des professeurs et l'âme héréditaire des enfants. C'est d'ailleurs ce qu'a bien marqué M. Gaston Boissier.

> Maintenant, la mode est à l'éducation anglaise. Il ne sera pas facile de l'introduire chez nous. Comment voulez-vous laisser la liberté qu'on demande pour les grands élèves dans des établissements organisés comme les nôtres? Il faudrait, pour y arriver, absolument détruire ce qui est la condition même de notre éducation; il faudrait revenir sur tout ce qui a été fait sous l'Empire, renoncer à l'internat, changer la discipline, créer enfin de toutes pièces une autre Université sur des bases tout à fait nouvelles. Est-on sûr d'ailleurs que l'éducation secondaire anglaise mérite tous les éloges qu'on lui prodigue[105]?

[105] *Enquête*, t. I, p. 67. Gaston Boissier, de l'Institut, professeur au Collège de France.

Et puis, il y a toujours ce facteur fondamental dont les réformateurs négligent entièrement de tenir compte, la volonté des parents. Croit-on que des établissements anglais établis en France auraient quelque succès? En aucune façon. Les parents auraient trop peur que leurs rejetons s'enrhument ou se blessent en jouant, et la liberté accordée ne serait pas acceptée par eux.

Il ne faudrait pas me répondre que je n'en sais rien, aucun établissement analogue n'existant en France. Je pourrais alors faire remarquer que nous avons des lycées qui se rapprochent des établissements anglais au moins pour le séjour à la campagne et le confortable. Or, loin d'obtenir des succès, ils déclinent, et il en est de même pour les établissements congréganistes analogues.

> Le lycée Michelet offre aux familles de superbes ombrages, [Pg 150] des terrains pour les jeux, une piscine, un manège, des jardins, l'espace dans le plein air, sur une hauteur salubre, toutes les conditions d'isolement propres au développement d'une forte et saine éducation. Lakanal non plus n'a rien à envier aux établissements d'Angleterre les plus justement renommés. Eh bien, Michelet est pour nous une inquiétude. Pendant plusieurs années il s'est développé. Il a perdu, il perd encore, quoique moins sensiblement. Quant à Lakanal, il a de la peine à se peupler. Ce n'est pas au surplus une situation propre à Paris. Les petits lycées de Talence à Bordeaux, de Saint-Rambert à Lyon, de la Belle-de-Mai à Nice, n'ont pas meilleure fortune. Évidemment, ce mode d'éducation n'est point pour le moment en faveur[106].

[106] *Enquête*, t. I, p. 11. Gréard, vice-recteur de l'Académie de Paris.

> Voyez les trois établissements de cette région: l'État, représenté par le lycée Lakanal, l'enseignement libre, intermédiaire entre l'État et les maisons religieuses, représenté par Sainte-Barbe-des-Champs, et, tout à côté, les Dominicains d'Arcueil.

> Or, aucun de ces trois établissements n'a pu résister à cette sorte de répugnance que les familles ont aujourd'hui à envoyer leurs enfants à la campagne.

> Voilà trois établissements tout à fait différents, dont pas un n'a échappé à cette sorte de désertion des familles.

> Et la crise continue, en dépit des réformes de Sainte-Barbe et malgré les efforts du P. Didon, qui s'est transporté à Arcueil pour essayer de donner lui-même une nouvelle impulsion à l'établissement des Dominicains.

> L'établissement de Marseille a atteint le chiffre de 1.683 élèves; mais le petit lycée, construit avec tous les perfectionnements modernes, a toujours été en décroissant; à Bordeaux également, cette crise existe, comme partout ailleurs. Je citerai encore le cas du lycée de Vanves, qui n'est pas non plus en prospérité[107].

[107] *Enquête*, t. II, p. 350. Morlet, censeur à Rollin.

Et c'est ainsi qu'en pénétrant dans le détail des projets de réforme que chacun propose et qui semblent au premier abord d'une réalisation si facile, nous voyons se dresser ce mur inébranlable des facteurs moraux, que les rhéteurs ne soupçonnent pas, et qui rendent vains leurs beaux discours. Ce sont les ressorts invisibles du monde visible. L'heure ne paraît pas prochaine où nous serons soustraits à leur empire. [Pg 151]

CHAPITRE II

Les changements de programmes.

Toutes les discussions de la Commission d'enquête ont naturellement abouti à de nouvelles modifications des programmes. Le ministre de l'Instruction publique a fait adopter par la Chambre des Députés un nouveau programme d'enseignement, rédigé par une Commission, dans lequel on a essayé de concilier les opinions les plus contradictoires. La seule partie utile des réformes adoptées, si jamais elle est appliquée, ce qui est fort douteux, étant données les idées de nos professeurs, serait que désormais l'enseignement secondaire fût combiné avec l'enseignement primaire de manière à faire suite à un cours d'études élémentaires de quatre années.

Tout le reste a eu pour résultat la plus complète confusion. Un ancien Ministre, M. Hanotaux, l'a signalée dans les termes suivants:

> Visiblement on a voulu donner satisfaction à tout le monde:

> ... On a donc tout gardé, tout empilé dans ce nouveau second cycle, et on aboutit ainsi à une complication qui ressemble beaucoup à de la confusion.

> Par la crainte légitime de surcharger les programmes, on a divisé les études, dans le second cycle, en un certain nombre de sections se complétant ou s'excluant l'une l'autre, si bien que [Pg 152] les programmes futurs ressembleront à une sorte d'opération algébrique où il sera bien difficile de se reconnaître. M. Fortoul avait inventé la bifurcation; on nous présente aujourd'hui la décifurcation, la fourche à dix dents; c'est à faire frémir.

> Efforçons-nous d'être clairs: déjà, dès le premier cycle, on distingue entre trois catégories d'élèves: ceux qui font du latin et du grec, ceux qui font du latin et pas de grec, enfin ceux qui ne font ni latin, ni grec. Ainsi, à l'entrée du second cycle, on trouve les élèves qui ont fait du latin et du grec et qui continuent, soit le groupe A; puis, ceux qui ont fait du latin et pas de grec et qui continuent, le groupe B; enfin, ceux qui ne font ni latin, ni grec et continuent, groupe C. Mais il y a, dans chaque groupe, ceux qui, tout en continuant, veulent joindre à leurs nouvelles études, soit l'étude des sciences, groupe D, soit l'étude des langues étrangères, groupe E. Il y a aussi ceux qui ont fait du latin et du grec et qui y renoncent tout en poursuivant l'étude des

sciences et des langues, ceux-là retombent dans la catégorie de ceux qui, dans le premier cycle, n'ont fait ni latin ni grec et forment, auprès d'eux, le groupe F. Il y a, enfin, ceux qui veulent tout continuer à la fois; on prévoit qu'il s'en trouvera, et on forme ainsi un groupe G.

Vous croyez que c'est fini: pas du tout. Il y a un paragraphe insidieux, intitulé *section nouvelle*, et qui crée, «au-dessus du premier cycle, et à côté du second», une suite d'études plus courtes, spécialement consacrées aux sciences et aux langues vivantes et qui se rapprochent de ce que les Allemands appellent «l'enseignement réel». C'est donc un groupe nouveau, très distinct des autres et que, pour la commodité de la conversation, nous qualifierons groupe H. Cela fait huit; et j'en passe.

Ainsi, quand le grand garçon, frais émoulu de la troisième, arrivera aux portes de bronze du second cycle, on lui posera gravement cette question: jeune homme, où prétendez-vous aller? Groupe C ou groupe H; ou bien: combinez-vous A avec C? Voyons, réfléchissez; surtout, ne vous trompez pas: car ici, quand on est entré, on ne revient pas en arrière: laissez toute espérance, *lasciate ogni speranza*.

Évidemment, tout le monde est content, et, plus que tout le monde, notre vieille connaissance le «préjugé scolaire». Les élèves suivront, tant bien que mal, par petits paquets, ces voies différentes. Mais, les professeurs, comment feront-ils, courant sans cesse après le petit bataillon sacré qui entrera, sortira, se dispersera, se reconstituera, s'égaillera, et se retrouvera enfin, pour livrer l'assaut décisif, en masse compacte, au pied de la forteresse indestructible[108].

[108] Gabriel Hanotaux, ancien ministre, *Le Journal*, 27 janvier 1902.

[Pg 153] L'erreur latine de la puissance des constitutions, des institutions et des programmes est trop irréductible pour qu'il y ait intérêt à essayer de la combattre. Un étranger qui voudrait comprendre l'intensité de cette erreur n'aurait qu'à parcourir le petit volume de 230 pages publié en 1890 sous ce titre: «*Instructions, programmes et règlements*», qui régit encore notre enseignement universitaire. Il est signé de M. Léon Bourgeois, alors Ministre de l'Instruction publique, qui en a rédigé lui-même une grande partie.

On pourrait difficilement citer, sauf en ce qui concerne l'enseignement des langues, un meilleur ouvrage sur l'enseignement, et les professeurs ne trouveraient nulle part de conseils plus sages. L'étranger qui lirait un tel programme déclarerait notre enseignement parfait. Après avoir visité nos lycées et examiné leurs élèves, il déclarerait au contraire, avec la Commission d'enquête, que notre enseignement est le plus inférieur, peut-être, que possède aucun peuple civilisé. Du même coup, il verrait se dégager l'évidence de cette notion que personne n'a exposée devant la Commission d'enquête, probablement parce que personne ne l'a comprise, que les programmes sont sans importance. Avec de bons professeurs, tous les programmes sont excellents.

L'essentiel est donc, je le répète encore, de réformer les méthodes et non les programmes.

La seule réforme utile des programmes consisterait à supprimer les trois quarts des choses enseignées. Malheureusement, loin de supprimer, on ne fait qu'ajouter toujours. Il y a déjà plusieurs années, un [Pg 154] savant éminent, M. Armand Gautier, avait montré les conséquences de cette surcharge.

> ... Une même quantité de travail ou de volonté appliquée à un ensemble de matières et de programmes de plus en plus variés et de plus en plus amples, produit, résultat inévitable, une médiocrité de plus en plus évidente sur chaque sujet, excepté sur celui ou sur ceux que l'élève préfère et conçoit bien.—Augmenter indéfiniment les programmes, c'est effrayer les timides, les faibles, les moyens; c'est surtout créer logiquement la médiocrité générale et le superficialisme; c'est habituer l'enfant à savoir en vue de l'examen et par une série d'artifices qui ne laissent presque rien dans l'esprit passé le jour de l'épreuve; c'est tendre à développer la mémoire aux dépens de l'intelligence et du jugement; c'est faire du plaqué qui ait un jour, une heure au moins, l'aspect de l'or solide et pur.

> Je suis donc de l'avis de la plupart de mes collègues, de MM. Rochard et Hardy en particulier, lorsqu'ils demandent qu'on simplifie les épreuves du baccalauréat. Je suis plus de cet avis qu'eux-mêmes, car, sans regret, je verrais disparaître cet examen, principale cause, sous sa forme actuelle, de notre surmenage scolaire, du travail en vue du diplôme, de ce cauchemar incessant des dernières années passées au lycée: *la préparation au bachot!* mot bien trouvé dans son enveloppe méprisante pour caractériser un résultat méprisable en lui-même. Si cette épreuve n'est pas prise au sérieux par l'élève qui n'y voit qu'un bon débarras, par le maître qui la présente comme une amère pilule qu'il faut bien une fois avaler; par

l'examinateur enfin, qui se sent de plus en plus disposé à faiblir devant cette générale médiocrité[109].

[109] Armand Gautier, professeur à la Faculté de Médecine. (Communication faite à l'Académie de Médecine, le 26 juillet 1887.)

La nécessité de réduire les programmes a été signalée également devant la Commission d'enquête.

> Si l'on consentait à réformer les programmes, il faudrait prendre le contre-pied des programmes actuels: se contenter de ce qu'il est possible de demander, mais le demander à fond: remettre l'esprit scientifique en honneur à la place de l'esprit d'érudition[110].

[110] *Enquête*, t. II, p. 32. Lippmann, professeur à la Sorbonne.

On ne saurait mieux dire, mais une telle réduction des programmes semble peu réalisable aujourd'hui [Pg 155] avec les théories actuelles. L'idée persistante de l'Université est que la valeur des hommes se mesure à la quantité de choses qu'ils peuvent réciter, et, loin de vouloir réduire cette quantité, elle ne cherche qu'à l'augmenter. Elle éprouve d'ailleurs un tel besoin d'uniformité et de réglementation, et a en outre une telle méfiance de ses professeurs, qu'elle croit devoir indiquer méticuleusement, pour ainsi dire page par page, ce qui doit être enseigné.

L'idée d'apprendre peu de choses mais de les apprendre à fond devrait être l'idée maîtresse de l'enseignement. Il est douteux qu'elle rallie aujourd'hui beaucoup de suffrages aussi bien parmi les professeurs que parmi les parents.

Je ne saurais donc trop répéter combien sont oiseuses toutes ces discussions sur des programmes. Un long temps s'écoulera malheureusement avant qu'il soit possible de faire pénétrer dans une cervelle d'universitaire que, seules, les méthodes d'enseignement ont de l'importance. Avec une bonne méthode les programmes peuvent, je l'ai dit déjà, tenir en quelques lignes.

Et telle est la force des préjugés latins sur la valeur des programmes que dans les innombrables enquêtes publiées en France à propos de l'enseignement à l'étranger il est à peu près impossible de découvrir des renseignements précis sur les méthodes employées. Les auteurs de ces enquêtes ont jugé sans doute qu'il s'agissait là de détails sans importance.

L'éducation d'un peuple ne peut évidemment s'adapter de toutes pièces à un autre, mais il y a toujours beaucoup à apprendre en l'étudiant dans ses détails. Et puisque nous prenons parfois la peine de copier les [Pg 156] plans des établissements étrangers, nous pourrions prendre aussi celle d'observer ce qui se passe à leur intérieur.

> Ce qui a le plus contribué à rendre les Romains les maîtres du monde, dit Montesquieu, c'est qu'ayant combattu successivement contre tous les peuples, ils ont toujours renoncé à leurs usages sitôt qu'ils en ont trouvé de meilleurs.

Il fait aussi remarquer que les Gaulois ne surent jamais s'élever à cette conception.

> Et ce qu'il y a de surprenant, c'est que ces peuples, que les Romains rencontrèrent dans presque tous les lieux et dans presque tous les temps, se laissèrent détruire les uns après les autres, sans jamais connaître, chercher, ni prévenir la cause de leurs malheurs.

Notre enseignement universitaire est une des principales causes de notre infériorité actuelle, mais nous ne le comprenons pas. Nous continuerons à descendre la pente de la décadence précisément parce que nous ne le comprenons pas. [Pg 157]

CHAPITRE III

La question du grec et du latin.

§ 1.—L'UTILITÉ DU GREC ET DU LATIN.

On connaît les interminables discussions auxquelles a donné lieu, depuis plus de trente ans, la question du grec et du latin. Elle est entrée maintenant dans cette phase sentimentale où la raison n'intervient plus.

Toutes ces discussions ont fini cependant par ébranler un peu chez les générations nouvelles, n'ayant pas encore d'opinion arrêtée, le prestige des langues mortes. Les esprits indépendants remarquent facilement que ces langues n'ont plus guère pour défenseurs—en dehors des pères de famille intimidés par le fantôme des traditions séculaires et d'un certain nombre de commerçants illettrés—que les professeurs qui vivent de ces langues ou de vénérables académiciens qui en ont vécu. Ces derniers défenseurs de l'éducation gréco-latine se montrent eux-mêmes de plus en plus hésitants, de moins en moins affirmatifs. Tous d'ailleurs sont bien obligés de confesser que les langues anciennes sont si mal enseignées par l'Université, qu'après sept ou huit ans d'études les élèves n'en possèdent que de vagues notions très vite oubliées aussitôt l'examen passé. Les élèves les [Pg 158] plus forts sont à peine capables de traduire en deux heures et à coups de dictionnaire une page d'un auteur facile.

Les dépositions de l'enquête vont, d'ailleurs, nous éclairer sur l'utilité des langues qui forment encore la base de l'éducation classique et à l'étude desquelles tant d'années précieuses sont consacrées.

L'argument le plus invoqué en faveur du grec et du latin, celui auquel on revient toujours, est la mystérieuse «vertu éducative» que posséderaient les langues mortes. Cet argument d'ordre sentimental impressionne toujours les cerveaux faibles par le fait seul qu'il a longtemps servi.

On peut prévoir cependant qu'il ne servira plus beaucoup, car des autorités fort compétentes se sont chargées d'y répondre devant la Commission d'enquête, en montrant que la fameuse «vertu éducative» des langues anciennes réside tout autant dans les langues modernes, qui possèdent au moins le mérite de l'utilité. Voici, d'ailleurs, les parties les plus saillantes de ces dépositions:

> Les versions grecques et latines sont certainement, je n'en disconviens pas, une très bonne gymnastique intellectuelle. Pourquoi? Parce qu'elles habituent les enfants à détacher les idées des mots et les objets des signes; parce qu'elles les

forcent, par le fait, à réfléchir sur les choses elles-mêmes et, en même temps, sur leurs diverses représentations nominales; mais le bénéfice de ce travail cérébral se retrouve, à très peu de chose près, dans la version allemande, anglaise, italienne[111].

[111] *Enquête*, t. II, p. 673. Raymond Poincaré, ancien ministre de l'Instruction publique.

J'ai eu un second prix de discours latin au concours général. Il m'est donc permis, ce me semble, de parler librement de l'enseignement classique et de ses résultats. Or, j'estime qu'on peut initier les élèves de l'enseignement moderne aux idées antiques, à la beauté antique, d'une façon bien plus rapide, plus [Pg 159] sûre et plus complète, par de bonnes traductions convenablement commentées, que par l'explication pénible, tâtonnante, chaque jour abandonnée et chaque jour reprise, de fragments minuscules des grandes œuvres. Jamais les élèves de l'enseignement classique n'ont sous les yeux un ensemble. Courbés sur quelques vers qu'ils déchiffrent lentement, ils ne voient jamais d'affilée dans le texte un chant d'Homère ou de Virgile.

Quand je m'interroge en toute sincérité, je fais bon marché de ce que j'ai appris de grec et de latin. Que n'ai-je songé plutôt à faire de l'allemand ou de l'anglais, à m'initier aux questions artistiques[112]!

[112] *Enquête*, t. II, p. 493. Maldidier, professeur agrégé de l'Université.

Le fait de traduire et de comparer des expressions est instructif au même degré, *quelle que soit* la langue dont il s'agit. On parle de la valeur éminemment éducative des auteurs anciens; on a raison, mais à condition que l'élève possède des connaissances linguistiques suffisantes pour les apprécier. Or, on se fait souvent des illusions sur les notions qu'ont les écoliers. Je me demande si les enfants, qui ont déjà de la peine à comprendre les déclinaisons et les conjugaisons, qui trouvent une très grande difficulté à traduire une version et ne remettent parfois qu'un devoir informe sans aucune espèce de sens, je me demande, dis-je, si ces enfants goûtent la pensée des auteurs qu'ils torturent[113].

[113] *Enquête*, t. II, p. 376. Weil, professeur au lycée Voltaire.

Je ne crois pas que les langues mortes aient une vertu éducative particulière. Je crois, au contraire, que les langues vivantes, par le fait même qu'elles sont vivantes, ont un avantage sur les autres[114].

[114] *Enquête*, t. I, p. 456. Aulard, professeur à la Sorbonne.

Il faut, en vérité, posséder un mysticisme spécial pour parler encore de la force éducative des langues anciennes, des idées générales et universelles qu'elles nous livrent. Un des auteurs de l'instruction officielle de 1890 donne, pour démontrer l'utilité de la grammaire et de la langue latines, l'étrange argument que voici: «Il s'agit, en un mot, d'apprendre la grammaire pour pouvoir lire Virgile et Tacite, de lire Virgile pour apprendre à aimer la campagne et [Pg 160] Tacite pour prendre les sentiments de Thraséas et d'Helvédius Priscus». Seules, des cervelles d'universitaires peuvent enfanter des raisonnements d'une aussi pauvre psychologie. Tous nos jeunes élèves seraient des héros pleins de hardiesse s'il leur suffisait de lire les exploits des grands hommes pour acquérir leurs sentiments. En admettant même l'invraisemblable conception que des lectures puissent posséder une telle vertu, pourquoi la perdraient-elles par une traduction que chacun comprendrait aisément alors que les originaux restent incompréhensibles pour l'immense majorité des écoliers?

Laissons entièrement de côté la question utilitaire peu négligeable cependant à l'âge actuel, et demandons-nous s'il n'y a pas d'autres connaissances possédant une vertu éducative supérieure à celle du latin. Dans un discours prononcé devant la Chambre des députés à propos de la réforme de l'enseignement, M. Massé répondait à cette question dans les termes suivants:

> Les humanistes, dont tout à l'heure M. le Ministre s'est fait l'interprète, combattent cette évolution en invoquant les qualités éducatives des langues mortes, seules susceptibles, selon eux, de former le cœur et de donner une large culture intellectuelle. Mais les sciences n'ont-elles pas, elles aussi, leur vertu éducative, et l'étude des grandes lois de la nature, des phénomènes physiques et chimiques auxquels nous assistons, des révolutions dont notre globe a été le théâtre, l'évocation des espèces disparues, le lien qui unit les sciences entre elles et qui constitue l'objet même de la philosophie, tout cela n'est-il point de nature à former le cœur des jeunes générations? Quant à l'esprit, sera-t-il moins fortement trempé lorsque, au lieu d'étudier les abstractions de la logique, il aura employé successivement les différents modes de raisonnement, la déduction dans les

mathématiques, l'induction dans les sciences physiques et naturelles[115]?

[115] Séance du 13 février 1902; p. 632 de l'*Officiel*.

[Pg 161] Parmi les arguments classiques en faveur du latin on a naturellement invoqué l'utilité qu'il pouvait avoir pour l'étude du droit. La réponse a été faite d'une façon catégorique par des juristes dont personne ne discutera l'autorité, notamment par M. Sarrut, avocat général à la Cour de Cassation.

> De nos huit codes, il n'y a évidemment que le Code civil qui ait quelques points de contact avec le droit romain; on ne peut pas trouver la moindre trace de droit romain dans les sept autres codes.
>
> En fait, le droit romain n'est pas étudié. Sur quarante licenciés en droit, trente-neuf n'ont pas ouvert un livre de droit romain. *A peine un élève de nos lycées sur dix est-il en état de traduire un texte de droit romain, même à coups de dictionnaire[116].*

[116] *Enquête*, t. II, p. 575. Sarrut, avocat général à la Cour de cassation.

Dans la liste des arguments, d'ailleurs peu variés, que l'on a fait valoir devant la Commission en faveur du latin, il en est un que sa bizarrerie mérite de sauver de l'oubli. Son auteur est un professeur, M. Boudhors, qui a découvert que dans la littérature latine «nous avons une littérature républicaine que nous ne retrouverons pas ailleurs.» L'antiquité grecque et latine représente, dans l'opinion de ce brave universitaire, «des citoyens libres dans des pays libres[117].»

[117] *Enquête*, t. II, p. 140.

On s'étonne de voir des idées aussi vieillottes et aussi fausses répandues encore dans l'Université. Est-il vraiment nécessaire de les réfuter? Toutes ces républiques antiques n'étaient que de petites oligarchies où des familles aristocratiques régnaient souverainement sur une vile multitude, et rien n'était moins démocratique qu'un tel régime, pas plus au temps de Caton qu'au temps de César ou à celui des républiques [Pg 162] grecques. Les luttes de Cicéron, Catilina, etc., n'étaient pas des luttes de principes, comme celles qui nous divisent aujourd'hui, mais des rivalités d'ambition personnelle.

Quant à la prétendue liberté des républiques grecques, il faut avoir aussi peu pénétré les choses de l'histoire que le font beaucoup d'historiens pour croire à la liberté de la Grèce antique et la vanter. Jamais divinité tyrannique ne tint ses adorateurs plus profondément pliés sous son joug que ne le furent les peuples les plus civilisés de l'antiquité grecque et latine sous la main de fer de la coutume.

L'État, c'est-à-dire le faisceau de lois, de traditions et d'usages dont il se constituait le gardien, était tout, et l'individu rien. Aucune puissance n'eût pu sauver le téméraire assez audacieux pour essayer de toucher à ce dépôt sacré. Eût-il possédé la sagesse de Socrate, le peuple entier se serait dressé immédiatement contre lui. L'empire des morts sur les vivants était alors tout-puissant. De ce que nous nommons la liberté, l'homme n'avait pas même l'idée. Que les gouvernements s'appelassent aristocratie, monarchie, démocratie, aucun d'eux ne tolérait la liberté individuelle, et il est facile de comprendre qu'avec l'étroite solidarité nécessaire aux nations qui voulaient rester puissantes, nul ne pouvait la tolérer. L'antiquité grecque ne connut ni la liberté politique, ni la liberté religieuse, ni la liberté de la vie privée, ni celle des opinions, ni celle de l'éducation, ni liberté d'aucune sorte. Rien dans l'homme, ni le corps, ni l'âme, n'était indépendant. Il appartenait tout entier à l'État, qui pouvait toujours disposer de sa personne et de ses biens à son gré. [Pg 163] Dans ces âges antiques, qu'on nous offre encore pour modèles, il n'était pas permis au père d'avoir un enfant difforme; et, s'il lui en naissait un contrefait, cet enfant devait mourir. A Sparte, l'État dirigeait l'éducation, sur laquelle le père n'avait aucun droit. La loi athénienne ne permettait pas au citoyen de vivre à l'écart des assemblées et de ne pas être magistrat à son tour. Quant à la liberté religieuse elle ne fut jamais réclamée. Il venait fort rarement à un Athénien l'idée de douter des dieux de la cité. Socrate paya de sa vie un tel doute. La loi punissait sévèrement quiconque se fût abstenu de célébrer religieusement une fête nationale. L'État interdisait même à l'homme les sentiments les plus naturels et n'autorisait chez lui qu'une sorte d'immense égoïsme collectif. Les Spartiates ayant éprouvé une défaite à Leuctres, les mères des morts durent se montrer en public avec un visage gai et remercier les dieux, alors que les mères des vivants devaient montrer de l'affliction. Quand Rousseau admire ce trait, il montre à quel point il ignorait ce que fut, dans l'antiquité, la tyrannie de l'État. La prétendue liberté antique dont les disciples de ce philosophe ont fait la base de leur système politique n'était que l'assujettissement absolu des citoyens. L'Inquisition, avec ses bûchers, ne constituait pas un régime plus dur.

Le seul argument sérieux que l'on pouvait invoquer, jadis, en faveur de l'éducation gréco-latine, c'est qu'elle avait contribué à former les hommes éminents des derniers siècles. A cette époque, elle représentait, en effet, l'encyclopédie des connaissances humaines. La Bible et les ouvrages grecs et latins constituaient à peu près les seules sources de connaissances auxquelles [Pg 164] on pouvait puiser. Mais, aujourd'hui, le monde a entièrement changé, et les livres qui ont instruit tant de générations ne représentent plus guère que des documents historiques bons à occuper les loisirs de quelques érudits.

Du reste le fameux argument du trésor d'idées générales, donné par l'éducation gréco-latine, n'a pas trop été invoqué devant la Commission. On s'est souvenu d'une conférence célèbre de M. Jules Lemaître, qui fut professeur avant d'être académicien. J'en reproduis quelques passages pouvant servir de conclusion à ce qui précède.

> Et qu'est-ce donc enfin que ce fameux trésor d'idées générales, d'idées éducatrices, dont les littératures grecque et latine auraient le monopole?
>
> Ne parlons pas du grec qui, même dans l'enseignement supérieur, n'est très bien su que de quelques spécialistes. Ce trésor, prétendu unique et irremplaçable, ce sont quelques pages de Lucrèce, dont le principal intérêt est d'être vaguement darwiniennes; ce sont, dans Virgile, quelques morceaux des *Géorgiques*, qui ne valent pas tels passages de Lamartine ou de Michelet, et les amours de Didon, qui ne valent pas les amours raciniennes d'Hermione ou de Roxane; ce sont les chapitres de Tacite sur Néron; c'est, dans les épîtres d'Horace, la sagesse de Béranger et de Sarcey; c'est le spiritualisme déjà cousinien des compilations philosophiques de Cicéron; c'est le stoïcisme théâtral des lettres et des traités de Sénèque; et c'est enfin la rhétorique savante, mais presque toujours ennuyeuse, de Tite-Live et du *Conciones*. Rien de plus, en vérité. Or, cela se trouve tout entier ramassé dans Montaigne, et tout entier répandu dans les écrivains du XVIIe siècle, où nous n'avons qu'à l'aller prendre.
>
> Non, je le sens bien, ce n'est pas aux Grecs ni aux Romains que je dois la formation de mon cœur et de mon esprit.
>
> Si donc le bénéfice que j'ai pu retirer du latin m'échappe, à moi qui l'ai très bien su il y a vingt-cinq ans, de quel profit peut-il être pour les neuf dixièmes de nos collégiens, qui ont encore l'air de l'apprendre, mais qui ne le savent pas et ne peuvent pas le savoir[118]?

[118] J. Lemaire.

[Pg 165] En admettant même que les ouvrages latins contiennent un trésor d'idées générales, il semble évident que pour le découvrir on devrait au moins les lire. Un document officiel va nous dire ce que les élèves ont lu de livres classiques, après sept ans d'études. «Si toutes les pages de grec, de latin, de français, qui ont été lues et expliquées, dans un cours d'études, étaient rassemblées, on n'en ferait pas toujours un volume de l'épaisseur du doigt.» (*Instructions du Ministère de l'Instruction publique de 1890*, p. 23.)

Je n'ai guère parlé que du latin dans les pages qui précèdent. Il serait sans intérêt de s'appesantir sur la question du grec, qui a été à peu près entièrement abandonné devant la Commission. On a reconnu que les notions qu'en possèdent les élèves sont presque totalement nulles et ne dépassent guère la connaissance de l'alphabet et la conjugaison de quelques verbes.

Les professeurs ne paraissent pas, eux-mêmes, bien ferrés sur la langue qu'ils enseignent. M. Brunot, maître de conférences à la Sorbonne, a donné d'intéressants documents sur ce point.

> Je puis vous dire qu'à l'agrégation, où nous avons institué, depuis plusieurs années, des épreuves improvisées, il est impossible de proposer à nos futurs agrégés autre chose que certains textes très faciles. Cette année même, nous avons discuté la question de mettre à l'agrégation, comme texte improvisé, de l'Homère. Eh bien, ce n'est pas possible[119].

[119] *Enquête*, t. I, p. 367. Brunot, maître de conférences à la Sorbonne.

> Dans ces conditions, l'enseignement du grec ne devrait donc pas être conservé, à mon avis, comme obligatoire même dans l'enseignement classique ancien, si ce n'est pour les jeunes gens ou les familles qui désirent avoir cette culture spéciale et qui ont un goût suffisant pour s'y adonner de bonne volonté[120].

[120] *Enquête*, t. I, p. 24. Berthelot, ancien ministre de l'Instruction publique.

[Pg 166] En Allemagne, la question de l'éducation classique, si supérieure pourtant à la nôtre, a soulevé aussi de violentes discussions. Dans une Commission spéciale réunie à Berlin en 1890, l'empereur a prononcé un véhément réquisitoire contre l'éducation gréco-latine. Mais le tout-puissant césar ne put triompher entièrement de l'opposition des Universités et l'enseignement du grec et du latin n'a pas été modifié. Cependant, comme le dit justement M. Lichtenberger, ex-professeur d'allemand à l'Université de Nancy, «d'humanisme apparaît à l'Allemagne moderne comme le culte stérile d'un passé mort à tout jamais, d'un idéal de beauté périmé, comme une religion déchue, bonne tout au plus pour quelques attardés et quelques délicats, mais sans action sur l'homme contemporain qui doit être formé en vue de l'action».

§ 2.—L'OPINION DES FAMILLES SUR L'ENSEIGNEMENT DU GREC ET DU LATIN.

Il ressort clairement de ce qui précède que l'enseignement du grec et du latin équivaut à une perte totale de temps. Ces langues sont dépourvues—d'après l'opinion des savants les plus autorisés—de toute utilité et, alors même qu'elles seraient utiles, cela n'aurait aucun intérêt, puisque l'Université est obligée de se reconnaître incapable de les enseigner à ses élèves. Il est donc évident que les heures ainsi perdues pourraient être consacrées à apprendre de très utiles choses, les langues modernes, par exemple.

En conclurons-nous qu'une chance quelconque existe pour que l'enseignement du grec et du latin disparaisse des lycées? En aucune façon. Devant cette [Pg 167] réforme, nous trouverions encore ce mur solide des facteurs moraux que nous avons déjà rencontré plusieurs fois. Il est constitué ici par la volonté des parents, toute-puissante en ces matières. Le bourgeois français est essentiellement conservateur, et d'autant plus conservateur qu'il raisonne généralement assez mal. Ses pères ont appris le latin, lui-même l'a appris, ses fils doivent, par conséquent, l'apprendre. Il est d'ailleurs persuadé que la connaissance de cette langue confère une sorte de noblesse à ses enfants et les fait entrer dans une caste spéciale.

L'enquête va nous éclairer à ce sujet; c'est une des rares questions sur lesquelles elle nous ait révélé des faits peu connus.

> Nous avons été frappés de l'unanimité des pères de famille à demander le maintien de l'enseignement classique complet. Pour le grec seulement, il y a eu quelques exceptions, d'ailleurs très rares. Mais, à part ce point particulier, ces hommes, qui sont dans des conditions de vie et de carrières très différentes, se sont tous prononcés avec ensemble et énergie pour le maintien des études classiques[121].

[121] *Enquête*, t. II, p. 555. Keller, vice-président de la Société générale d'éducation.

> La raison fondamentale qui a poussé tant de jeunes gens vers les carrières dites libérales, et vers l'enseignement gréco-latin, c'est une raison de *vanité*. C'est par vanité pure que bien des pères de famille se sont obstinés jusqu'ici à demander pour leurs enfants (quelles que fussent les aptitudes de ceux-ci) l'enseignement secondaire classique.

> Une partie de notre bourgeoisie française eût cru signer sa déchéance, si elle n'avait pas obligé ses enfants, quelque médiocres qu'ils fussent parfois, à apprendre le grec et le latin.

Si les Allemands ont plus de goût que nous pour la vie économique moderne, s'ils n'ont pas les mêmes superstitions vaniteuses en ce qui concerne les carrières industrielles et commerciales, cela tient en grande partie à ce que la bourgeoisie est en Allemagne une classe récente. Elle plonge ses racines immédiates dans le monde des industriels, des marchands, des boutiquiers. [Pg 168]

Et c'est aussi pour cela que les mères allemandes retiennent moins leurs enfants que les mères françaises, les poussent beaucoup moins à faire du latin ou du grec et à rechercher les carrières et les positions tranquilles[122].

[122] *Enquête*, t. II, p. 439. Blondel, ancien professeur à la Faculté de Droit de Lyon.

Je voudrais conserver le latin: les familles y tiennent beaucoup plus qu'on ne croit, tellement qu'on appelle encore, j'hésite à le dire, l'enseignement moderne «l'enseignement des épiciers». L'opinion courante inflige à l'enseignement moderne un caractère de déchéance, d'amoindrissement qu'il vaudrait mieux éviter pour beaucoup d'enfants qui ne sont pas faits pour les études littéraires véritables et qui cependant mériteraient de ne pas être mis dans la catégorie des épiciers. Les enfants eux-mêmes tiennent au latin pour une raison qui est un enfantillage, mais d'une influence réelle lorsqu'ils commencent leurs études: c'est que les filles n'en font pas. Pour un garçon de dix ans, apprendre le latin, c'est comme s'il mettait sa première culotte. Ils sont fiers quand ils rentrent à la maison: leurs sœurs ne savent pas le latin, ne le sauront jamais; elles apprennent la physique, la chimie, la littérature; elles en sauront autant que leurs frères et leurs maris: mais elles n'ont pas appris le latin et les garçons ont le sentiment de cette supériorité.

Si donc on veut avoir un enseignement autre que l'enseignement classique complet, qui réunisse la grande majorité des enfants de France, il y faut garder le latin[123].

[123] *Enquête*, t. II, p. 307. Girodon, fondateur de l'École Fénelon.

Il faut tenir compte des préjugés, si puissants et si tenaces en France, et de la vanité des familles. Trop souvent, on place des enfants dans les lycées ou dans les collèges, non par suite d'un choix judicieux et réfléchi, mais par vanité et par amour-propre; on tient, avant tout, à ce que les enfants fassent leurs études classiques[124].

[124] *Enquête*, t. II, p. 513. Jacquemart, inspecteur de l'enseignement technique.

A Marseille, en 1861 ou 1863, il y avait déjà—c'était alors une nouveauté due à M. Fortoul ou à M. Rouland—un enseignement commercial qui durait normalement cinq ans. Il n'a jamais fait fortune, quoiqu'il eût d'excellents professeurs. Même dans une ville comme Marseille, le moindre bourgeois, le moindre négociant voulait que son fils, puisqu'il y avait des bacheliers latins, fût bachelier en latin comme celui du plus gros négociant. Si nous déracinions la passion égalitaire du corps des trente-huit millions de Français, nous arriverions peut-être à quelque chose sur ce point[125].

[125] *Enquête*, t. I, p. 186. Brunetière, maître de conférences à l'École Normale supérieure.

[Pg 169] Il y a une maladie générale de la bourgeoisie qui domine en quelque sorte la question et l'empêche d'aboutir. Nos classes bourgeoises ont une tendance fatale et invétérée, qui survit à tous les régimes, à vouloir se séparer rapidement du peuple et à organiser pour elles-mêmes une éducation de caste. Si l'on veut bien y réfléchir, notre enseignement secondaire est précisément cette éducation de caste. Tel que nous le comprenons à l'heure actuelle, il n'est pas le complément de l'enseignement primaire, il n'est pas non plus l'épanouissement, par sélection, de cet enseignement primaire, il est autre chose, il est un enseignement qui se juxtapose au précédent, qui ne le continue pas, et qui établit, d'un côté un enseignement pour le peuple, de l'autre un enseignement pour les riches, auxquels vient se joindre l'élite populaire, dont nous ne devons pas tenir compte, pour cette raison qu'elle prend tous les défauts ou toutes les qualités de la classe dite «bourgeoise» ou dite «riche»[126].

[126] *Enquête*, t. I, p. 489. Henry Bérenger, publiciste.

Le préjugé des familles est d'ailleurs partagé par les grandes administrations publiques. M. Goblet en a donné une bien amusante preuve devant la Commission.

En même temps nous donnions à cet enseignement ainsi transformé les premières sanctions qui devaient y attirer les familles, en ouvrant à son baccalauréat l'accès de certaines grandes écoles et de certaines administrations de l'État. Je me souviens à ce sujet que, si j'obtins facilement des ministères de la Guerre et de la Marine que le baccalauréat du nouvel enseignement fût reçu pour l'entrée aux écoles Polytechnique et de Saint-Cyr et à l'École navale, il me fut impossible d'avoir l'adhésion de certaines administrations financières, comme les contributions directes et l'enregistrement, les honorables représentants de ces administrations soutenant qu'une des principales obligations de leurs agents était de savoir rédiger un rapport et que la connaissance du grec et du latin y était nécessaire[127].

[127] *Enquête* t. II, p. 662. René Goblet, ancien ministre de l'Instruction publique.

On ne saisit pas du tout l'influence que pourraient exercer quelques notions de grec et de latin sur les rapports que sont appelés à écrire de modestes [Pg 170] bureaucrates, mais on saisit très bien, et ceci justifie ce que j'ai voulu démontrer, que, devant des préjugés aussi tenaces, les réformes sérieuses sont totalement impossibles.

La force du latin réside, on le voit, dans le prestige qu'il exerce sur une foule de braves gens dont beaucoup n'en ont d'ailleurs jamais retenu un seul mot. La corporation des épiciers tient cette langue en haute estime et veut absolument que ses fils la connaissent. C'est dans les Chambres de Commerce que l'éducation classique a rencontré le plus de défenseurs. Ce fait a frappé le Président de la Commission d'enquête et il a eu soin de le noter dans son rapport.

C'est un fait à noter qu'en dehors de l'Université, qui lui reste profondément attachée, l'enseignement classique a partout des défenseurs convaincus. Les Chambres de commerce des grandes villes se sont énergiquement prononcées en sa faveur[128].

[128] *Enquête*, Ribot, Rapport général, t. IV, p. 23.

§ 3.—L'ENSEIGNEMENT DU GREC ET DU LATIN AVEC LES PRÉJUGÉS ACTUELS.

Concilier les préjugés des parents avec la nécessité de substituer l'enseignement de choses utiles à celui du grec et du latin semble un problème difficile. Il n'est pas cependant insoluble. Chez les peuples latins, la forme l'emportant toujours de beaucoup sur le fond, il suffit de conserver les façades pour satisfaire l'opinion. Conservons donc la façade gréco-latine afin de respecter les préjugés, mais changeons ce qui est derrière. Gardons le mot et supprimons presque entièrement la chose. En consacrant une heure par semaine à l'étude du grec et du latin, on arriverait à concilier [Pg 171] les intérêts opposés et en apparence irréductibles que je viens de signaler.

Et il ne faudrait pas supposer qu'avec cette heure unique de grec et de latin par semaine les élèves en sauront moins qu'aujourd'hui. Un enseignement intelligent leur apprendra plus, au contraire, que ne savent les élèves actuels et même le plus savant des bacheliers six mois après son examen.

Au lieu de consacrer cette heure de grec et de latin par semaine à l'explication de chinoiseries grammaticales destinées à être immédiatement oubliées, comme cela se fait actuellement, nous la consacrerons à apprendre les citations latines les plus courantes, quelques racines grecques et à lire des traductions interlinéaires de quelques auteurs très faciles. Nous aurons ainsi économisé un nombre immense d'heures qui pourra être employé à enseigner une foule de choses utiles: langues vivantes, sciences, dessin, etc.

Du nombre énorme d'heures ainsi gagnées, quelques-unes pourront être utilisées pour faire lire dans des traductions françaises les principaux auteurs grecs et latins, dont actuellement, après sept ou huit ans d'éducation gréco-latine, les élèves n'ont traduit péniblement que de vagues fragments.

Malgré ce que cet enseignement peut avoir de superficiel en apparence, je suis persuadé que les élèves qui l'auraient reçu connaîtraient beaucoup mieux l'antiquité gréco-latine que les bacheliers actuels.

L'enseignement de l'antiquité par la lecture de traductions[129] aurait en plus l'avantage d'intéresser les [Pg 172] élèves. Au lieu d'avoir Virgile et Homère en horreur, ils les liraient avec intérêt, car l'*Énéide* et l'*Iliade* sont de vrais romans. Ce qui rend ces livres si antipathiques aux écoliers, c'est l'ennui d'en traduire des fragments à coups de dictionnaire.

[129] Il y en a d'excellentes à 0 fr. 25 le volume. Le prix d'une bibliothèque des anciens auteurs très suffisante ne dépasserait guère 10 francs.

> Intéressez les élèves, intéressez-les à tout prix: c'est, comme je l'ai dit, l'ennui, qu'on n'a pas su éviter dans les études grecques et latines, qui est, en grande partie, la cause de la décadence de ces études. C'est l'enseignement du grec et du latin qui s'est tué lui-même. Si l'on continue dans cette voie, le suicide sera complet; le latin et le grec succomberont au

discrédit général où ils seront tombés devant le monde, devant les élèves et devant un certain nombre de professeurs même[130].

[130] *Enquête*, t. II, p. 197. Belot, professeur de philosophie au lycée Louis-le-Grand.

Quant à l'étude des principales citations latines, dont il existe plusieurs recueils, et de quelques racines grecques et latines, c'est l'unique moyen de conserver du grec et du latin ce qui peut avoir quelque ombre d'utilité, non seulement au point de vue des étymologies, mais surtout pour ne pas paraître ignorer des choses que connaissent nos contemporains instruits.

> Quoi de plus facile que de loger dans la mémoire toute neuve de nos élèves un certain nombre de racines grecques et latines? J'ai constaté que les miens se prêtent volontiers à cet exercice. Je leur mets entre les mains un vocabulaire de deux cents mots ou radicaux grecs et latins, quelque chose comme notre ancien Jardin des racines grecques; ils l'apprennent à petites doses sans la moindre difficulté et il suffit amplement à tous leurs besoins présents et futurs[131].

[131] *Enquête*, t. II, p. 495. Maldidier, professeur agrégé à l'Université.

J'ai été fort heureux de voir un universitaire distingué, M. Torau Beyle[132], adopter à peu près la même conclusion que moi en ce qui concerne le temps à [Pg 173] consacrer à l'étude du grec et du latin. Il propose, lui aussi, de les enseigner seulement pendant une heure par semaine à titre de cours supplémentaire. C'est à peu près le temps accordé aujourd'hui à l'escrime et à la danse.

[132] *Revue Politique et Parlementaire*, 10 mai 1899.

Un partisan convaincu des études gréco-latines, M. Hanotaux, est arrivé par une autre voie à des conclusions analogues. Dans un article que publia *le Journal* en faveur de l'enseignement du latin, il formulait le souhait que tout jeune Français cultivé puisse comprendre l'*Epitome Historiæ Græcæ* et le *Selectæ*. Je n'y découvre aucune utilité, mais je n'y vois non plus aucun inconvénient, attendu qu'un tel souhait est d'une réalisation extrêmement facile. Cette lecture, par les méthodes que j'indiquerai dans un autre chapitre, ne demanderait pas au dernier élève d'une école primaire plus d'un mois de travail[133].

[133] Pour les personnes qui voudraient pousser plus loin l'étude du latin, je signalerai le volume de M. le professeur Bézard, déjà auteur d'un livre sur la méthode littéraire. Dans son nouvel ouvrage, *Comment apprendre le latin*,

l'auteur, après avoir montré la pauvreté des méthodes actuelles, essaie d'unifier et de simplifier un peu cet enseignement.

Au risque de sembler paradoxal, j'ajouterai aux observations qui précèdent qu'il y aurait un grand intérêt psychologique à introduire le grec et le latin à la dose que j'ai dite—une heure environ par semaine—dans l'enseignement primaire. Ce serait le seul moyen de faire perdre à ces deux langues le prestige mystérieux qu'elles exercent encore dans l'esprit de la bourgeoisie actuelle. Quand l'on constatera que de jeunes maçons ou des apprentis cordonniers peuvent hardiment citer à propos une douzaine de citations latines, personne ne se figurera plus que la connaissance de quelques mots de cette langue confère [Pg 174] une sorte de noblesse. Son prestige s'évanouira alors très vite. Ce sera comme si la plupart des ouvriers recevaient les palmes académiques en récompense de leurs services. Les classes dites dirigeantes n'en voudraient bientôt plus.

Je n'imagine pas assurément que des réformes aussi simples aient la moindre chance d'être jamais acceptées en France. Les grandes réformes imposées à coups de décrets seules nous tentent. Elles n'ont pourtant d'autres résultats que de produire des révolutions apparentes qui rendent impossible aucune évolution. [Pg 175]

CHAPITRE IV

La question du baccalauréat et du certificat d'études.

§ 1.—LA RÉFORME DU BACCALAURÉAT.

Les résultats désastreux de l'enseignement classique ayant été reconnus par la presque totalité des universitaires qui ont déposé devant la Commission d'enquête, ces derniers se sont naturellement demandé comment y remédier.

Avec cette logique simpliste si répandue chez les Latins, ils ont vite découvert la cause secrète du mal, le bouc émissaire qu'il fallait charger des crimes d'Israël. Le coupable, c'était le baccalauréat! Et avec ce radicalisme énergique, produit nécessaire des raisonnements simplistes, le remède a été immédiatement signalé. Le baccalauréat étant la cause évidente de tout le mal, il n'y avait qu'à le supprimer. Sans perdre de temps, un projet de loi fut déposé dans ce sens au Sénat.

Supprimer est, bien entendu, une façon de parler. L'esprit latin n'hésite jamais à demander des réformes radicales, mais étant doté, de par son hérédité, [Pg 176] d'un conservatisme extrêmement tenace, il concilie ces deux tendances contraires en se bornant à changer simplement les mots sans toucher aux choses.

L'infortuné baccalauréat a suscité un intéressant exemple de cette mentalité spéciale. Après avoir proposé de le supprimer, on propose immédiatement,—et cela dans le même projet de loi,—de le rétablir sous un autre nom. Il ne s'appellera plus baccalauréat, il s'appellera certificat d'études, à l'imitation de ce qui se passe en Allemagne et, de cette façon, notre enseignement classique vaudra évidemment celui des Allemands. Rien n'est, comme on le voit, plus simple.

Une chose tout à fait remarquable et digne d'être offerte aux méditations des psychologues, c'est que personne n'ait soupçonné, ou du moins n'ait dit, que les parchemins sur lesquels on aura remplacé le mot «baccalauréat» par «certificat d'études» ne sauraient en aucune façon posséder la vertu de modifier les méthodes qui rendent notre enseignement inférieur à ce qu'il est chez la plupart des peuples. Sans doute, on nous prévient que ce nouveau baccalauréat, qualifié de certificat d'études, sera précédé de sept à huit baccalauréats spéciaux, dits examens de passage, que l'élève sera obligé de subir devant un jury à la fin de chaque année scolaire. J'ai déjà montré, dans un autre chapitre, l'enfantillage d'un tel projet de réforme. Si les résultats étaient les mêmes qu'à l'examen final du baccalauréat actuel—et pourquoi seraient-ils différents—la moitié seulement des élèves serait reçue. Les lycées perdraient donc d'un seul coup la moitié de leurs élèves et leur budget, qui présente déjà des déficits énormes, serait si onéreux pour l'État [Pg 177] que les professeurs arriveraient vite à recevoir tous les candidats. Les choses redeviendraient donc exactement ce qu'elles sont aujourd'hui.

Nous sommes loin de penser cependant que la campagne entreprise contre le baccalauréat ait été inutile. Elle a contribué à montrer aux moins clairvoyants ce que valent nos études classiques et c'est pourquoi nous n'avons pas jugé superflu de consacrer un chapitre à la question. Les examens du baccalauréat ont mis en évidence la pauvreté des résultats produits par les études classiques.

Ce baccalauréat si incriminé n'est en réalité qu'un effet et nullement une cause. Qu'on le maintienne ou qu'on le supprime, ou encore qu'on change son nom, cela ne changera en aucune façon les méthodes universitaires. S'il est remplacé par un certificat obtenu après un examen passé dans l'intérieur du lycée, le seul avantage sera de dispenser les professeurs de faire constater au public l'ignorance des élèves qu'ils ont formés.

§ 2.—L'OPINION DES UNIVERSITAIRES SUR LE BACCALAURÉAT

Bien que, de toute évidence, le baccalauréat ne soit pour rien dans l'état actuel de notre enseignement classique, la campagne menée contre lui a été des plus violentes et la violence s'est accentuée chez les créateurs mêmes des programmes actuels, tels que M. Lavisse. Ne pouvant s'en prendre à leurs méthodes et à leurs programmes, ce qui eût été s'en prendre à eux-mêmes, les universitaires accusent le baccalauréat et aucune injure ne lui est épargnée. M. Lavisse le qualifie de «malfaiteur». [Pg 178]

> Je suis l'ennemi convaincu du baccalauréat, que je considère—passez-moi le mot violent—comme un malfaiteur[134].

[134] *Enquête*, t. I, p. 40. Lavisse, professeur à la Sorbonne.

Est-il bien certain que ce soit le diplôme qui mérite une qualification aussi sévère? J'en doute un peu.

Le même M. Lavisse a expliqué dans une conférence publique les origines des programmes actuels du baccalauréat.

> Du baccalauréat, régulateur des études, le programme a été rédigé, à Paris, par des hommes très compétents, très mûrs, trop compétents, trop mûrs: je suis un de ces messieurs. Nous l'avons déduit de conceptions coutumières, qui

peuvent avoir vieilli, comme nous-mêmes, sans que nous le sachions. Ce programme, nous le modifions assez souvent, il est vrai, preuve que nous ne sommes jamais tout à fait contents, et cette inquiétude nous est une circonstance atténuante. Mais à travers toutes les modifications, nous gardons des principes fixes: celui-ci, que l'éducation qui a formé des hommes comme nous, est la meilleure de toutes évidemment et que nous en devons le bénéfice aux générations futures; celui-ci encore, qu'il faut que tout écolier sache toutes choses à un moment donné: le grec, le latin, le français, une langue étrangère, l'histoire, la géographie, la philosophie, les mathématiques, la physique, la chimie, l'histoire naturelle, l'astronomie, tout en un mot, et quelques autres choses encore[135].

[135] Lavisse. Conférence sur le baccalauréat.

En résumé, l'élève est censé savoir par cœur une Encyclopédie complète. Comme il ne peut évidemment en retenir qu'une faible partie, l'examen est pour lui uniquement une question de chance. C'est ce que nous montre très bien M. Lavisse. Après avoir constaté que la façon dont on fait passer l'examen est «scandaleuse», il ajoute:

> Bien que je puisse affirmer, que les jurys ont, en somme, des habitudes de large indulgence,—si large qu'être bachelier cela ne signifie à peu près rien,—il est certain que, dans l'examen [Pg 179] oral comme dans l'examen écrit, des juges cotent plus haut et d'autres plus bas. Ici encore, un candidat peut être refusé salle A, qui aurait été reçu en face, salle B. C'est le palier qui fait la différence.

Les personnes qui ont déposé devant la Commission d'enquête ne se sont pas d'ailleurs montrées beaucoup plus indulgentes, bien que n'ayant en aucune façon participé à la confection des programmes. Voici quelques extraits de leurs dépositions.

> Le gros événement que j'aperçois dans le baccalauréat, c'est que cet examen donne, non pas le maximum de la constatation des efforts faits par l'enfant, mais tout au contraire un minimum accidentel, tiré en quelque sorte à la loterie, sur deux ou trois points déterminés.

> La part de chance y est tout à fait excessive[136].

[136] *Enquête*, t. II, p. 676. R. Poincaré, ancien ministre de l'Instruction publique.

Bien entendu les élèves sont fixés sur ce point et ont recours à tous les moyens capables de fixer la chance. Recommandations par des gens influents, sans parler de la fraude.

> Dois-je ajouter, enfin qu'un trop grand nombre de candidats ont recours à la fraude? Certainement l'examen, comme il est pratiqué, est démoralisateur[137].

[137] *Enquête*, t. I, p. 40. Lavisse, professeur à la Sorbonne.

Ce que les élèves étudient spécialement, ce sont les réponses chères au professeur. Devant tel examinateur, on doit assurer que Marat était un grand homme, et devant tel autre examinateur déclarer qu'il n'était qu'un immonde gredin. Toute erreur de doctrine est fatale au candidat.

> Il y a des candidats qui étudient surtout les examinateurs, qui relèvent les questions posées par tel ou tel, répétées d'années en années, et qui ne se préparent que pour ces questions.
>
> Un professeur de Faculté voulait toujours qu'on lui parlât des cinq périodes du génie de Corneille; les élèves connaissaient sa [Pg 180] petite faiblesse et, formés par leurs professeurs, ils apprenaient les cinq périodes du génie de Corneille. Un jour, le professeur était absent et remplacé par son suppléant. Un pauvre candidat croyant avoir affaire à l'homme aux cinq périodes, répondit à cette question: Que savez-vous de Corneille?: «On distingue cinq périodes». Mais l'examinateur lui dit: «Vous vous trompez, je ne suis pas M. X...»[138].

[138] *Enquête*, t. II, p. 262. Pasquier, recteur à Angers.

Les questions posées par les professeurs sont parfois invraisemblables et dénotent de leur part une mentalité déconcertante.

Il semble que leur principale préoccupation ne soit par des rechercher ce que sait l'élève, mais bien de l'embarrasser. Voici quelques-unes des questions posées dans diverses facultés et citées devant la Commission d'enquête.

> Quelles sont, en France, les terres propres à la culture des asperges?
>
> Quelles sont les vertus curatives des eaux minérales de France?
>
> Pourriez-vous dire quelles ont été les réformes faites par l'électeur de Bavière au XVIIIe siècle[139]?

[139] *Enquête*, t. II, p. 561. Malet, professeur au lycée Voltaire.

Est-il beaucoup de membres de l'Institut—en dehors de quelques spécialistes—capables de répondre à ces questions?

La seule règle qui guide réellement les examinateurs est d'arriver à une certaine moyenne constante de refusés et d'admis. Ils maintiennent soigneusement la proportion de 50 % d'admis, d'après la statistique présentée par M. Buisson à la Commission[140]. La régularité annuelle de ce chiffre indique la préoccupation des examinateurs. Ils iraient plus vite et les résultats seraient absolument les mêmes si la réception des candidats était tirée simplement à pile ou face.

[140] *Enquête*, t. I, p. 438.

[Pg 181] Malgré le hasard qui préside à la réception des candidats, les examinateurs ne cessent de se plaindre de leur insuffisance. A les entendre, la très immense majorité des élèves ne se composerait que de misérables crétins. Voici quelques extraits de doléances présentées devant la Commission.

> Les juges du baccalauréat, les professeurs des Facultés de droit, ne cessent de se plaindre de l'ignorance surprenante des jeunes gens.

> Un rapport récent, adopté à l'unanimité par la Faculté de droit de Grenoble, répond que ce qu'il faudrait apprendre aux étudiants en droit, c'est le français, le latin, l'histoire et la philosophie, que, pour la plupart d'entre eux, l'enseignement secondaire serait à refaire tout entier[141].

[141] *Enquête*, t. II, p. 124. Bernès, professeur au lycée Lakanal.

> La majorité des candidats au baccalauréat possède peu de notions précises. Si l'on n'y mettait une complaisance parfois excessive, la plupart des jeunes gens ne recevraient pas leur diplôme de bachelier. Voilà la vérité sur cet examen encyclopédique[142].

[142] *Enquête*, t. II, p. 625. Grandeau, représentant de la Société nationale d'encouragement à l'agriculture.

> Le baccalauréat sera toujours un détestable «psychomètre»: il prend la mesure non des esprits, mais des mémoires; non de la force intellectuelle acquise, mais des connaissances emmagasinées. Il mesure des quantités plus qu'il n'est apte à apprécier les qualités[143].

[143] *Enquête*, t. II, p. 540. Bertrand, ancien professeur à l'École Polytechnique.

> Plus le baccalauréat se complique et se hérisse, plus les bacheliers sont médiocres, plus nous sommes obligés de leur verser à flots l'indulgence et la pitié[144].

[144] *Le Baccalauréat et les études classiques*, in-18, par Gebhart, professeur à la Sorbonne.

Je ne suis pas bien sûr que ce ne soient pas les professeurs qui auraient besoin d'indulgence et de pitié, mais ils n'en méritent guère, puisqu'ils se montrent si incapables de comprendre à quel point la surcharge des programmes est absurde. Oui, sans [Pg 182] doute, plus on charge les programmes plus les bacheliers sont médiocres, et en vérité il est surprenant qu'une chose si simple semble incompréhensible aux universitaires. Vous grossissez sans cesse l'encyclopédie que les malheureux candidats doivent enfermer dans leur tête. Ils ne peuvent donc en retenir que de vagues lambeaux. Êtes-vous bien certains qu'en dehors de votre spécialité, votre ignorance ne soit pas aussi complète—peut-être même beaucoup plus—que celle des candidats?

Ce qui fera longtemps encore la force du baccalauréat c'est, comme l'étude du latin dont nous parlions tout à l'heure, son prestige aux yeux des familles. Elles l'estiment comme une sorte de titre nobiliaire destiné à séparer leurs fils de la multitude. Le Président de la Commission, M. Ribot, l'a marqué dans les termes suivants:

> Le baccalauréat ainsi compris est un des contreforts du décret de messidor sur les préséances. Il n'est plus une garantie de bonnes études, il est devenu une sorte d'institution sociale, un procédé artificiel qui tend à diviser la nation en deux castes, dont l'une peut prétendre à toutes les fonctions publiques et dont l'autre est formée des agriculteurs, des industriels, des commerçants, de tous ceux qui vivent de leur travail et en font vivre le pays[145].

[145] RIBOT. *Rapport général*, t. VI, p. 44.

CHAPITRE V

La question de l'enseignement moderne et de l'enseignement professionnel.

§ 1.—L'ENSEIGNEMENT MODERNE.

[Pg 183] L'histoire de l'enseignement dit moderne constitue un exemple frappant de l'impossibilité d'accepter les réformes, les plus simples, les plus urgentes, lorsqu'elles ont à lutter contre les facteurs moraux—opinions, préjugés, etc.,—que nous retrouvons à chaque page de cet ouvrage.

Un ministre entreprenant, M. Léon Bourgeois, avait rêvé, il y a quelques années, de réformer à lui seul et sans bruit notre détestable éducation classique. A force de ténacité, nous l'avons vu plus haut, il obtint d'établir à côté de l'enseignement gréco-latin, un enseignement dit moderne, que terminait un baccalauréat spécial. Le latin et le grec étaient remplacés par des langues vivantes et des sciences.

Les programmes de cet enseignement étaient excellents, la réforme théoriquement parfaite. Les résultats furent pitoyables.

Ils furent pitoyables parce que la réforme eut contre elle l'opposition sourde de toute l'Université. [Pg 184] L'enseignement dit moderne répondait à d'incontestables besoins, et cependant il végéta misérablement. Nous allons en avoir la preuve en lisant quelques extraits des rapports présentés à la Commission. Montrons d'abord le but de cette éducation, tel que l'a résumé un ancien ministre de l'Instruction publique, M. Berthelot.

> L'éducation moderne, si elle était convenablement dirigée, devrait reposer essentiellement sur l'étude du français, des langues modernes et des sciences, et préparer d'une façon fructueuse aux carrières par lesquelles les citoyens peuvent vivre et servir leur patrie d'une manière indépendante[146].

[146] *Enquête*, t. I, p. 22. Berthelot.

Certes, ce programme était excellent; voyons comment l'Université en a tiré parti:

> Au lieu de se borner à détruire les défauts de l'enseignement classique, on lui a juxtaposé un nouvel enseignement fait à son image; une sorte de contrefaçon, de reproduction de second ordre; on a créé une sorte d'Odéon à côté du Théâtre-Français.

Le nouveau venu n'a rien innové, rien guéri. Il nous apparaît avec les mêmes défauts de son ancien:—même surcharge des programmes:—on a supprimé les langues mortes, mais on a ajouté les langues vivantes, la législation usuelle, l'économie politique, etc., etc...—Même système de classes rigides, imposant des efforts égaux à des esprits inégaux; même déchet dans les résultats; même production de non-valeurs[147].

[147] *Enquête*, t. I, p. 449. Maneuvrier, ancien élève de l'École Normale Supérieure.

L'enseignement secondaire moderne est de création toute récente, puisqu'il ne date que de sept ou huit années; il est encore difficile d'en apprécier les résultats. Mais, dès maintenant, il est permis de craindre qu'au point de vue qui nous occupe ces résultats ne soient pas sensiblement meilleurs que ceux de son frère aîné. L'enseignement moderne n'est guère autre chose que l'enseignement classique débarrassé du grec et du latin et quelque peu fortifié du côté des sciences et des langues vivantes; cet enseignement reste toujours et avant tout théorique, tout ce qui, dans ses programmes, pourrait présenter un caractère pratique étant relégué au second plan[148].

[148] *Enquête*, t. II, p. 512. Jacquemart, inspecteur de l'enseignement.

[Pg 185] Vous rencontrez contre cet enseignement moderne la coalition de tous les classiques. Je lisais récemment dans un livre de M. Renan: «Il n'y a pas de gens qu'il soit plus difficile de faire changer d'avis que les pédagogues; ils tiennent à une idée, il n'y a pas moyen de les en faire revenir. Ce sont des gens de parti pris hostiles».

Il y a à Caen un homme éminent, M. Zévort, recteur de l'Académie. Il parlait en ces termes de l'enseignement spécial qui a précédé l'enseignement moderne:

«A part des exceptions très peu nombreuses, recteurs, inspecteurs d'Académie, proviseurs et principaux ne virent, dans l'enseignement nouveau, qu'un intrus, une superfétation plutôt tolérée à regret que franchement acceptée. Les professeurs firent également défaut au ministre réformateur; la situation des maîtres des cours spéciaux, un peu améliorée au point de vue matériel, continua d'être amoindrie au point de vue moral, inférieure à celle de leurs collègues de l'enseignement classique. Que si ces derniers, pour compléter le total des heures qu'ils devaient à l'État, étaient envoyés dans des classes d'enseignement spécial, leur présence y était plus nuisible qu'utile, tant ils mettaient de mauvaise grâce à s'acquitter de leur tâche, qu'ils considéraient comme la plus humiliante corvée».

La même chose se produit actuellement pour l'enseignement moderne. On lui fait la même guerre. On veut lui rendre toute concurrence impossible.

On a voulu tenter un essai loyal, mais on a fait l'essai le plus déloyal[149].

[149] *Enquête*, t. II, p. 303. Houyvet, premier président honoraire.

A l'opposition de l'Université est venue se joindre aussi celle des parents.

Une réforme de notre enseignement secondaire ne sera efficace que si elle se combine avec une réforme de l'esprit public, de l'esprit qui règne dans nos familles françaises.

Nos familles françaises sentent vaguement la nécessité d'une réforme dans l'éducation, mais elles ne comprennent pas suffisamment ce qu'elles ont à faire pour y collaborer.

La plupart des parents persistent à ambitionner pour leur fils des carrières tranquilles: carrières du gouvernement, de la magistrature, de l'armée, de l'administration... carrières où on évite le plus possible les soucis et les tribulations.

Ils ne se préoccupent ni de rendre leurs enfants capables d'affronter par leur valeur personnelle les luttes de la vie, ni de développer chez eux le sentiment de la responsabilité. [Pg 186]

Et c'est pourquoi nos jeunes gens sont aujourd'hui soutenus beaucoup moins par leur volonté propre que par le cadre dans lequel ils sont placés. Et ce cadre n'est pas celui qui convient à notre société démocratique.

La principale préoccupation des parents, c'est de maintenir les enfants dans ce cadre le plus qu'ils peuvent, et de les soustraire aux nécessités de la lutte pour l'existence. Ils ne sont pas encouragés au travail.

C'est aux parents que j'impute la plus grande partie des erreurs actuelles de notre enseignement; c'est de ce côté qu'il faudrait un grand changement, c'est aux parents qu'il faut inculquer l'idée d'inspirer aux enfants plus d'ardeur pour le travail, et de les pousser un peu, leurs études une fois terminées, à voyager à l'étranger. J'ai conseillé moi-même à un certain nombre de jeunes gens des séjours à l'étranger; j'ai été attristé de voir le peu de profit qu'ils en avaient tiré. A peine étaient-ils arrivés quelque part que leurs parents les pressaient de revenir, ou bien ils se mettaient à la recherche de jeunes gens avec qui ils pouvaient parler français[150].

[150] *Enquête*, t. II, p. 444. Blondet, ancien professeur à la Faculté de droit de Dijon.

L'histoire lamentable de l'essai d'enseignement moderne en France prouve mieux que tout autre la justesse de quelques-unes des propositions fondamentales de cet ouvrage et notamment celles-ci: on ne réforme pas des préjugés à coup de décrets et les programmes n'ont en eux-mêmes aucune vertu. Il n'y a pas de mauvais programmes avec de bons professeurs et pas de bons programmes avec des maîtres ignorant l'art d'enseigner.

De telles vérités ne sauraient être considérées comme banales, puisque l'Université ne les a pas encore comprises, non plus que les auteurs des divers projets de réforme.

Le mouvement vers les études scientifiques auquel nous ne pouvons pas nous résoudre, les Allemands l'ont entrepris depuis longtemps et s'y engagent de plus en plus résolument chaque jour. [Pg 187]

> Je viens de voir dans un journal allemand la toute récente statistique des gymnases et des écoles réales de Prusse. Il y a seize ans, en 1882, le nombre total des élèves recevant l'instruction sans le latin était de 12.000 contre 120.000 recevant l'éducation latine et grecque. Aujourd'hui,—grâce à une série de réformes qui ont consisté à multiplier les types intermédiaires, à avoir des établissements très divers dans lesquels il est fait soit beaucoup, soit un peu, soit pas du tout de latin, les uns avec du grec, les autres sans—la proportion des élèves qui font des études secondaires, classiques ou demi-classiques, sans grec et sans latin, sur 150.000 élèves en tout s'est élevée à 65.000 contre 86.000 qui ont gardé le type classique traditionnel[151].

[151] *Enquête*, M. Buisson, t. I, p. 439.

> En Allemagne, nous l'avons dit, il y a des établissements spéciaux pour chaque genre d'enseignement, gymnases, réalgymnases, écoles réales, écoles techniques; rien n'est

mêlé et chaque genre d'enseignement a ses sanctions et ses débouchés propres; c'est là le secret du succès des Allemands. En France, au contraire, on veut ouvrir toutes les carrières à tous, en dépit des différences d'instruction et d'éducation, par conséquent de capacité générale. Les carrières doivent être sans doute, accessibles à tous, mais sous de communes conditions de préparation suffisante et d'aptitude suffisante. Au lieu de tout confondre et égaliser, les autres pays, Allemagne, Autriche, Angleterre, États-Unis, Italie, etc., distinguent et classent hiérarchiquement[152].

[152] *Enquête*, Fouillée, t. I, p. 276.

Toutes ces critiques ont été répétées devant la Chambre des Députés, à propos de la discussion de la réforme qui aboutit à de si médiocres résultats. M. Massé s'est exprimé de la façon suivante:

> En dépit des transformations apportées au régime des lycées et collèges, en dépit des modifications introduites dans nos programmes, notre enseignement secondaire et supérieur continuera, comme par le passé, à former uniquement des fonctionnaires, si vous ne permettez pas à l'enseignement primaire et à l'enseignement professionnel de le pénétrer davantage.

> Plus d'hommes se consacreraient au commerce, à l'industrie, à l'agriculture, aux colonies, si les études primitives qu'ils ont faites avaient dirigé de ce côté leur activité. Ils sollicitent des emplois du Gouvernement parce qu'en dehors des fonctions publiques, leurs facultés resteraient sans emploi. Et, cependant, [Pg 188] déjà les fonctions publiques sont encombrées, déjà s'accroît chaque jour davantage le nombre de ceux qui constituent ce qu'on a appelé le prolétariat intellectuel, c'est-à-dire le nombre de ces hommes chez lesquels l'instruction a développé des besoins, des goûts, des aspirations qu'ils sont absolument impuissants à satisfaire.

> Si l'enseignement secondaire actuel détourne du commerce, de l'agriculture, de l'industrie, des colonies, de tout ce qui constitue la richesse d'un peuple, l'enseignement secondaire de demain doit poursuivre un but diamétralement opposé; ses méthodes, ses programmes, ses plans d'études doivent différer. Ce qu'il doit avant tout se proposer, c'est de

développer, en même temps que la personnalité, l'esprit d'initiative, l'énergie et la volonté.

Il est dangereux, Messieurs, de tourner vers un but unique l'activité et les facultés de tout un peuple, alors surtout qu'on sait que ces facultés et cette activité resteront fatalement sans emploi.

Puisse notre système d'enseignement et d'éducation ne point préparer à la République des légions d'oisifs, de mécontents et de déclassés, qui, un jour aussi, pourraient tourner contre elle leurs facultés sans emploi et empêcher la France de poursuivre le rôle glorieux qui doit être le sien[153].

[153] M. Massé, séance du 13 février 1902; p. 633 de l'*Officiel*.

M. Leygues, ministre de l'Instruction publique, a appuyé ces conclusions et très bien montré les conséquences de notre enseignement universitaire.

Le travail de l'ouvrier n'est pas rémunéré suffisamment dans bien des cas, c'est vrai. Mais combien plus maigre encore est le salaire et plus misérable la condition de ceux qui sans fortune se sont engagés dans des professions libérales et qui n'ont ni clients ni causes, qui errent dans la vie désabusés, découragés, meurtris de toutes leurs déceptions et de tous leurs désespoirs. Il n'est pas de sort plus triste que le leur, de misère plus sombre que leur misère; il n'est pas d'êtres plus dignes de pitié.

Que deviennent-ils, ces déclassés? Selon la nature de leur âme, quand la souffrance est trop aiguë, ils tombent dans le servilisme ou la révolte.

Voilà ce qu'il faut avoir le courage de dire pour enrayer l'émigration perpétuelle vers les villes où tant d'énergies s'usent, où sombrent tant de courages, pour que, sous prétexte de favoriser la démocratie, nous ne soyons pas exposés à voir ce qui serait la fin de la démocratie: l'atelier vide et la terre déserte. [Pg 189]

Dans un pays comme la France où la population professionnelle et active (industriels, négociants, agriculteurs) représente 48 p. 100 de la population totale, 18 millions d'individus sur 38 millions d'habitants, où le capital industriel s'élève à 96 milliards 700 millions de francs, où le capital agricole atteint 78 milliards de francs; où les exportations se sont chiffrées en 1900 pour plus de 4 milliards de francs, l'Université ne peut se contenter de préparer les jeunes gens qui lui sont confiés aux carrières libérales, aux grandes écoles et au professorat; elle doit les préparer aussi à la vie économique, à l'action[154].

[154] M. Leygues, ministre de l'Instruction publique, séances des 12 et 14 février 1902 pp. 615 et 666 de l'*Officiel*.

Personne n'a jamais contesté la justesse de telles assertions et l'on peut dire cependant que depuis le temps qu'on les répète, elles n'ont encore converti personne.

§ 2.—L'ENSEIGNEMENT PROFESSIONNEL.

L'enseignement professionnel est donné presque exclusivement en France par des universitaires, et par conséquent avec leurs méthodes théoriques. Le manuel appris de mémoire en étant l'unique base, les résultats obtenus sont naturellement aussi parfaitement nuls que ceux de l'enseignement classique.

Si nous ne possédions pas un petit nombre d'écoles techniques, dues le plus souvent d'ailleurs, comme celles des Frères dont nous avons parlé, à l'initiative privée, on pourrait dire que l'enseignement professionnel n'existe pas en France.

Les causes de son insuffisance ne sont pas uniquement imputables à l'Université. Sous l'influence de préjugés héréditaires fortement développés par notre éducation classique, l'enseignement professionnel jouit auprès des familles d'une considération très faible. Elles croient toujours que l'instruction gréco-latine [Pg 190] seule peut développer l'intelligence et conférer à ceux qui l'ont reçue de grands avantages dans la vie. Nous sommes à un âge de transition où peu de personnes comprennent qu'il y a dans cette opinion une double erreur. En réalité, notre enseignement classique déprime l'intelligence et n'assure à ceux qui l'ont reçue aucune supériorité réelle dans la vie.

La principale cause de notre antipathie pour le travail manuel et tout ce qui s'en rapproche n'est pas tant l'effort qu'il demande que le mépris qu'il inspire. Ce sentiment, énergiquement entretenu par l'Université et ses concours, est un de ceux qui ont le mieux contribué à précipiter notre décadence industrielle et économique actuelle. Chez les peuples latins, le plus infime clerc, le plus humble commis, le plus modeste professeur, se jugent d'une caste fort supérieure à celle d'un industriel ou d'un artisan, bien que ceux-ci gagnent davantage et exécutent des travaux exigeant beaucoup plus d'intelligence.

Il résulte de cette croyance générale que la plupart des parents tâchent de faire entrer leurs fils dans la caste réputée supérieure et de les sortir de la caste considérée comme inférieure.

Une revue importante a publié sur ce sujet une lettre d'un industriel du nord de la France dont je reproduis l'extrait suivant:

> Il est désolant de voir, dans un arrondissement qui a été si vivant au point de vue industriel et qui possède de grandes ressources, que la bourgeoisie se désintéresse de plus en plus des affaires pour les places administratives.
>
> Il en est malheureusement ainsi du peuple qui ne voit dans l'instruction que le moyen de faire de ses enfants, soit des employés, soit des fonctionnaires. Tout le monde veut des places. [Pg 191]
>
> Pendant ce temps nous sommes à peu près colonisés par les Belges, qui détiennent la plupart des grands établissements industriels qui prospèrent dans la région.
>
> Un exemple frappant est ce qui s'est passé dans le bassin industriel de Maubeuge, depuis l'établissement des droits protecteurs. Ce pays s'est développé, depuis 1892, dans des proportions considérables, mais sous l'influence des Belges de Liège et de Charleroi qui sont venus créer en masse des établissements à la frontière et qui ont trouvé chez eux tous les capitaux nécessaires. Nos nationaux assistaient à cette invasion les bras croisés et employaient leurs capitaux en rentes ou en fonds portugais, brésiliens ou grecs!
>
> C'est navrant et désespérant.
>
> Nous sommes bien malades. C'est une consomption très lente dont on ne s'apercevra que quand il sera trop tard[155].

[155] *France de demain*, 15 janvier 1899.

Le même journal a publié également une lettre qui montre bien ce qu'ont coûté à nos colonies les préjugés qui régissent l'enseignement théorique que nous donnons aux jeunes indigènes.

> L'indigène qui sait lire, écrire et compter regarde d'un œil de mépris tous ceux qui bêchent la terre ou qui transforment, dans l'atelier, le fer et la pierre inertes; il se croit d'essence supérieure et indigne de peiner et de suer; il se dit Européen, et il exige les mêmes prérogatives que ce dernier.

On n'insiste pas assez là-bas, dans nos écoles, sur l'utilité du cultivateur et de l'ouvrier, sur la noblesse de leur tâche, sur leur rôle dans le monde. On ne montre jamais à la fin des études et comme récompense que le diplôme et la sinécure tant enviée à laquelle on pourra prétendre. On dégarnit les champs, les usines, les ateliers, pour encombrer les bureaux et sevrer ainsi la colonie de la partie la plus intelligente de sa population.

Si au lieu de suivre les programmes métropolitains et d'apprendre aux indigènes la suite des rois de France depuis Pharamond jusqu'à Napoléon III, on leur avait seulement donné les principes élémentaires de lecture, d'écriture et de calcul, tout en leur indiquant le maniement des outils ou des instruments aratoires, et la façon de tripler le rendement d'un champ de canne à sucre, de coton ou d'arachide, croyez-vous qu'on n'aurait pas augmenté la richesse du pays, et, partant, le chiffre des opérations commerciales?

Qui peut énumérer les services que rendrait à nos colonies [Pg 192] une armée indigène de bons contremaîtres et de bons fermiers choisis parmi les jeunes gens intelligents et laborieux.

Nos colonies ne rapportent rien, dit-on! Précisément parce que nous nous empressons d'immobiliser ceux-là seuls, qui pourraient produire et les enrichir[156].

[156] *France de demain*, 15 janvier 1902.

Nous touchons ici à un des points les plus fondamentaux de la question des réformes de l'enseignement. Les classes dirigeantes n'en comprennent aucunement l'utilité. Elles ne voient pas que notre enseignement classique—sous toutes ses formes—n'est plus en rapport avec les besoins de l'âge actuel, que sa triste insuffisance et l'absence d'enseignement professionnel sont les causes de notre profonde décadence industrielle, commerciale et coloniale.

La bourgeoisie française ne comprend pas l'évolution du monde moderne et par conséquent ne pourra pas l'aider. Les réformes, filles de la nécessité, se feront à côté d'elle, sans elle, et naturellement contre elle.

C'est surtout à notre Université que l'évolution économique actuelle du monde échappe entièrement. Figée dans de vieilles traditions, les yeux fixés sur le passé, elle ne voit pas qu'avec les progrès des sciences et de l'industrie, le rôle des grammairiens, des rhéteurs, des érudits et de toutes les variétés connues de vains parleurs, s'efface chaque jour davantage. Le monde moderne est gouverné par la technique, et la supériorité appartient à ceux qui, dans toutes les branches des connaissances, sont le plus versés dans la technique. On a essayé, mais sans grand succès, de le faire comprendre à la Commission d'enquête.

> En 1870, nous avons été vaincus par un ennemi qui, au point de vue militaire, était plus scientifiquement organisé que nous. [Pg 193] Aujourd'hui, sur le terrain industriel et commercial, nous sommes également vaincus par un ennemi scientifiquement organisé[157].

[157] *Enquête*, t. II, p. 442. Blondel, ancien professeur de faculté.

Cet enseignement professionnel qui nous manque et pour lequel il serait bien difficile d'ailleurs de trouver des professeurs, pourrait avoir—sans les préjugés de l'opinion dont je viens de parler—un nombre immense d'élèves. Les documents statistiques fournis à l'enquête en donnent la preuve incontestable.

> On peut se faire une idée, par les chiffres suivants, du préjudice causé à notre prospérité économique par ce véritable accaparement de la jeunesse par l'enseignement secondaire. Le nombre des élèves recevant en France l'enseignement secondaire s'élève aujourd'hui à cent quatre-vingt mille. Or la clientèle de l'enseignement technique industriel, commercial et même agricole, ne dépasse pas vingt-deux mille. La proportion est donc de huit contre un, au désavantage de ce dernier. Or c'est le contraire qui devrait se produire, si l'on remarque que la population commerciale, industrielle et agricole de la France forme les neuf dixièmes de la population totale, et que c'est en somme l'agriculture, le commerce et l'industrie qui font vivre et grandir les nations[158].

[158] *Enquête*, t. II, p. 513. Jacquemart, inspecteur de l'enseignement.

Eh oui, sans doute, c'est l'agriculture, l'industrie et le commerce qui font vivre et grandir les nations, et nullement les avocats et les bureaucrates[159]. Tous les efforts d'une Université éclairée devraient tendre à fortifier l'enseignement donné à la fraction la plus importante d'un pays, aussi bien par le nombre que par la richesse qu'elle lui procure. Or, c'est justement le contraire qui se produit. L'enseignement professionnel n'a pas seulement à lutter contre les préjugés [Pg 194] des parents, il doit lutter encore contre la mauvaise volonté de l'Université et l'incapacité de ses professeurs. Mauvaise volonté et incapacité que nous avons déjà signalées à propos de l'enseignement dit moderne.

[159] Les Allemands le savent fort bien et c'est pourquoi ils multiplient chaque jour leurs écoles professionnelles. La Saxe, qui n'a que trois millions d'habitants, possède trois écoles d'art industriel, trois écoles d'industrie supérieure, cent onze écoles professionnelles pour les professions spéciales, quarante écoles de commerce, etc.

Le plus important des enseignements professionnels devrait être, dans un pays agricole comme la France, celui de l'agriculture. Les démonstrations au tableau et la récitation des manuels en forment malheureusement l'unique base.

Un rapport de M. Méline, inséré à l'*Officiel*, contient à ce sujet des documents fort précis. Ils montrent à quel point toutes nos méthodes générales d'enseignement reposent sur les mêmes principes.

Sans parler de l'Institut agronomique établi à Paris, la France possède 82 écoles d'agriculture dites pratiques, coûtant annuellement plus de 4 millions. Elles comptent 651 professeurs et 2.850 élèves, ce qui fait à peine 4 élèves par professeur. Chaque élève revient, on le voit, à un peu plus de 1.400 francs par an à l'État. «Dans beaucoup d'établissements il n'y a guère que des boursiers et sans eux, il faudrait presque fermer l'école.»

Il est parfois difficile de rendre pratique un enseignement donné à beaucoup d'élèves. Ce n'est plus le cas quand un professeur a une moyenne de 4 élèves. On pouvait donc espérer que l'enseignement agricole de ces nombreuses écoles aurait un caractère réellement utilitaire et que les jeunes agronomes si coûteusement formés rendraient quelques services. Hélas! il n'en a rien été, et un psychologue connaissant un peu nos méthodes d'enseignement aurait pu le prévoir. L'éducation des élèves est restée si théorique [Pg 195] que pas un agriculteur ne peut les utiliser, fût-ce comme simples garçons de ferme. N'étant absolument bons à rien, ces agronomes qui devaient régénérer notre agriculture demandent presque tous des emplois de l'État et surtout des places de professeurs. Il y a plus de 500 de ces demandes pour une quinzaine de places annuellement vacantes.

«Cela n'est-il pas grotesque? conclut le journal *Le Temps*, en résumant ce rapport. Cet enseignement scientifique, ce grand orchestre de formules abstraites a donc pour effet d'enlever des forces vives à l'agriculture au lieu de lui en donner? Ces écoles n'ont plus qu'un but, qui est, non de préparer des praticiens, mais des concurrents bourrés de formules et de superfluités d'apparence scientifique, pour mieux triompher dans les épreuves des concours et arriver aux fonctions administratives. Tous mandarins ici comme ailleurs.»

On a bien expliqué devant la Commission d'enquête ce que sont ces cours d'agriculture pratique.

Les professeurs se contentent de dicter purement et simplement un cours, devant une classe d'élèves qui écrivent pendant une heure sur les matières fertilisantes, ou sur un autre sujet, des développements auxquels ils ne comprennent rien[160].

[160] *Enquête*, t. II, p. 631. Jules Gautier, professeur au lycée Henri IV.

Il est navrant de voir de telles copies, et comment nos petits cultivateurs perdent rapidement toutes les notions apprises dans les manuels. D'autre part, les enfants qui sont présentés savent encore la lettre, mais ils ne savent absolument pas ce qu'est la chose, ils sont d'une ignorance inouïe au point de vue pratique; ils ont appris des mots au sujet des engrais, du bétail, des plantes, mais ils ne savent absolument pas les utiliser. Si vous n'arrivez pas à organiser des visites de fermes et d'exploitations, ce que vous faites actuellement ou rien, c'est absolument la même chose[161].

[161] *Enquête*, t. II, p. 71. Duport, président d'une Commission supérieure d'enseignement agricole.

[Pg 196] Un de nos collègues disait naguère: «S'il faut s'étonner d'une chose, c'est qu'il se trouve encore quelques jeunes gens disposés à suivre la carrière agricole, car tout les en détourne.» Rien n'est plus vrai, et un simple coup d'œil jeté sur notre régime scolaire suffira pour le démontrer.

... Rien, dans ses études, ne réveille en lui le goût de la vie rurale, rien ne le ramène aux champs: tout semble fait pour l'en éloigner. La nature de ses études, d'abord: elles sont, comme disait Montaigne, «purement livresques»; elles lui inspirent le dédain des travaux manuels; exclusivement théoriques, linguistiques et grammaticales, elles ne développent ni le sens pratique, ni l'esprit d'observation, ces deux conditions essentielles de succès en toute carrière, mais principalement dans la carrière agricole[162].

[162] *Enquête*, t. II, p. 388. R. Lavollée, docteur ès lettres.

La conséquence de cet enseignement est que l'élève, qui devrait acquérir le goût de l'agriculture, prend au contraire cette profession en horreur, comme aussi tous les métiers manuels qu'il voit méprisés partout.

Aujourd'hui l'ouvrier ne veut plus que son fils travaille de ses mains; il préfère en faire un petit employé, mal payé, et nos écoles primaires ne contribuent que trop à cultiver ces illusions.

A la campagne, beaucoup d'agriculteurs ne veulent plus que leurs fils cultivent la terre; ils cherchent à en faire de petits fonctionnaires. C'est une véritable contagion, si bien qu'en France, pour les travaux manuels, le terrassement, la culture, nous sommes obligés de faire venir des Italiens ou des Belges.

L'Algérie se peuple de Maltais, d'Espagnols, et pendant ce temps-là nos villes fourmillent de scribes, qui, en vertu de la loi de l'offre et de la demande, se contentent de traitements tout à fait insuffisants[163].

[163] *Enquête*, t. II, p. 555. Keller, vice-président de la Société générale d'éducation.

Les nécessités économiques de l'âge actuel deviennent de plus en plus pressantes, et, chez les peuples latins, ni les familles, ni l'Université ne les comprennent. Un ancien ministre, M. Hanotaux, a proposé [Pg 197] devant la Commission d'enquête la création d'écoles professionnelles parallèles à l'enseignement classique actuel. Ce dernier enseignement, dit-il, ne serait maintenu que pour le très petit nombre de futurs érudits qui étudieraient le grec et le latin tout comme on étudie ailleurs le persan et l'arménien. De tels projets sont excellents et leur réalisation assurée le jour où nous aurons changé l'âme des parents, des professeurs et des élèves.

Mais alors même que cette transformation serait effectuée, on ne voit guère où se recruteraient les professeurs du nouvel enseignement. Sans doute les Frères des Écoles chrétiennes ont bien su en trouver pour l'enseignement technique, où ils peuvent servir de modèles, mais leurs professeurs sont des techniciens auxquels—imitant en cela les Américains—on ne demande que de connaître leur profession sans s'occuper un seul instant de savoir s'ils possèdent aucun diplôme. Du jour où cet enseignement serait organisé par l'État, c'est-à-dire par l'Université, il y aurait immédiatement des concours, une agrégation et l'instruction serait donnée uniquement par ces méthodes théoriques dont nous connaissons les résultats.

Toute grande réforme sur ce point étant irréalisable avant une réforme totale de l'opinion, il ne faut songer aujourd'hui qu'à de modestes changements accomplis sur une petite échelle. Un des meilleurs proposés devant la Commission consisterait à transformer les petits collèges de province en établissements d'enseignement professionnel. Devant l'impossibilité de trouver des professeurs capables de donner cet enseignement, on doit bien se contenter d'un enseignement [Pg 198] exclusivement théorique qui, si mauvais soit-il, est encore supérieur à l'enseignement classique.

> Nous avons eu occasion, notamment pendant ma direction, de sauver un certain nombre de ces petits collèges en y introduisant un peu d'agriculture théorique, c'est-à-dire un peu d'histoire naturelle, de physique et de chimie, de façon à initier les enfants aux choses de la vie rurale. Cette introduction seule a suffi pour sauver ces petits collèges. L'école de Neubourg, qui comprend des bâtiments superbes, était complètement tombée. On nous a demandé d'y introduire un peu d'enseignement agricole primaire supérieur; aussitôt l'école s'est remplie et elle est aujourd'hui prospère. C'est la preuve que les programmes doivent s'adapter aux milieux et au temps[164].

[164] *Enquête*, t. II, p. 626. Tisserand, représentant de la Société nationale d'agriculture.

> J'estime qu'il faudrait transformer nos petits établissements secondaires, suivant les besoins des régions, comme le disait si bien M. Tisserand, en écoles industrielles ou agricoles préparatoires à nos écoles spéciales d'un ordre supérieur. Cela vaudrait beaucoup mieux pour les budgets des villes et pour l'avenir des enfants[165].

[165] *Enquête*, t. II, p. 625. Grandeau, représentant de la Société nationale d'agriculture.

Ce sont là des réformes de détail qui ne sauraient conduire bien loin. De vraies réformes ne seront possibles, comme je l'ai dit tant de fois déjà, que lorsque les méthodes d'enseignement des professeurs, et surtout l'opinion des familles, auront changé.

De tels changements ne peuvent être amenés que par des nécessités impérieuses, et ni les programmes ni les discours ne sauraient les déterminer.

Les nécessités impérieuses qui transformeront peut-être un jour l'opinion des parents commencent à se dessiner un peu. Aujourd'hui les classes vraiment influentes, et par conséquent vraiment dirigeantes, tendent de plus en plus à se composer exclusivement d'individus possédant une certaine aisance. Or, il [Pg 199] devient évident que dans un avenir assez prochain ce seront surtout les industriels, les artisans, les colons, les agriculteurs, les commerçants qui posséderont cette aisance. Avec le développement des besoins actuels et l'invariabilité de leurs salaires, depuis longtemps fixés par l'État, les ressources des classes lettrées: magistrats, fonctionnaires, professeurs, etc., deviennent absolument insuffisantes, alors que l'aisance des autres classes grandit chaque jour.

Les classes jadis dirigeantes devenant chaque jour plus besoigneuses, et jouant par conséquent un rôle de plus en plus effacé, finiront peut-être par comprendre qu'elles doivent orienter autrement l'éducation de leurs fils.

La dernière supériorité des classes jadis dirigeantes réside aujourd'hui dans le port habituel d'un vêtement élégant. Mais il devient si râpé, que bientôt tout son prestige disparaîtra. Quand ce prestige sera totalement évanoui, comme il l'est depuis longtemps en Amérique et en Angleterre, une révolution profonde s'accomplira dans l'âme des peuples latins. Elle sera terminée le jour où on admettra comme exactes les définitions suivantes des diverses catégories sociales données par un des déposants de l'enquête.

> Le bon industriel, le bon agriculteur, le bon commerçant, le bon fonctionnaire, le bon officier, ce sont termes qui se valent. D'une manière générale, ce sont des hommes qui remplissent dans les cadres d'une démocratie des professions diverses, mais une même fonction sociale. La différence des carrières ne supprime pas l'égalité des mérites.

> En définitive, ils sont tous de la classe dirigeante future; cette classe ne peut pas se composer d'esprits façonnés sur le même patron, répondant au même signalement; elle doit se composer des meilleurs dans toutes les spécialités. Qu'ils diffèrent par la [Pg 200] spécialité de la profession, mais qu'ils se ressemblent par la supériorité de l'homme[166].

[166] *Enquête*, t. I, p. 441. Buisson, ancien directeur de l'Enseignement primaire au Ministère de l'Instruction publique.

Il y a longtemps déjà que Diderot avait dit la même chose.

> Les études théoriques, écrivait-il, sont propres à remplir les villes d'orgueilleux raisonneurs et de contemplateurs inutiles et les campagnes de petits tyrans, ignorants, oisifs et dédaigneux. On a bien plus loué des hommes occupés à faire croire que nous étions heureux que les hommes occupés à faire que nous le fussions en effet. Nos artisans se sont crus méprisables, parce qu'on les a méprisés. Apprenons-leur à mieux penser d'eux-mêmes, c'est le seul moyen d'obtenir des productions parfaites.

Avant d'arriver à répandre de telles idées, il faudra subir pas mal de bouleversements et de révolutions accomplis par l'armée des bacheliers, licenciés et professeurs sans emploi.

Aujourd'hui, des assertions analogues à celles contenues dans les citations que je viens de reproduire, appartiennent à l'immense catégorie des choses que chacun répète volontiers, que l'on est prêt à applaudir bruyamment, mais dont personne ne croit un seul mot. Il ne faut pas se lasser cependant de les redire.

> Lorsque le rabot et la lime, écrivait jadis Jules Ferry alors qu'il était Ministre de l'Instruction publique, auront pris à côté du compas, de la carte géographique et du livre d'histoire, la même place et qu'ils seront l'objet d'un enseignement raisonné et systématique, bien des préjugés disparaîtront, bien des oppositions de castes s'évanouiront, la paix sociale se préparera sur les bancs de l'école primaire, et la concorde éclairera de son jour radieux l'avenir de la société française.

On ne peut pas dire que de telles idées soient tout à fait irréalisables, puisque les Américains les ont à peu près réalisées. Aux États-Unis la séparation des [Pg 201] classes est très faible et le passage de l'une à l'autre fréquent et facile. Mais ces peuples n'ont pas derrière eux le poids des traditions séculaires qui pèsent sur les Latins. Ils n'ont pas eu à lutter contre une Université toute puissante, infiniment peu démocratique et hostile à tous les progrès. Ce qui gêne surtout les sociétés latines dans leur évolution et les oblige à procéder par bonds désordonnés qui ne font souvent que les ramener un peu plus en arrière, c'est la lourde tyrannie des morts.

La raison cherche vainement à repousser ces ombres formidables. Le temps seul réussit quelquefois à les dominer. Dans la lutte violente que les Latins soutiennent contre les morts depuis un siècle, ce ne sont pas les vivants qui ont triomphé. [Pg 202]

CHAPITRE VI

La question de l'éducation.

§ 1.—INCERTITUDE DES PRINCIPES UNIVERSITAIRES EN MATIÈRE D'ÉDUCATION.

Le problème de l'éducation est beaucoup plus important encore que celui de l'instruction. C'est le caractère des hommes bien plus que leur savoir qui détermine leurs succès dans la vie. L'Université ne s'est pas malheureusement montrée plus apte à donner une bonne éducation qu'une instruction convenable.

A la vérité on ne peut dire qu'en matière d'éducation les méthodes de l'Université soient bonnes ou mauvaises, attendu qu'elle ne possède aucune méthode, aucune idée directrice.

Pendant longtemps, elle a cru que l'éducation se faisait avec des manuels et des préceptes appris par cœur. Commençant à revenir d'une aussi évidente erreur, elle en est encore à chercher les moyens de remplacer les manuels. Pour le moment, elle se borne à proclamer très haut les bienfaits d'une bonne éducation.

> Lorsqu'on se réfère aux manifestations officielles de l'Université, aux circulaires des ministres et des recteurs, aux discours [Pg 203] de distribution de prix, qui sont comme les professions de foi du corps enseignant, on y trouve constamment répétée cette affirmation que «le but de l'enseignement secondaire est de former l'homme et le citoyen». Là-dessus, tout le monde est d'accord. C'est un truisme. Mais lorsqu'on descend de la région des principes à celle de l'application et du fait, on voit combien nous sommes loin de cet idéal et combien on a fait peu de choses pour le réaliser[167].

[167] *Enquête*, t. I, p. 444. Maneuvrier, ancien élève de l'École Normale Supérieure.

En réalité, on n'a rien fait du tout et on s'en est tenu à ces brillants discours si chers aux professeurs. Les résultats obtenus sont indiqués dans le passage suivant de l'enquête.

> C'est parce que l'éducation de notre démocratie française est insuffisante, que notre régime politique et social actuel n'a pas porté tous les fruits qu'on en pouvait attendre, et c'est

aussi l'une des causes qui permet à ceux qui n'aiment pas ce régime de multiplier leurs attaques[168].

[168] *Enquête*, t. II, p. 438. Blondel, ancien professeur à la Faculté de Droit de Dijon.

Quant aux moyens à employer pour donner la bonne éducation rêvée, les auteurs de l'enquête semblent les ignorer totalement. Beaucoup s'imaginent qu'elle s'inculque uniquement par les exercices physiques et déplorent leur rareté. Cette rareté paraît en effet très grande, malgré d'éloquentes circulaires ministérielles et la fondation de sociétés spéciales. Il n'y a rien derrière toutes ces brillantes façades.

> Si le temps ne nous pressait, j'aurais parlé de l'éducation physique. En fait, elle n'existe pas et c'est une lacune déplorable. Je voudrais que l'éducation physique fût mise sur la même ligne et même, dans les premières années, au-dessus de l'éducation intellectuelle.

> En Allemagne, cette éducation est très développée. Elle est mise au même rang que l'enseignement du grec, des mathématiques [Pg 204] ou de telle autre branche. Elle est obligatoire pour tous.

> J'ai vu en Allemagne le professeur de grec être en même temps professeur de gymnastique, et il me semble que c'est d'un bon exemple.

> L'insuffisance de notre éducation physique me paraît constituer un danger inquiétant pour l'avenir de notre race[169].

[169] *Enquête*, t. I, p. 340. Boutroux, de l'Institut, professeur de philosophie à la Sorbonne.

Tout cela est fort juste, mais les exercices physiques ne constituent qu'une très faible partie de l'éducation. On peut faire des hercules avec de bons exercices gymnastiques, mais je ne vois pas très bien en quoi ces exercices développeront beaucoup les qualités que doit cultiver l'éducation: initiative, persévérance, jugement, maîtrise de soi-même, volonté, etc.

On peut juger à quel point les idées des universitaires sur l'éducation sont confuses, en examinant le programme de réformes proposé par M. Payot devant la Commission. C'est le seul d'ailleurs qui ait été formulé avec quelques détails.

Si vous voulez me permettre d'énumérer les conditions nécessaires pour former les volontés énergiques et persévérantes dont le pays a besoin, les voici, à mon avis:

1° Il faut considérablement réduire le temps de la sédentarité. Il faut que les élèves passent beaucoup de temps au grand air, qu'ils s'amusent au soleil;

2° Il faut lutter contre le préjugé anglais et contre la faveur accordée aux exercices violents;

3° Il faut substituer partout aux méthodes passives héritées des jésuites et qui dominent encore notre enseignement, les méthodes qui provoquent l'activité d'esprit des élèves, qui développent leur esprit d'observation, leur jugement, leurs facultés de raisonnement;

4° Il faut donner aux idées directrices de la vie morale et aux sentiments moraux une force, une cohésion qui ne peut être que l'œuvre lente et patiente de tout le personnel d'un collège [Pg 205] ou lycée, des répétiteurs, des professeurs, des principaux, des proviseurs[170].

[170] *Enquête*, t. II, p. 642. Payot, inspecteur d'Académie.

On voit le vague et l'imprécision d'un tel programme. «Substituer aux méthodes des Jésuites des méthodes qui provoquent l'activité d'esprit des élèves, leur esprit d'observation, leur jugement.» Parfait, mais quelles sont ces méthodes? C'est justement ce que M. Payot, et tous les auteurs de l'enquête, omettent de nous dire. Et s'ils ne le disent pas, c'est assurément qu'ils ne le savent pas. Quant à donner «aux idées directrices de la vie morale et aux sentiments moraux, une force, une cohésion qui ne peuvent être que l'œuvre lente et patiente de tout le personnel», n'est-ce pas évidemment parler pour ne rien dire? Puisque le personnel en question n'a pas obtenu jusqu'ici les résultats demandés, c'est qu'il est incapable de les obtenir. Croit-on vraiment avec d'aussi vaines objurgations modifier sa mentalité actuelle? Des conseils un peu plus pratiques eussent été avantageusement substitués à ces considérations enfantines.

M. Payot n'est pas le seul qui ait formulé devant l'enquête d'aussi vagues conseils. Nombreux sont les déposants ayant aperçu les qualités qu'il faudrait donner aux élèves. Aucune perspicacité n'était nécessaire pour cela.

Il faudrait donner aux élèves non pas le goût de l'abstrait, mais du concret, développer chez eux l'esprit d'observation et d'initiative, toutes qualités qu'on rencontrera assez difficilement chez nos élèves, parce que rien dans notre éducation ne les y dispose[171].

[171] *Enquête*, t. II, p. 564. Potel, professeur au lycée Voltaire.

Rien n'est plus vrai, mais encore une fois, quelles [Pg 206] sont les méthodes à employer pour donner les qualités requises? L'auteur a sans doute préféré se taire que de donner des conseils de force analogue à ceux de M. l'inspecteur Payot.

En fait, les professeurs formés par l'Université n'ont absolument aucune idée arrêtée, bonne ou mauvaise, en matière d'éducation. Un d'entre eux, et des plus distingués, M. Belot, professeur à Louis-le-Grand, a très bien exprimé leur embarras et leur incertitude dans un discours de distribution de prix dont voici un extrait:

> On nous demande, et plus que jamais aujourd'hui, de faire œuvre d'éducateurs, de fournir des principes à la jeunesse, de discipliner les volontés. Comment le ferons-nous sans empiéter sur les droits de la personnalité qui se forme, sans compromettre la liberté de ses choix futurs, sans exercer une pression sur son originalité native? Notre devoir se présente ainsi sous deux faces contradictoires. Il nous faut d'un côté exercer une action, être des initiateurs, des directeurs, des maîtres enfin; et d'autre part nous devons respecter la liberté de la réflexion et la spontanéité de la nature individuelle. Si nous négligeons cette seconde partie de notre tâche, on nous reprochera d'être des dogmatiques et de paralyser l'énergie naissante; et si nous oublions l'autre, on nous accusera de faire des sceptiques, de jeter l'âme de nos élèves désemparée et sans boussole au milieu des tourbillons de la vie![172]

[172] *Le Temps*, 30 juillet 1899.

§ 2.—LA DISCIPLINE SCOLAIRE COMME BASE UNIQUE DE L'ÉDUCATION UNIVERSITAIRE.

Avec de pareilles incertitudes, on conçoit que l'Université laisse à peu près exclusivement de côté dans la pratique toute éducation et n'en parle que dans des discours destinés au public. En fait toute l'éducation qu'elle donne se borne à la lourde et brutale discipline du lycée, destinée uniquement à maintenir [Pg 207] le silence dans les salles où sont enfermés les élèves.

Il ne faut certes pas médire de la discipline. C'est une des qualités du caractère la plus indispensable peut-être à acquérir. Pour apprendre à commander aux autres, il faut d'abord avoir appris à se dominer soi-même, et on n'y arrive que par la pratique de l'obéissance. Malheureusement la discipline étroite, tatillonne, formaliste, des lycées est la pire de toutes. C'est très vainement cependant que les déposants de l'enquête ont cherché les moyens de la remplacer.

Partageant une illusion trop répandue et qui montre à quel point la psychologie de l'enfance est ignorée, le Président de la Commission d'enquête, M. Ribot, a demandé si l'on ne pourrait pas «obtenir de bons résultats en s'adressant à la raison des élèves.» Il lui a été répondu de la façon suivante:

> Je suis persuadé du contraire. Il faut vivre avec nos élèves pour se douter de cette difficulté; nous ne pouvons pas attendre un résultat en nous adressant à la raison de nos élèves[173].

[173] *Enquête*, t. I, p. 419. Pequignat, répétiteur divisionnaire au lycée Henri IV.

Ce n'est pas assurément en s'adressant à la raison de l'enfant qu'on peut le discipliner. Ceux qui connaissent sa psychologie sont fixés. Très à tort, on s'imagine que les éducateurs anglais s'adressent à la raison de leurs élèves. Ils ne s'adressent pas à leur raison, base très fragile, mais uniquement à leur intérêt, substratum fort solide sur lequel on peut bâtir avec sécurité. L'élève fait ses devoirs comme il veut et quand il veut. Il a toute liberté de circuler librement dans l'établissement. Mais si son devoir est mal fait, il le refait; s'il abuse de sa liberté et [Pg 208] commet une faute grave, il reçoit publiquement le fouet, quel que soit son âge; s'il ne travaille pas ou ne laisse pas les autres travailler, on le renvoie. Il a donc tout intérêt à se bien conduire et il le comprend vite.

Je me hâte de répéter que le système anglais, qu'on ne cesse de nous recommander, ne vaudrait rien pour de jeunes Latins possédant à un degré très faible le sentiment de la responsabilité. Le directeur d'une grande école anglaise établie en France, à Azay, l'a indiqué dans les termes suivants, en s'adressant à un journaliste qui visitait son établissement:

> —L'adolescent anglais ne ressemble pas plus à l'adolescent français que le lait au vitriol. La méthode qui profite au premier serait funeste au second. L'Anglais est raisonnable, réfléchi, assidu à son devoir. Je n'ai pas besoin de le plier à la discipline, il se l'impose à lui-même; il sait ce qui est permis et ce qui est défendu, et jamais il n'outrepasse le règlement qui lui est très paternellement infligé. Avec le Français, il m'en faudrait un féroce; j'aurais à réprimer des

rébellions, des excès d'indépendance. Que voulez-vous, cher monsieur? Chaque peuple a ses qualités et ses défauts. La jeunesse française est généreuse, mais impétueuse, ardente, impatiente du joug. Ajouterai-je qu'elle est un peu libertine? Ses sens s'éveillent de bonne heure; ceux de nos jeunes Anglais, assoupis par de violents exercices, s'usent aux fatigues de tennis, du foot-ball, du polo.

Ces réflexions sont fort justes. Les Anglais possédant en eux-mêmes par hérédité une discipline interne, aucune discipline externe ne leur est nécessaire. M. Bellessort, professeur au lycée Janson-de-Sailly, qui a beaucoup voyagé, notait ce fait fondamental dans un discours de distribution de prix:

> ... J'entends de tous côtés des voix qui vous exhortent à prendre modèle sur les Anglo-Saxons, et je me reprocherais de rompre, ne fût-ce qu'une minute, un si beau concert. Imitez-les [Pg 209] donc, si vous croyez en avoir besoin. J'en ai rencontré dans des pays où leur liberté s'étale: ils avaient tous un admirable respect de l'autorité, tous dépendaient religieusement de leurs traditions séculaires et semblaient obéir à une consigne reçue de toute éternité[174].

[174] *Le Temps*, 30 juillet 1899.

Sans vouloir entreprendre la tâche aussi inutile que dangereuse d'imiter l'éducation anglaise, il est facile de voir ce qu'on pourrait aisément modifier dans la discipline des lycées. La surveillance constante et harcelante exaspère l'enfant. Laissez-lui un peu de liberté jusqu'à ce qu'il ait violé les règlements. C'est alors seulement que la discipline devrait peser sur lui de tout son poids. A un certain âge on pourrait parfois le laisser sortir seul. Sachant que cette faculté lui serait retirée s'il se conduisait mal, son intérêt suffirait à lui faire comprendre qu'il y a des inconvénients à abuser de la liberté. C'est là ce que quelques professeurs, en nombre infiniment restreint d'ailleurs, commencent à comprendre.

> J'ai fait quelques expériences dans le sens de la liberté et de la confiance accordée aux grands. Sans entrer dans les détails, je citerai un exemple. Quand je suis arrivé à Sainte-Barbe, on ne laissait sortir un élève seul sous aucun prétexte; pour aller chez le dentiste, par exemple, on le faisait conduire par un garçon; j'ai eu beaucoup de peine à obtenir qu'ils sortissent seuls; il a fallu que je trouvasse un de mes élèves au Salon avec le garçon auquel il avait payé l'entrée, et que je pusse le dire au directeur. J'ai, depuis, obtenu de

laisser quelquefois sortir les élèves seuls sur parole. Je n'ai jamais eu à le regretter[175].

[175] *Enquête*, t. II, p. 572. Lucien Lévy, directeur des études à Sainte-Barbe, examinateur d'admission à l'École Polytechnique.

La cause de ce résultat se saisit aisément. Il faudrait supposer l'élève infiniment borné pour croire qu'il abusera immédiatement d'une liberté qu'on lui retirerait au premier abus. Pour que les jeunes gens [Pg 210] apprennent à se conduire quand ils seront seuls dans la vie, il faut au moins leur accorder quelques lueurs de liberté. En France, au début des chemins de fer, on enfermait les voyageurs à clef dans leur compartiment afin qu'ils ne pussent s'échapper en route. Tout récemment encore, on les enfermait dans les salles d'attente jusqu'à l'arrivée des trains, pour qu'ils n'allassent pas se précipiter sous les roues des locomotives. Aujourd'hui on ne ferme plus à clef les compartiments, on laisse les voyageurs circuler sur les quais, et les Compagnies ont constaté avec surprise que les voyageurs ne s'échappent pas durant le voyage et ne se font pas écraser dans les gares par les locomotives. Ce n'est qu'en accordant un peu de liberté aux hommes ou aux enfants qu'on leur apprend à ne pas en abuser.

Nos universitaires sont fort éloignés encore de telles conceptions. La scène suivante rapportée par M. de Coubertin montre à quel point est faible leur psychologie en matière d'éducation.

> Un jeudi, dans un lycée de Paris, se passa cette scène poignante dont j'ai gardé un souvenir amer. Quinze élèves, moyens et grands, autorisés par leurs parents, devaient aller au Bois de Boulogne pour disputer une des épreuves du championnat interscolaire de foot-ball contre une équipe d'un autre lycée. Au dernier moment, le maître d'études désigné pour les accompagner se trouva empêché. Qu'allait-on faire? Leur chef d'équipe, leur «capitaine», un bon élève, aimé et respecté de ses camarades, se porta garant que tout se passerait comme si le maître d'études était là. «Ils m'ont promis, dit-il, j'engage ma parole d'honneur.» Et celui à qui il parlait répondit: «Mon ami, est-ce que je puis accepter la parole d'honneur d'un élève?»—Toute notre pédagogie est dans ce mot: la parole d'honneur ne vaut point. L'élève le sentit et baissa la tête... De telles scènes ne sont-elles point faites pour fausser toute une vie[176]?

[176] DE COUBERTIN. *Revue Bleue*, 1898, p. 303.

[Pg 211] Quelques professeurs ont cité les désastreux effets de cette surveillance tatillonne de toutes les minutes à laquelle sont soumis les élèves. Voici comment s'exprime à cet égard le Père Didon.

> L'enfant qui se sent soumis à une surveillance de tous les instants est tenté de se tenir toujours sur ses gardes, et ce principe de la défiance est un des plus dangereux de l'éducation. Il amène la compression, l'oppression; et c'est lui qui produit les passifs et les esclaves, les révoltés et les finauds, qui, eux, échappent toujours à la surveillance en la bravant ou en la trompant[177].

[177] *Enquête*, t. II, p.459. Père Didon, professeur à l'école d'Arcueil.

Dès qu'il ne sent plus cette surveillance autour de lui, l'enfant se croit tout permis. Les parents s'en aperçoivent vite. L'enfant ne les respecte guère, alors que chez l'Anglais l'autorité paternelle est quelque chose d'immense qui n'est même pas discuté. La déférence des enfants pour les parents diminue de plus en plus chez les Latins.

> Lorsque j'étais au lycée, les enfants osaient à peine parler, sans autorisation, à la table de leur père; quel changement! aujourd'hui, les pères laissent les enfants exprimer leur opinion sur toutes choses et se taisent même volontiers pour les laisser parler, sinon pour les admirer. La fermeté paternelle a donc beaucoup faibli depuis quelques années, mais les parents veulent l'autorité chez ceux à qui ils confient l'éducation de leurs enfants. On a diminué l'autorité des chefs d'établissement au moment où elle était le plus nécessaire; on a relâché la discipline chez nous au moment où on aurait dû la relever[178].

[178] *Enquête*, t. I, p. 557. Dalimier, professeur au lycée Buffon.

Si les parents français ne savent pas se faire respecter de leurs enfants, il y a certes beaucoup de leur faute. Ils se familiarisent trop avec eux pour avoir aucun prestige.

> Pour ma part, je ne crois pas que l'enfant soit naturellement bon. Il est méchant et, avant de s'en faire aimer, il faut s'en [Pg 212] faire craindre. La peur sera pour lui le commencement de la sagesse et quand il est sage, on s'en fait facilement aimer[179].

[179] *Enquête*, t. II, p. 393. Potot, surveillant général à Sainte-Barbe.

Le modeste surveillant qui a émis cette assertion me semble beaucoup mieux connaître la psychologie de l'enfant que l'immense majorité des parents et des professeurs. L'enfant, qui répète dans les premières phases de sa vie la série ancestrale, a tous les défauts des primitifs, avec leur force en moins. Il est méchant quand il peut l'être sans inconvénient pour lui. La crainte seule, et non la raison, peut limiter ses mauvais instincts. Si on sait se faire craindre, on sait se faire obéir. Le Père Didon a dit avec raison devant la Commission:

> Quand on commande bien, on est toujours obéi, et quand on commande mal, on ne l'est jamais, même par les êtres disciplinés qu'on a cru former[180].

[180] *Enquête*, t. II, p. 458.

L'art de commander manque tout à fait, malheureusement, à la plupart de nos professeurs. C'est un art qui ne s'enseigne pas dans les livres.

L'insupportable discipline du collège, ne laissant aucune initiative à l'élève, jointe aux tolérances de la vie familiale et au défaut de prestige des parents, transforme vite le lycéen en un petit être intolérable, férocement égoïste, et incapable de faire un pas sans être dirigé. Le jeune Anglais, qui ne se sent pas protégé par ses parents ni surveillé par ses professeurs au collège, est conduit à une conception de la vie toute différente de celle de nos lycéens. Habitué dès le jeune âge à ne compter sur personne, à donner et recevoir des coups, il apprend vite le respect des autres, la maîtrise de ses désirs, et la nette [Pg 213] connaissance de ce qui est défendu et de ce qui est permis. L'expérience lui enseigne que l'on ne peut avoir de camarades et d'amis qu'à la condition de leur sacrifier en partie son égoïsme, de céder à la collectivité une partie de son individualité.

C'est à son éducation surtout que le Latin doit son égoïsme individuel, égoïsme si funeste pour la stabilité d'un peuple. C'est à son éducation également que l'Anglo-Saxon doit cet égoïsme collectif qui le rend si dangereux pour les autres nations, mais a été un des premiers facteurs de la puissance politique de l'Angleterre. [Pg 214]

LIVRE V

PSYCHOLOGIE DE L'INSTRUCTION ET DE L'ÉDUCATION

CHAPITRE PREMIER

Les bases psychologiques de l'instruction.

§ 1.—FONDEMENTS PSYCHOLOGIQUES DE L'INSTRUCTION D'APRÈS LES IDÉES UNIVERSITAIRES.

La partie critique de notre livre est à peu près terminée. Nous avons montré ce que valent, d'après les dépositions mêmes des universitaires, l'instruction et l'éducation données par eux. Ayant prouvé également l'impossibilité actuelle de toute réforme, nous pourrions nous dispenser d'en proposer aucune.

Aussi n'en proposerons-nous guère, et si nous continuons notre étude, c'est parce qu'il nous a semblé intéressant de déterminer les principes psychologiques de l'instruction et de l'éducation, si totalement ignorés encore de nos universitaires. Après avoir exposé ces principes, il sera nécessaire, pour justifier leur importance, de montrer comment ils s'appliquent à toutes les branches de l'enseignement. [Pg 215]

Au point de vue exclusivement utilitaire, une telle étude est dépourvue d'intérêt aujourd'hui. Elle en trouvera le jour où des nécessités économiques et sociales impérieuses auront réussi à modifier l'état mental actuel des professeurs, des parents et des élèves.

Avant d'exposer les principes psychologiques qui devraient servir de base à l'enseignement, rappelons en quelques mots ceux que l'Université admet.

Nous avons déjà fait observer, à propos de l'enquête officielle, qu'il était frappant de voir tant d'hommes éminents disserter longuement sur l'instruction et l'éducation sans s'être demandé une seule fois comment les choses pénètrent dans l'entendement et comment elles s'y fixent.

A vrai dire, ils n'avaient aucune raison de se le demander. Dans une réunion, on ne discute jamais les principes sur lesquels tout le monde est d'accord. Or, tous les universitaires de race latine tiennent pour un principe à l'abri de la discussion que seule la mémoire verbale fixe les choses dans l'esprit. Si donc l'instruction classique donne de navrants résultats, cela n'est explicable que par l'emploi de mauvais programmes et de mauvais manuels. Pourquoi dès lors chercher d'autres raisons?

De ce principe fondamental, indéracinable aujourd'hui chez les Latins, nous avons vu les conséquences. Il a conduit notre enseignement à un degré au-dessous duquel il ne peut plus descendre. Les élèves perdent inutilement huit ans au collège, et six mois après l'examen rien absolument ne leur reste de ce qu'ils ont appris dans les livres. De leurs huit années de bagne, ils n'ont gardé qu'une horreur intense de [Pg 216] l'étude, et un caractère déformé pour longtemps. Les plus intelligents en seront réduits à refaire dans la seconde partie de leur vie l'éducation manquée dans la première.

§ 2.—THÉORIE PSYCHOLOGIQUE DE L'INSTRUCTION ET DE L'ÉDUCATION.

TRANSFORMATION DU CONSCIENT EN INCONSCIENT.

Mais si la mémoire n'est pas la base de l'instruction et de l'éducation, sur quels éléments psychologiques doivent reposer les méthodes qui permettent de fixer d'une façon durable les choses dans l'entendement?

Les véritables bases psychologiques de l'instruction et de l'éducation sont indépendantes des programmes et applicables avec tous les programmes. On ne les trouve pas formulées dans les livres, mais beaucoup d'éducateurs étrangers ont su les deviner et les appliquer. C'est justement pour cette raison que nous voyons les mêmes programmes produire, suivant les peuples et les lieux, des résultats extrêmement dissemblables. Rien ne diffère en apparence, puisque les programmes sont les mêmes, mais tout diffère en réalité.

Le principe psychologique fondamental de tout enseignement peut être résumé en une formule que j'ai répétée plusieurs fois dans mes livres. *Toute éducation consiste dans l'art de faire passer le conscient dans l'inconscient.* Lorsque ce passage est effectué, l'éducateur a, par ce seul fait, créé chez l'éduqué des réflexes nouveaux, dont la trame est toujours durable.

La méthode générale qui conduit à ce résultat—faire [Pg 217] passer le conscient dans l'inconscient—consiste à créer des associations, d'abord conscientes et qui deviennent inconscientes ensuite.

Quelle que soit la connaissance à acquérir: parler une langue, monter à bicyclette ou à cheval, jouer du piano, peindre, apprendre une science ou un art, le mécanisme est toujours le même. Il faut, au moyen d'artifices divers, faire passer le conscient dans l'inconscient par l'établissement d'associations[181] qui engendrent progressivement des réflexes.

[181] La loi des associations est trop connue évidemment des lecteurs de cet ouvrage pour qu'il soit nécessaire d'en exposer le principe ici. Je me bornerai à rappeler que les deux formes de l'association auxquelles se ramènent toutes les autres, sont les associations par contiguïté, et les associations par ressemblance.

Le principe des associations par contiguïté est le suivant:

Lorsque des impressions ont été produites simultanément ou se sont succédé immédiatement, il suffit que l'une soit présentée à l'esprit pour que les autres s'y représentent aussitôt.

Le principe des associations par ressemblance peut se formuler de la façon suivante:

Les impressions présentes ravivent les impressions passées qui leur ressemblent.

C'est surtout sur le principe des associations par contiguïté qu'est édifiée toute l'éducation des êtres vivants.

C'est en se basant sur le principe des associations par contiguïté que se fait le dressage du cheval et que l'on obtient de lui les choses les plus contradictoires en apparence, par exemple s'arrêter quand il reçoit un coup de cravache étant au galop. Si on a associé pendant plusieurs jours ces deux opérations successives: 1° coup de cravache; 2° arrêt brusque avec la bride; la première opération, le coup de cravache, suffira bientôt (association par contiguïté) à déterminer l'arrêt sans qu'il soit besoin de passer à la seconde opération: action sur la bride.

La formation de la morale elle-même—on pourrait dire surtout—n'échappe pas à cette loi. La morale n'est sérieusement constituée que quand elle est devenue inconsciente. Alors seulement elle peut servir de guide dans la vie. La raison, quoi qu'on puisse penser, en serait incapable. Les enseignements des livres encore moins.

La psychologie moderne a montré que le rôle de [Pg 218] l'inconscient dans la vie de chaque jour est immensément supérieur au rôle du raisonnement conscient. Le développement de l'inconscient se fait par formation artificielle de réflexes résultant de la répétition de certaines associations. Répétées suffisamment, ces associations créent des actes réflexes inconscients, c'est-à-dire des habitudes. Répétées pendant plusieurs générations, ces habitudes deviennent héréditaires et constituent alors des caractères de races.

Le rôle de l'éducateur est de créer ou de modifier ces réflexes. Il doit cultiver les réflexes innés utiles, tâcher d'annuler ou tout au moins affaiblir les réflexes nuisibles. Dans certaines limites, nous pouvons former notre inconscient, mais une fois formé, il est maître à son tour et nous dirige.

Ces réflexes artificiels, modificateurs de l'inconscient, se créent toujours par des associations d'abord conscientes. L'apprentissage de la marche chez l'enfant, celui du piano ou d'un art manuel quelconque chez l'adulte, montrent les résultats de ces associations.

Les réflexes engendrés par l'éducation n'ont pas naturellement la fixité de ceux qu'a consolidés l'hérédité, et c'est pourquoi l'éducation ne peut qu'atténuer les caractères des races.

S'ils ne sont pas exercés sans cesse, les réflexes acquis par l'éducation tendent à se dissocier. Issus de l'habitude, ils ne sont maintenus que par l'habitude. L'équilibriste, l'écuyer, le musicien ont besoin de s'exercer constamment pour éviter la dissociation des réflexes qu'ils ont péniblement acquis.

Les réflexes peuvent être opposés aux réflexes. Une volonté forte suffit souvent à les dominer. Lorsqu'une [Pg 219] main étrangère s'approche de l'œil, il se ferme par un mouvement réflexe, mais un peu d'exercice et de volonté suffisent pour apprendre à dominer ce réflexe et maintenir l'œil ouvert lorsque la main s'approche.

Un des buts principaux de l'éducation est, comme il a été dit plus haut, de créer des réflexes artificiels qui puissent, suivant les cas, développer, ou au contraire affaiblir, les réflexes héréditaires. Tous les primitifs, femmes, sauvages, enfants, et même des hommes très civilisés à certaines heures, sont guidés par leurs réflexes héréditaires. Cédant aux impulsions du moment sans songer aux conséquences, ils se conduisent comme le nègre qui vend le matin pour un verre d'alcool la couverture qu'il sera obligé de racheter le soir quand le froid sera venu ou, comme Esaü, auquel la légende fait céder son droit d'aînesse, droit important mais d'une utilité lointaine, pour un plat de lentilles, avantage peu important mais d'une utilité immédiate.

L'homme n'a commencé à sortir de la barbarie, où par tant de racines il plonge encore, qu'après avoir appris à se discipliner, c'est-à-dire à dominer ses réflexes héréditaires. L'individu arrivé à un haut degré de culture sait se servir de ses réflexes comme le pianiste de son instrument. La prévision des effets lointains de ses actes lui enseigne à dominer les impulsions auxquelles il serait tenté de céder.

A cette tâche immense d'acquérir une discipline interne, une faible partie de l'humanité a réussi, malgré des siècles d'efforts, malgré la rigidité des Codes et leurs menaces redoutables. Pour la majorité des hommes, la discipline externe créée par les Codes [Pg 220] remplace la discipline interne qu'ils n'ont pas su acquérir. Mais la discipline qui n'a pas d'autre soutien que la peur des lois n'est jamais très sûre, et une société ne reposant que sur la crainte du gendarme n'est jamais bien solide.

La puissance d'un peuple a toujours pu se mesurer assez exactement à sa richesse en hommes possédant cette discipline interne, qui permet de dominer ses réflexes et par conséquent de substituer les prévisions lointaines aux impulsions du moment. Une éducation intelligente ou les nécessités du milieu peuvent créer cette discipline. Fixée par l'hérédité, elle devient un caractère de race. C'est avec raison que les Anglais placent au premier degré des qualités de caractère, le *self control*, c'est-à-dire la domination de soi-même. Elle constitue un des grands éléments de leur puissance. Ce n'est pas «connais-toi toi-même», mais «domine-toi toi-même», que le sage antique aurait dû écrire sur le fronton de sa demeure. Se connaître est bien difficile, et cela ne sert qu'à rendre infiniment modeste. Se dominer, on y arrive quelquefois, et cette qualité donne une force considérable dans la vie.

Le rôle de l'éducateur doit tendre à agir sur l'inconscient de l'enfant et non sur sa faible raison. On peut quelquefois raisonner devant lui, mais jamais avec lui. Il est donc tout à fait inutile de lui expliquer le but de la volonté qu'on lui impose. La plus petite discipline, pourvu qu'elle soit suffisamment inflexible, est toujours supérieure au plus parfait et au plus raisonné des systèmes d'éthique, parce qu'elle finit, grâce aux répétitions d'associations, par créer des réflexes qui, s'ajoutant ou se superposant aux réflexes [Pg 221] héréditaires, peuvent les fortifier, ou au contraire les modifier, quand cela est nécessaire. La discipline externe crée la discipline interne lorsqu'on ne possède pas héréditairement cette dernière. L'habileté manuelle de l'ouvrier, les vertus professionnelles des militaires et des marins, sont formées par la création progressive de tels réflexes.

Les méthodes à employer pour engendrer ces réflexes varient naturellement suivant les choses à enseigner, mais le principe fondamental est toujours le même: répétition de la chose à exécuter jusqu'à ce qu'elle soit parfaitement exécutée. Alors seulement les réflexes nécessaires sont créés et, peut-on ajouter, fixés durablement.

Pour atteindre ce but, le professeur peut agir sur l'élève par des moyens divers, que la psychologie lui enseigne, ou du moins devrait lui enseigner. L'imitation, la suggestion, le prestige, l'exemple, l'entraînement, sont des procédés qu'il doit savoir manier. Le raisonnement et la discussion sont les seules méthodes qu'il faille rejeter absolument, bien que la plupart des universitaires pensent exactement le contraire. Ils ne le pensent d'ailleurs que parce qu'ils n'ont jamais pris la peine d'étudier l'âme de l'enfant, de se demander comment se forment ses conceptions et les mobiles capables de le faire agir.

Les brèves généralités qui précèdent sembleront, j'imagine, suffisamment évidentes pour quelques-unes des connaissances que j'ai mentionnées. Le bicycliste, le pianiste, l'écuyer, qui se souviennent de leurs débuts, se rappellent par quelles difficultés ils ont passé, les efforts inutiles de leur raison, tant que les [Pg 222] réflexes nécessaires n'étaient pas créés. L'application consciente ne leur donnait ni l'équilibre sur la bicyclette ou le cheval, ni l'habileté des doigts sur le piano. Ce n'est que quand, par des répétitions d'associations convenables, des réflexes ont été constitués, et que leur travail est devenu inconscient, qu'ils ont pu monter sans difficulté à bicyclette et à cheval, ou jouer du piano.

Or, ce que les éducateurs de race latine semblent ignorer complètement, c'est: 1° que le mécanisme régissant l'enseignement de certains arts s'applique invariablement à tout ce qui peut s'enseigner; 2° que parmi les procédés divers permettant d'établir des associations créatrices de réflexes, l'enseignement par les livres et la mémoire est peut-être le seul qui ne saurait conduire au résultat cherché.

Chacun comprend bien que l'on pourrait étudier pendant l'éternité les règles de la musique, de l'équitation ou de la peinture, être capable de réciter tous les livres composés sur ces arts, sans pouvoir jouer du piano, monter à cheval ou manier des couleurs. Il n'y a pas de contestation possible au sujet de tels arts. L'erreur est de croire que pour l'immense domaine de l'instruction classique, existent des lois d'acquisition différentes. C'est seulement le jour où le public et les professeurs commenceront à soupçonner que pour toutes les branches de l'enseignement les lois d'acquisition sont les mêmes, que les méthodes actuelles de l'éducation latine pourront se transformer. Nous n'en sommes pas encore là, mais dès que l'opinion sera orientée vers ces idées, il suffira, je pense, d'une vingtaine d'années de discussions et de polémiques pour que l'absurdité de notre enseignement purement [Pg 223] mnémonique éclate à tous les yeux. Alors il s'écroulera de lui-même, comme les vieilles institutions que personne ne défend plus.

3.—COMMENT LA THÉORIE DES ASSOCIATIONS CONSCIENTES DEVENUES INCONSCIENTES EXPLIQUE LA FORMATION DE CERTAINS INSTINCTS ET CELLE DES CARACTÈRES DES PEUPLES.

Les principes que je viens d'exposer sont absolument généraux. Ils s'appliquent à l'éducation de l'homme aussi bien qu'à l'acquisition des instincts des animaux et à la formation des caractères des peuples.

La base de toutes les acquisitions mentales durables est toujours la formation de réflexes inconscients produits par des associations d'abord conscientes. Il n'y a pas d'autres moyens de faire passer le conscient dans l'inconscient.

Et pour montrer la généralité et la fécondité de ces principes fondamentaux de l'éducation, nous allons les appliquer à des cas difficiles, tels que la formation de certains instincts et des caractères psychologiques des races.

Beaucoup d'instincts sont constitués par le mécanisme des associations qui permet au bicycliste de monter à bicyclette, au violoniste de jouer du violon, à l'équilibriste de marcher sur une corde, à l'enfant d'acquérir une morale. Parmi les associations infinies que le bicycliste, le violoniste, l'équilibriste, etc., peuvent réaliser, la répétition finit par fixer les plus utiles. Elles deviennent alors inconscientes et forment des réflexes. Les relations entre les éléments constitutifs du système nerveux, c'est-à-dire les neurones, [Pg 224] relations d'abord accidentelles, difficiles et variables, finissent par devenir régulières et faciles. L'acte est alors inconscient, mais non pas encore héréditaire et ne peut constituer, par conséquent, un instinct. Il ne pourra le devenir qu'après avoir été répété pendant un grand nombre de générations. C'est seulement lorsqu'il est devenu héréditaire, et n'a besoin, par conséquent, d'aucune éducation pour se manifester, que l'acte inconscient mérite le nom d'instinct.

Il suffit d'observer les animaux qui nous entourent pour voir comment les réflexes créés par des associations, d'abord conscientes, naissent, se fixent au moyen de l'hérédité, et se transforment suivant l'éducation et les nécessités d'existence auxquelles ils sont soumis. C'est un sujet bien peu étudié encore, mais sur lequel l'attention se fixera dès que l'on s'apercevra qu'il peut avoir pour la détermination des méthodes à employer dans l'éducation de l'enfant une importance prépondérante.

Les exemples connus d'instincts nouvellement créés chez les animaux domestiques ne sont pas encore nombreux. On sait cependant que l'arrêt chez le chien, devenu héréditaire aujourd'hui, et par conséquent instinctif, a été créé autrefois par le dressage. Nous voyons d'autres actes analogues en train de devenir héréditaires, mais qui ne le sont pas encore tout à fait. Tel, par exemple, celui consistant à déjouer la ruse spéciale du cerf qui substitue un autre cerf à lui-même lorsqu'il est fatigué par la poursuite des chiens. Il y a soixante ans seulement, d'après M. Couteaux, que dans le Poitou, on a su dresser les chiens à combattre cette ruse. Ils n'exécutent pas encore d'une façon instinctive les manœuvres nécessaires, [Pg 225] et l'éducation doit intervenir à chaque génération, mais elle intervient de moins en moins, et, dès leurs premières années, ils commencent à faire ce que leurs ancêtres ne pouvaient accomplir que vers la troisième ou quatrième année.

Toutes les remarques qui précèdent nous permettent de comprendre le rôle que peut jouer l'éducation dans la formation des qualités ou des défauts d'un peuple. Formés par certaines nécessités d'existence et de milieu persistant pendant plusieurs générations, ils ont fini par devenir héréditaires et survivent aux conditions qui les ont fait naître. Les caractères psychologiques des peuples constituent en réalité des instincts que la nécessité a créés.

Il est évident, par exemple, qu'une nation pauvre, habitant une île au dur climat, et obligée de vivre d'expéditions maritimes pendant des siècles, deviendra forcément, sans éducation spéciale, entreprenante et hardie.

Ces nécessités de milieu que nous ne saurions créer pourraient être remplacées par une éducation convenable. Dirigée avec des règles sûres, elle finirait par créer des réflexes héréditaires et par modifier à la longue le caractère d'un peuple. Ainsi se justifierait le mot de Leibniz qu'avec l'éducation on changerait en un siècle la face d'un pays.

Un siècle ne suffirait probablement pas, comme le croyait l'illustre philosophe, pour créer des caractères héréditaires, mais il suffirait sûrement pour créer certaines aptitudes. [Pg 226]

§ 4—LA PÉDAGOGIE ACTUELLE

Tout ce que nous venons de dire montre l'importance extrême de posséder des règles d'éducation dérivées des principes que nous avons exposés. Ces règles ne pourront être établies que lorsque, ayant étudié avec beaucoup de soin la psychologie des animaux et des enfants, nous saurons dans les moindres détails comment fixer chez eux les habitudes et créer les instincts. On peut dire de ce sujet qu'il est à peiné effleuré. C'est seulement lorsqu'il sera bien connu qu'un véritable traité de pédagogie pourra être écrit. Ce serait un des livres les plus utiles composés depuis les origines de l'histoire.

En attendant, il faut nous résigner à n'avoir que l'empirisme pour guide, et nous borner à tirer des principes fondamentaux que nous avons exposés quelques règles générales pour les cas particuliers qui se présentent. C'est évidemment demander beaucoup à l'intelligence des éducateurs, et voilà pourquoi nous voyons si peu d'entre eux réussir dans leur tâche. Les bons éducateurs sont aussi rares que les bons dresseurs.

Les universitaires les plus éclairés reconnaissent eux-mêmes combien leur pédagogie est rudimentaire et incertaine.

> Il ne peut être question, écrit justement M. Compayré, d'établir une pédagogie définitive, qui ne sera possible que lorsqu'une psychologie rationnelle aura été constituée.

Dans le volume, *Instructions, programmes et règlements*, publié en 1890, et qui régit toujours notre enseignement, M. Léon Bourgeois, alors ministre de [Pg 227] l'Instruction publique, recommande aux professeurs de tâcher de «contribuer pour leur part à cette science, qui n'existe encore qu'à l'état de fragments, la psychologie de l'enfant, et à cette autre qui n'existe pas du tout, la psychologie du jeune homme».

Très judicieux sont ces conseils. Il est tout à fait surprenant que l'étude d'une science aussi utile n'ait jamais tenté personne. Les générations de professeurs se succèdent sans qu'un seul songe à étudier la psychologie des jeunes gens qui les entourent. Ce ne sont pourtant que les personnes vivant avec la jeunesse qui pourraient l'observer. Les savants de laboratoire ont réussi, en disséquant un nombre infini de grenouilles et de lapins, à constater quelques faits intéressants, tels que la vitesse de l'agent nerveux, les rapports mathématiques reliant l'excitation à la sensation, mais, en matière de psychologie usuelle, ils ne nous ont encore rien appris[182].

[182] Je suis persuadé, comme je l'ai dit plus haut, que pour donner une base sérieuse à la psychologie si complexe de l'enfant, il faut commencer par étudier celle, beaucoup plus simple, des animaux. On découvre alors très vite des choses qu'on ne soupçonnait guère et dont l'application à l'éducation est immédiate. Le lecteur en trouvera la preuve en parcourant le mémoire que j'ai autrefois publié dans la *Revue Philosophique*, sur les bases psychologiques de l'éducation du cheval et que j'ai développé ensuite dans un ouvrage spécial (*l'Équitation actuelle et ses principes*), dont la 4ᵉ édition a paru récemment avec un atlas montrant au moyen d'images cinématographiques les changements d'allure qu'on peut imprimer au cheval par le dressage. L'équitation ayant toujours constitué ma principale distraction, j'ai eu l'occasion de dresser des chevaux difficiles et d'apprendre ainsi certains principes fondamentaux qui sont applicables à toute la série des êtres et qu'on ne trouve pas formulés dans les livres.

A défaut d'un traité de pédagogie qui ne saurait être écrit aujourd'hui, une enquête—non sur des généralités et des programmes comme toutes celles publiées jusqu'ici—mais sur le détail des méthodes employées dans les divers établissements d'enseignement [Pg 228] à l'étranger, serait d'une utilité immense. Elle seule pourrait montrer les résultats des diverses méthodes pédagogiques. Des procédés de chaque établissement, il y aurait à apprendre quelque chose. Comme indication à ce sujet, voici un extrait concernant quelques-unes des méthodes d'éducation utilisées, à la célèbre école allemande de Kœnigsfeld, que je trouve dans le *Temps* du 25 septembre 1901, sous la signature de M. Masson-Forestier.

> Leur système pédagogique consiste à réduire au minimum—deux heures par jour—l'effort de contention personnelle que réclame le travail des devoirs. Six autres heures sont consacrées à des cours où l'élève apprend par les oreilles comme par les yeux. Jamais aucun d'eux ne se prolonge au delà de trois quarts d'heure. Beaucoup de récréations et aussi beaucoup de repas.

> Le jeune homme suit dans *chaque classe*, les cours de *sa force*, c'est-à-dire que si un élève de seconde est en retard pour les mathématiques, il suivra, pour cette partie, les cours de troisième, voire de quatrième. Aucun professeur n'a jamais plus de 12 à 13 élèves. L'enfant qui n'a pas bien saisi une

explication peut, aussitôt après la classe, venir demander à s'entretenir à part avec son professeur.

La punition la plus usitée est la *stillstrafe* ou silence. Ce silence subsiste pendant toutes les récréations d'une journée. Il paraît que c'est fort pénible. La *stillstrafe* est pourtant infligée fréquemment, les Moraves la considérant, en outre, comme un excellent régime. Un jeune homme qui l'a subie assez souvent prend peu à peu l'habitude de ne parler que rarement. De la sorte, les élèves les plus punis ne seront ni dissipés, ni brouillons, ni vantards. Sachant se dominer ils écouteront beaucoup, pèseront leurs mots, méditeront leurs actions. Ils ne blesseront pas leurs semblables par des railleries, seront de caractère plus accommodant et dès lors auront moins d'ennemis dans la vie.

Je prie un des jeunes Français de l'école de m'accompagner dans une promenade. Alors je le presse de questions. Comment peut-il supporter une discipline si dure? N'a-t-il pas hâte de rentrer dans sa famille?—Monsieur, me répond ce garçon, un petit Bordelais intelligent, je me sens si peu malheureux qu'au mois d'août, au lieu de me rendre dans ma famille, j'ai demandé [Pg 229] à rester, afin de pouvoir participer à l'excursion que l'école fait à l'étranger chaque année. Vingt de mes camarades ont sollicité la même faveur de leurs parents. A l'instant nous arrivons du Tyrol.

En attendant que nous possédions des méthodes d'éducation et d'instruction applicables à toutes les choses susceptibles d'être enseignées, nous connaissons au moins les principes généraux d'où ces méthodes dérivent. Sachant que le but de toute éducation est de faire passer le conscient dans l'inconscient, le problème se ramènera toujours à déterminer pour chaque cas particulier, les associations qui permettent de créer le plus vite possible les réflexes nécessaires. La pratique a déjà fait connaître plusieurs de ces méthodes. Nous aurons à y revenir dans divers chapitres et notamment dans celui qui traitera l'éducation.

Ce qui empêchera longtemps sans doute les peuples latins d'attacher aucune importance aux méthodes d'instruction et d'éducation, c'est que les résultats obtenus ne sauraient être évalués par des diplômes et des concours.

Dès qu'il s'agit de notions n'ayant besoin d'être fixées dans l'entendement que pour peu de temps, la mémoire suffit parfaitement. En outre, les qualités de caractère acquises au moyen de l'éducation n'étant appréciables par aucun examen, ne provoqueront jamais chez les Latins d'efforts pour être acquises.

Les Anglais ont eu récemment l'occasion de voir l'erreur fondamentale des concours, qui ne tiennent compte que des qualités de mémoire, lorsque, pour répondre aux campagnes de presse faites par les indigènes de l'Inde, ils consentirent à mettre au concours les emplois du *civil service*, c'est-à-dire de l'administration [Pg 230] générale de l'empire. Les Babous du Bengale, qui ont une mémoire merveilleuse, l'emportaient toujours sur leurs concurrents européens, mais comme on a constaté qu'ils ne manifestaient dans leurs emplois aucune trace de moralité, de jugement et d'énergie, et que leur administration eût vite conduit l'Inde à l'anarchie, il fallut trouver des moyens détournés pour les priver du droit théorique qu'ils possédaient d'occuper des fonctions importantes. La prospérité des colonies anglaises est due à la supériorité de leur administration, que ne contestent aucun de ceux qui ont pu l'étudier de près. Ce n'est pas l'étude des livres qui peut inculquer les qualités de caractère nécessaires pour faire des administrateurs intègres et capables, au jugement sûr, sachant diriger les hommes et conduire avec succès une entreprise.

Les concours à tous les degrés sont d'ailleurs aussi impuissants à révéler les qualités de caractère que celles de l'intelligence. Les Allemands l'ont compris depuis longtemps, et pour toutes les fonctions importantes, celle de professeur de Faculté par exemple, ce n'est pas par des examens qu'ils jugent les candidats, mais d'après leurs travaux personnels. Ainsi ont-ils pu créer un corps de professeurs qui est assurément le premier du monde, alors que le nôtre se maintient à un niveau fort bas.

Les malheureux forçats de la mémoire que nous voyons en France passer, jusqu'au delà de quarante ans, des examens, pour être professeurs, agrégés, etc., sont incapables, lorsqu'ils arrivent à la place souhaitée, d'aucun travail personnel. Leur usure mentale est complète, la science n'a plus à compter sur eux. [Pg 231]

§ 5.—L'INSTRUCTION EXPÉRIMENTALE.

La théorie psychologique que nous avons donnée de l'instruction et de l'éducation aboutit à cette conclusion que l'enseignement ne doit pas être mnémonique. Ne devant pas être mnémonique, il ne peut être qu'expérimental.

La faible valeur de l'instruction mnémonique a été signalée depuis longtemps. «Sçavoir par cœur n'est pas sçavoir», disait déjà Montaigne.

«Quand un enfant, dit Kant, ne met pas en pratique une règle de grammaire, peu importe qu'il la récite; il ne la sait pas. Celui-là la sait infailliblement qui l'applique, peu importe qu'il ne la récite pas.» «Le meilleur moyen de comprendre, dit encore le grand philosophe, c'est de faire. Ce que l'on apprend le plus solidement et ce que l'on retient le mieux, c'est ce que l'on apprend en quelque sorte par soi-même.»

La méthode mnémonique consiste à enseigner oralement ou par les livres; la méthode expérimentale met d'abord l'élève en contact avec les réalités et n'expose les théories qu'ensuite. La première est exclusivement adoptée par les Latins, la seconde par les Anglo-Saxons, les Américains notamment. Le jeune Latin apprend une langue avec une grammaire et des dictionnaires et ne la parle jamais. Il apprend la physique ou telle autre science avec des livres et ne sait jamais manier un instrument de physique. S'il devient apte à appliquer ses connaissances, ce ne sera qu'après avoir refait toute son éducation. Un jeune Américain n'ouvrira guère de grammaires ni de dictionnaires. Il apprend une langue en la lisant [Pg 232] ou en parlant. Il apprend la physique en manipulant des instruments de physique, une profession quelconque, celle d'ingénieur par exemple, en la pratiquant, c'est-à-dire en commençant par entrer comme ouvrier dans un atelier ou chez un constructeur. La théorie viendra ensuite. C'est par des méthodes si simples que les Anglais et les Américains ont créé cette pépinière de savants et d'ingénieurs qui comptent parmi les premiers du monde.

Je ne suis en aucune façon un utilitaire, ou du moins ne le suis pas à la façon de ceux qui voudraient qu'on n'enseignât aux élèves que des choses immédiatement utilisables. Ce que je demande à l'instruction et à l'éducation, c'est de développer l'esprit d'observation et de réflexion, la volonté, le jugement et l'initiative. Avec ces qualités-là l'homme réussit toujours dans ce qu'il entreprend et apprend ce qu'il veut quand cela lui est nécessaire. Peu importe comment on acquiert de telles qualités. S'il m'était démontré que la confection de vers latins et de thèmes grecs ou sanscrits conduisît à cette acquisition, je serais le premier à défendre thèmes et versions.

Si je défends renseignement expérimental, c'est qu'il paraît le seul susceptible d'apprendre à observer, à réfléchir et à raisonner. Il n'est pas besoin de raisonner du tout pour apprendre une leçon et très peu pour fabriquer un discours composé de réminiscences. Il faut au contraire raisonner avec justesse et avoir acquis l'habitude de la précision pour exécuter correctement une expérience.

Si l'on voulait résumer d'un mot les différences psychologiques fondamentales qui séparent l'enseignement mnémonique et l'enseignement expérimental, [Pg 233] on pourrait dire que le premier repose uniquement sur l'étude des livres, et le second exclusivement sur l'expérience. Les Latins croient à la toute-puissance éducatrice des leçons, alors que les Anglais et les Américains n'y croient aucunement. Ces derniers veulent que l'enfant, dès le début de ses études, s'instruise surtout par l'expérience.

J'engage fortement les jeunes gens, écrit S. Blakie, professeur à l'Université d'Edimbourg, à commencer leurs études par l'observation directe des faits, au lieu de se borner aux exposés qu'ils trouvent dans les livres... Les sources originales et réelles de la connaissance ne sont pas les livres; c'est la vie même, l'expérience, la pensée, le sentiment, l'action personnelle. Quand un homme entre ainsi muni dans la carrière, les livres peuvent combler mainte lacune, corriger bien des négligences, fortifier bien des points faibles; mais sans l'expérience de la vie, les livres sont comme la pluie et le rayon de soleil tombés sur un sol que nulle charrue n'a ouvert.

Les conséquences de ces deux méthodes d'instruction peuvent être jugées d'après leurs résultats. Le jeune Anglais, le jeune Américain, à la sortie du collège, n'ont aucune difficulté pour trouver leur voie dans l'industrie, les sciences, l'agriculture ou le commerce, tandis que nos bacheliers, nos licenciés, nos ingénieurs, ne sont bons qu'à exécuter des démonstrations au tableau. Quelques années après avoir terminé leur éducation, ils ont totalement oublié leur inutile science. Si l'État ne les cage pas, ce sont des déclassés. S'ils se rabattent sur l'industrie, ils n'y seront acceptés que dans les emplois les plus infimes jusqu'à ce qu'ils aient trouvé le temps de refaire entièrement leur éducation, tâche qui leur sera très difficile. S'ils écrivent des livres, ce ne seront que de pâles rééditions de leurs manuels, aussi pauvres dans la forme que dans la pensée. [Pg 234]

Actuellement il n'est peut-être pas un professeur de l'Université sur cent à qui de telles idées ne sembleront absurdes. L'enseignement par les livres, même pour les notions les plus pratiques, l'agriculture par exemple, leur apparaît comme le seul possible. Le meilleur élève, qu'il s'agisse d'un lycéen, d'un polytechnicien, d'un licencié, d'un élève de l'École Centrale, de l'École Normale, ou de toute autre école, est celui qui récite le mieux ses manuels. Quelques expériences montrées à distance, quelques manipulations sommaires, semblent à l'Université le maximum des concessions que l'on puisse faire à l'éducation expérimentale. Tout ce qui ressemble, même de loin, au travail manuel, est tenu en mépris par elle. On provoquerait un rire de pitié chez la plupart des professeurs en leur assurant qu'un travail manuel quelconque, si peu important soit-il, exerce beaucoup plus le raisonnement que la récitation de tous les traités de logique, et que l'expérience seule crée les associations au moyen desquelles les notions se fixent dans l'esprit. On les étonnerait fort en essayant de leur persuader qu'un homme qui connaît bien un métier a, par ce seul fait, plus de jugement, de logique, d'aptitude à réfléchir, que le plus parfait des rhétoriciens fabriqués par l'Université. Ce sont des tours d'esprit, tout autant que des tours de main, que donne le travail manuel.

Il ne faudrait pas supposer que les sciences dites expérimentales puissent seules être enseignées par l'expérience. Nous verrons bientôt que les langues, l'histoire, la géographie, la morale, etc., en un mot tout ce qui fait partie de l'instruction et de l'éducation, peut et doit être enseigné de la même façon. [Pg 235] *L'expérience doit toujours précéder la théorie.* Ce point est absolument fondamental. La géographie, par exemple, ne devrait être abordée que lorsque l'élève, muni d'un morceau de papier quadrillé, d'un crayon et d'une boussole de poche, aurait fait la carte des régions qu'il parcourt dans ses promenades, appris ainsi à comprendre la figuration du terrain, et à passer de la vue perspective du sol—la seule que l'œil puisse saisir—à sa représentation géométrique.

Quand les notions ne peuvent entrer dans l'esprit par la méthode expérimentale directe, il faut remplacer les livres par la représentation de ce qu'ils décrivent. Un élève qui aura vu, sous forme de projections, de photographies ou de collections dans les musées, les débris des anciennes civilisations, aura une idée autrement nette et autrement durable de l'histoire que celle qu'il puiserait dans les descriptions des meilleurs livres.

Les Anglais et les Allemands sont allés très loin dans cette voie, et c'est pourquoi leur enseignement, dont les programmes sont souvent identiques aux nôtres, est généralement excellent.

Dans notre exposé des moyens à employer pour inculquer les connaissances et les principes qui font l'objet de l'instruction et de l'éducation, c'est uniquement la méthode expérimentale que nous préconiserons. Par elle, et par elle seule, on peut arriver à faire passer le conscient dans l'inconscient et à former des hommes. [Pg 236]

CHAPITRE II

Les bases psychologiques de l'éducation.

§ 1.—BUT DE L'ÉDUCATION.

On parle plus que jamais aujourd'hui d'éducation morale, de la nécessité de former des hommes, de développer leur caractère, etc. C'est là matière à de beaux discours. Mais où sont les professeurs qui aient tenté de réaliser l'œuvre dont ils vantent l'utilité? Où sont ceux qui aient même cherché à déterminer les méthodes à employer? Les six volumes de l'enquête ne contiennent sur l'éducation proprement dite que les généralités les plus vagues. Elles montrent à quel point les notions relatives à l'éducation sont incertaines dans l'esprit de ceux qui les formulent.

Et cependant il n'est guère de sujet présentant une importance plus grande. L'instruction a certainement une utilité beaucoup moindre que celle de l'éducation.

Par quoi est constituée, en effet, la valeur d'un individu? «Par ce qu'il a appris, c'est-à-dire par le nombre de diplômes qu'il possède,» répondra un Latin. Un Anglais ou un Américain estimeront, au contraire, que la valeur d'un homme se mesure très [Pg 237] peu à son instruction, et beaucoup à son caractère, c'est-à-dire à son initiative, à son esprit d'observation, à son jugement et à sa volonté. Avec de telles qualités, peu importe que l'individu ait un bagage scientifique faible. Il apprendra, quand cela lui sera nécessaire, tout ce qu'il aura besoin d'apprendre, et réussira le plus souvent à devenir quelqu'un, s'il n'est pas toujours certain de devenir quelque chose. L'homme pourvu seulement de diplômes mnémoniques, n'est bon à rien si l'État ne l'utilise pas dans des carrières où, la besogne lui étant toute tracée, le dispense de la plus légère trace d'initiative, de réflexion, de décision, de volonté. Toute sa vie il restera un mineur qu'on devra diriger.

Le vrai but de l'éducation est, je le répète, de développer certaines qualités du caractère, telles que l'attention, la réflexion, le jugement, l'initiative, la discipline, l'esprit de solidarité, la persévérance, la volonté, etc. On ne les développe naturellement qu'en les exerçant. Il faut exercer surtout celles dont l'élève est le plus dépourvu. Ces qualités varient suivant les races, voilà pourquoi l'éducation adaptée aux besoins d'un peuple ne saurait convenir à un autre. Un Italien, un Russe, un Anglais et un nègre ne peuvent pas être éduqués de la même façon.

L'éducation doit fortifier le caractère d'une race et corriger ses défauts. Or, loin de tendre à améliorer nos défauts nationaux, notre régime universitaire ne fait que les développer.

Les Latins possèdent très peu d'esprit de solidarité[183], fort peu de sympathie les uns pour les autres, [Pg 238] et nous nous empressons d'étouffer les faibles traces de solidarité qu'ils possèdent et de développer leurs rivalités et leur égoïsme par cet odieux régime de prix et de concours, si justement condamné depuis longtemps par les Anglais et les Allemands.

[183] Que l'on compare, par exemple, la tenue des journaux anglais après les humiliantes défaites infligées par une poignée de paysans aux armées anglaises dans le Transvaal, à celle des journaux français après l'échauffourée de Langson. Aucun journal anglais n'essaya d'ébranler le Gouvernement. Nous renversâmes le nôtre en quelques heures.

Les Latins ne possèdent qu'une capacité très minime d'initiative, et nous leur imposons un régime de surveillance permanente, de vie réglée, de devoirs à heures fixes, qui ne leur laisse pas, dans leurs sept à huit ans de vie scolaire, une seule minute où ils aient à prendre la plus légère décision, la plus modeste initiative. Comment auraient-ils appris à se gouverner, puisqu'ils ne sont pas sortis sans maîtres un seul jour? Les professeurs et les parents jugeraient très redoutable de leur laisser prendre l'initiative de monter seuls en omnibus pour aller visiter un musée.

Les Latins ont fort peu de volonté, mais comment en posséderaient-ils, puisqu'ils n'ont jamais eu à vouloir quelque chose? Enfants, ils sont dirigés dans leurs moindres actes par leurs parents; adolescents, par leurs professeurs. Devenus hommes, ils réclament bien vite la protection de l'État, et, sans cette protection, ne savent rien entreprendre.

Les Latins sont intolérants et sectaires, ils oscillent de l'intransigeance cléricale à l'intransigeance jacobine. Mais comment en serait-il autrement, puisqu'ils ne voient autour d'eux qu'intolérance? Intolérance libre penseuse et intolérance religieuse. C'est toujours avec mépris qu'ils entendent traiter les opinions d'autrui. Professeurs universitaires et professeurs congréganistes [Pg 239] sont saturés de l'esprit sectaire et n'ont de commun que la haine réciproque qui les anime. Ce n'est pas avec de tels sentiments qu'ils pourraient guider leurs élèves dans ces régions sereines des causes, où la compréhension de la genèse des croyances remplace la haine et l'invective. L'intolérance est peut-être le plus terrible défaut des Latins, celui contre lequel une Université éclairée, possédant un peu d'esprit philosophique, devrait réagir chaque jour. La perte en bloc de leurs colonies n'a pas amené les Espagnols à faire trêve aux perpétuelles dissensions religieuses qui les déchirent. L'Italie donne le même spectacle, la France également. Il semblerait que la notion de solidarité, si puissante chez les Anglo-Saxons, s'efface de plus en plus chez les peuples latins. C'est là peut-être une des principales raisons pour lesquelles ces peuples, si longtemps au premier rang de la civilisation, descendent lentement à des rangs inférieurs. A cette décadence, l'esprit universitaire, comme l'esprit congréganiste, aura contribué pour une large part.

§ 2.—MÉTHODES PSYCHOLOGIQUES D'ÉDUCATION.

Les bases psychologiques de l'éducation sont les mêmes que celles de l'instruction.

Plus encore de l'éducation que de l'instruction, on peut dire qu'elle est seulement complète lorsque le conscient est passé dans l'inconscient. Les qualités du caractère: volonté, persévérance, initiative, etc., ne sont pas filles de raisonnements abstraits et ne s'apprennent jamais dans les livres. Elles ne sont fixées que lorsque—héréditaires ou acquises—elles [Pg 240] se trouvent devenues des habitudes échappant entièrement à la sphère du raisonnement. La morale qui discute est une pauvre morale, une morale qui s'évanouira au premier souffle de l'intérêt. Ce n'est pas par le raisonnement, mais le plus souvent à l'encontre de ses suggestions, qu'on expose sa vie avec héroïsme ou qu'on se dévoue à de nobles causes.

Toutes les qualités du caractère ne s'acquièrent pas par l'éducation. Il y en a d'héréditaires, conséquence d'un long passé. Ce sont les qualités de race. Des siècles sont nécessaires pour les créer.

Mais si l'éducation ne suffit pas à donner certaines qualités, elle peut au moins développer en quelque mesure, les aptitudes n'existant qu'à un faible degré. Il devrait être de toute évidence que cette éducation du caractère ne peut se faire avec des préceptes, mais uniquement par l'expérience.

Nous avons indiqué déjà le principe général des méthodes, toujours expérimentales, sur lesquelles doit reposer l'éducation. Il faudrait écrire tout un volume pour entrer dans le détail des procédés à employer suivant les cas. Je me bornerai ici à quelques exemples, choisis parmi les plus faciles.

Développement de l'esprit d'observation et de précision.—Ces qualités de caractère ont parmi les plus utiles à acquérir et pourtant des moins répandues.

> Il y a des gens, écrit S. Blakie, qui passent dans la vie les yeux ouverts et ne voient rien.
>
> Rien d'étrange comme notre façon d'aller les yeux ouverts sans rien voir. La cause en est que l'œil, comme tout autre organe, a besoin d'exercice; trop asservi aux livres, il perd sa

force, son activité et finalement n'est plus capable de remplir [Pg 241] son office naturel. Regardez donc comme les vraies études primaires, celles qui apprennent à l'enfant à connaître ce qu'il voit et à voir ce qui autrement lui échapperait.

Faut-il des procédés bien savants pour créer les réflexes inconscients qui donneront à l'élève l'habitude d'observer exactement et de décrire avec précision ce qu'il a observé? En aucune façon. La méthode d'enseignement est très simple, bien que peu connue.

On arrive au résultat cherché par divers moyens et notamment en utilisant les promenades où chaque objet peut fournir matière à des observations précises. Nous habituerons d'abord l'élève à ne regarder qu'un détail déterminé d'un ensemble, fût-ce simplement les fenêtres des maisons ou la forme des voitures rencontrées, et à le décrire ensuite avec netteté, ce qui exige de sa part beaucoup d'attention. Au bout de quelque temps, il percevra les moindres différences existant entre des parties de choses presque semblables. On passera alors à un autre détail des mêmes objets. Après quelques semaines, l'élève aura appris à voir d'un coup d'œil, c'est-à-dire inconsciemment, les différences séparant des groupes de formes auprès desquels il eût passé jadis sans les discerner. Si alors, au lieu de ces compositions ridicules de style où l'écolier doit décrire des tempêtes qu'il n'a pas vues, des combats de héros qu'il ne connaît que par les livres, on lui fait résumer ce qui l'aura frappé dans une simple promenade, on sera tout surpris des habitudes d'observation, de précision, et, plus tard, de réflexion, ainsi acquises. Je n'ai pas employé d'autre méthode pour apprendre, en Asie, dans des régions non explorées, couvertes de monuments en [Pg 242] apparence semblables, à distinguer très vite les analogies et les différences de ces monuments, ce qui m'a permis de comprendre ensuite l'évolution de toute leur architecture.

Quand l'élève aura ainsi accompli quelques progrès, nous étendrons le champ de ses observations. Nous lui ferons décrire, par exemple, le magasin devant lequel il a passé, le monument qu'il a rencontré et nous l'habituerons à aider ses descriptions d'un dessin schématique sans nous préoccuper des imperfections de ce dessin, ne le considérant que comme un moyen d'abréger ses descriptions. C'est alors qu'il reconnaîtra par lui-même la difficulté de voir les détails les plus importants d'un objet qu'on croit avoir bien regardé. Essayez de reproduire de mémoire, par une description ou un dessin, un monument devant lequel vous passez tous les jours depuis des années et vous serez étonné des énormes inexactitudes et des oublis que vous commettrez alors même que votre esquisse sera parfaite au point de vue artistique. Il faut recommencer bien des fois de tels exercices pour *apprendre à voir* et à acquérir quelque précision dans l'observation.

Ce sont là des méthodes d'enseignement que ne comprennent guère nos universitaires. J'ai eu occasion de rencontrer en voyage, dans un des plus curieux pays de l'Europe, quelques Normaliens que j'ai observés. Regardaient-ils le pays, ses habitants, ses monuments? Hélas! non. Ils cherchaient dans de savants livres des jugements tout faits sur les paysages et les arts qu'ils avaient sous les yeux et ne songeaient même pas à se créer de tout cela une compréhension personnelle. [Pg 243]

Développement de la discipline, de la solidarité, du coup d'œil, de l'esprit de décision, etc.— Les qualités que je viens d'énumérer ont une utilité capitale dans la vie et c'est pour cette raison que les Anglais tiennent tant à les développer chez les jeunes gens. Ils y arrivent par les jeux dits éducateurs, jeux qu'il serait inutile d'expliquer ici, car étant violents et parfois dangereux, les familles ne les accepteraient jamais. Les parents français sont, comme on le sait, fort craintifs pour leurs enfants[184]. D'ailleurs les directeurs d'établissements étant rendus pécuniairement responsables par les tribunaux des accidents qui se produisent, il est évident qu'aucun d'eux ne consentirait à courir de pareils risques.

[184] «La terreur des mères françaises pénètre jusqu'au régiment, écrit M. Max Leclerc; elle paralyse même des officiers de cavalerie. J'ai vu, pendant mon volontariat, un capitaine instructeur qui n'osait pas faire galoper nos précieuses personnes à travers champ, de peur des chutes et des réclamations des familles.»

«Au collège anglais de Harrow, lisons-nous dans *la France de demain*, les élèves se rendent à la piscine, suivant leur bon plaisir, sous la seule garde des principes d'hygiène qui leur ont été inculqués. S'ils y contreviennent, tant pis pour eux. L'année dernière, l'un d'eux se noya. Dans son estomac on trouva une livre et demie de cerises. A cette occasion, tous furent réunis dans la grande salle des «speeches», et un médecin leur expliqua pourquoi leur camarade était mort. Nulle autre précaution préventive ne fut prise et les parents n'en réclamèrent pas.» Qu'on rapproche cette attitude si sage de celle de ces pères français—cités dans l'enquête—qui intentent des poursuites contre le proviseur, parce que leurs fils ont été légèrement blessés dans les jeux.

Ce n'est pourtant qu'en exposant le jeune homme à quelques accidents, d'autant moins graves qu'il possédera un peu les qualités de discipline, d'endurance, de hardiesse, de décision, de coup d'œil, de solidarité, développées par ces exercices, qu'on peut lui faire acquérir de telles aptitudes. Elles font la force des Anglais, mais, pour les raisons que je viens de dire, les Latins doivent renoncer à les acquérir. Nos ridicules exercices de gymnastique ne sauraient les développer [Pg 244] en aucune façon. Le service militaire, avec quelques campagnes lointaines, peut seul les donner un peu.

Un des plus grands bienfaits de ces jeux éducateurs des Anglais est l'esprit d'étroite solidarité qu'ils donnent à ceux qui s'y livrent. J'ai rappelé dans un de mes livres l'exemple suivant dont fut frappé plus d'un observateur.

Dans les jeux de balle avec des Anglais, les jeunes Français perdent généralement la partie, simplement parce que le joueur anglais, préoccupé du succès de son équipe et non d'un succès personnel, passe à son voisin la balle qu'il ne peut garder, alors que le joueur français s'obstine à la conserver, préférant que la partie soit perdue plutôt que la voir gagnée par un camarade. Le succès de son groupe lui est indifférent, il ne s'intéresse qu'au sien propre. Cet égoïsme le suivra naturellement dans la vie et, s'il devient chef militaire, il lui arrivera parfois de laisser écraser un collègue auquel il aurait pu porter secours pour éviter de lui procurer un succès. Nous avons vu d'aussi tristes exemples dans notre dernière guerre.

Ce que les mêmes jeux éducateurs donnent également, c'est un grand empire sur soi, ce *self control* que les Anglais mettent au-dessus de toutes les autres qualités et qu'ils travaillent sans cesse à perfectionner quand ils ne le possèdent pas à un haut degré. Je me souviens d'une réflexion que me fit à ce propos un major anglais au mont Abou, région de l'Inde située au milieu de jungles épaisses infestées de tigres et de serpents et qu'il est fort dangereux de parcourir la nuit. Comme il sortait un soir du bungalow que nous [Pg 245] habitions, je lui demandai où il pouvait bien aller seul dans une localité aussi mal fréquentée. Après quelques moments d'hésitation, il me répondit en rougissant que, ne possédant pas encore assez de sang-froid et d'empire sur ses nerfs, il allait s'exercer tous les soirs à en acquérir. Ce fut indirectement que je sus la nature de cet exercice. Il consistait à se poster au fond d'un ravin absolument désert et où l'on ne pouvait espérer aucun secours, pour guetter à l'affût le tigre quand il vient se désaltérer. L'attente peut durer des heures ou même une nuit entière sans succès. Pendant tout ce temps, on tâche de réfléchir sur l'utilité de dominer ses nerfs, car, lorsque le tigre a paru, on a juste deux ou trois secondes pour le viser à la tête et le tuer net. Si on se borne à le blesser, on est infailliblement perdu. L'exercice est évidemment fort chanceux, mais, après s'y être livré quelque temps, on est sûr de soi-même et on ne redoute rien dans la vie. Quand une nation possède beaucoup d'hommes ainsi trempés, elle est destinée à dominer le monde.

Développement de la persévérance et de la volonté.—De telles qualités sont le plus souvent héréditaires et ne s'acquièrent pas facilement. On peut cependant les développer quelque peu par l'éducation. Il n'y a d'autre méthode à employer que de placer le plus souvent possible l'élève dans des circonstances où il ait à réfléchir avant de se décider et de l'obliger, quand il a pris une résolution, à l'exécuter complètement. S. Blakie rapporte que le poète Wordsworth, ayant un jour résolu de faire une excursion dans une montagne, la continua malgré un violent orage, donnant [Pg 246] pour raison «qu'abandonner un projet pour éviter un léger inconvénient est dangereux pour le caractère».

Les Anglais connaissent bien la valeur de ces qualités viriles, et c'est pourquoi elles provoquent toujours chez eux une vive admiration, même quand ils les rencontrent chez leurs ennemis. J'emprunte au journal la *France de demain* l'extrait suivant d'un discours prononcé au collège d'Epsom par lord Roseberry:

> Lorsque nous apprenons qu'un homme, en quelque lieu que ce soit, s'est élevé au-dessus de ses compagnons, par ses qualités viriles, nous l'admirons et nous l'honorons, sans nous soucier du pays auquel il appartient. Je veux vous donner en exemple un homme dont le nom est familier à la plupart d'entre vous. Je veux parler du colonel Marchand. C'est un Français. Il y a peu de temps, il accomplit un voyage de trois années à travers l'Afrique, de l'Ouest à l'Est, au prix d'incroyables fatigues, entouré et suivi par des sauvages qu'il sut s'attacher, et il réussit dans son entreprise d'une manière qui couronne à jamais son nom de gloire. Et j'ajoute qu'après avoir accompli son devoir il se comporta avec une telle dignité et modestie qu'il est un des hommes que les Anglais ont plaisir à honorer. L'an dernier, comme quelques-uns d'entre vous le savent, son devoir le plaça dans une collision momentanée avec les intérêts de l'Angleterre. Mais, je suis convaincu que malgré cet incident passager, si le colonel Marchand venait en Angleterre, il aurait une réception le cédant seulement à celle qu'il eut dans son propre pays. Et toujours il en a été ainsi en Angleterre. Les plus chaleureuses réceptions qui ont été faites à Londres, dans la dernière moitié du siècle, ont été faites à des étrangers.
>
> J'ai assisté à l'enthousiasme en l'honneur de Kossuth, dont bien peu d'entre vous peut-être ont entendu parler. Les Anglais voyaient en lui un homme, et leur cœur bondissait pour le saluer. Ma mémoire d'enfant se rappelle les drapeaux et les décorations qui l'accueillirent. L'autre réception fut offerte à Garibaldi. Garibaldi fut reçu avec un tel honneur que personne jamais, excepté la princesse de Galles, à son arrivée, n'en reçut un semblable. Pour quelle raison? Parce qu'il était un homme.

Les Latins possédant peu de persévérance et de [Pg 247] volonté, il faudrait multiplier énormément les occasions pouvant se présenter pour eux d'exercer ces qualités maîtresses. Elles suffisent à assurer le succès d'un homme dans la vie, si modestes et difficiles que soient ses débuts. Rien ne résiste à une volonté forte et persévérante, les physiologistes savent qu'elle triomphe de la douleur même[185]. L'histoire nous montre qu'elle peut triompher aussi des hommes et des dieux et que par elle se sont fondés les plus puissants empires.

[185] «Jusqu'ici, écrit le Dr Eifer, on a peu tenu compte de la volonté du sujet dans l'apparition de phénomènes regardés comme hystériques. Je rapprocherai des faits divers observés de divers côtés le cas d'un amateur européen que j'ai connu aux Indes. Ayant vu les exercices des fakirs, il voulut les imiter. En appliquant fortement sa volonté, il s'enfonçait de longues aiguilles dans les joues et dans les mains sans souffrir aucunement, et les plaies restaient exsangues. S'il négligeait de vouloir, au contraire, il souffrait et la plaie saignait. Pour gagner sa vie comme prodige, il suffit donc de vouloir, mais il faut vouloir fortement et longtemps, cela n'est pas donné à tout le monde.»

L'histoire nous apprend aussi que c'est par l'affaiblissement de leur caractère—et jamais par celle de leur intelligence—que les peuples périssent. Quand on lit les récits de la désastreuse campagne de 1870, ce qui frappe d'abord, c'est l'absence totale, chez les chefs de tout grade, des qualités de caractère. On constate en eux le même manque total de décision, de hardiesse et surtout d'initiative. Les combinaisons stratégiques des Allemands étaient des plus simples, mais les officiers, quel que fût leur grade, possédaient de l'initiative et savaient ce qu'il fallait faire dans un cas donné, alors même qu'ils ne recevaient pas d'ordres. Nous ne possédions que le courage, qualité pouvant suffire avec les petites armées de jadis qui manœuvraient sous les yeux d'un chef. Elles valaient ce que valait le chef et un homme [Pg 248] capable suffisait pour les diriger. Aujourd'hui, chaque officier doit jouer le rôle que jouait jadis un général en chef et, dans l'avenir, le succès sera aux armées qui posséderont le plus d'officiers au caractère vigoureusement trempé. Ce n'est pas par la lecture des livres que se forment de tels hommes. [Pg 249]

CHAPITRE III

L'enseignement de la morale.

Il est un point fondamental de l'éducation, l'enseignement de la morale, dont l'importance est trop grande pour que nous ne lui consacrions pas un chapitre spécial. Le niveau moral d'un peuple, c'est-à-dire la façon dont il observe certaines règles de conduite, marque sa place dans l'échelle de la civilisation et aussi sa puissance. Dès que sa morale se dissocie, tous les liens de l'édifice social se dissocient également.

Les règles de conduite peuvent varier d'une race à une autre, d'un temps à un autre, mais, pour un temps donné et un peuple donné, elles sont invariables.

L'éducation morale doit être, comme toute éducation, uniquement basée sur l'expérience et jamais enseignée par les préceptes des livres.

Tout enseignement moral sera insuffisant tant que le maître ne saura pas apprendre expérimentalement à l'élève à distinguer nettement ce qui est bien de ce qui est mal et à lui inculquer une claire notion du devoir.

Comment arrivera-t-il à un tel résultat? Sera-ce au moyen de règles de morale apprises par cœur et de [Pg 250] sentencieux discours? Il faut avoir une grande ignorance de la constitution mentale d'un enfant pour supposer qu'on puisse exercer ainsi sur sa conduite l'influence la plus légère.

Les éléments de l'éducation morale de l'enfant doivent dériver de son expérience personnelle. L'expérience seule instruit les hommes et seule aussi elle peut instruire la jeunesse. La réprobation générale suivant certains actes, l'approbation s'attachant à d'autres montrent bientôt à l'enfant ce qui est bien et ce qui est mal. L'expérience lui indique les conséquences avantageuses ou fâcheuses de certaines actions et les nécessités qu'entraînent les rapports avec ses semblables, surtout si l'on a toujours soin de lui faire supporter les conséquences de ses actes et réparer les dommages qu'il a causés. Il doit apprendre par lui-même que le travail, l'économie, l'ordre, la loyauté, le goût de l'étude ayant pour résultat final d'accroître son bien-être et satisfaire sa conscience, portent en eux leur récompense. Le maître ne peut intervenir utilement qu'en condensant sous forme de préceptes les résultats de cette expérience.

L'éducation morale n'est complète que lorsque l'habitude de faire le bien et d'éviter le mal est devenue inconsciente. Alors seulement la morale se trouve formée. Il est très beau de savoir lutter contre une tentation. Il est beaucoup plus sûr de n'avoir même pas à lutter contre elle.

L'éducation morale doit surtout apprendre à se gouverner soi-même et à acquérir un respect inviolable du devoir. C'est vers ce but essentiel que tend l'éducation anglaise et il faut avouer qu'elle l'atteint [Pg 251] parfaitement. Le souci constant de ceux qui la dirigent est d'habituer l'enfant à distinguer lui-même le bien et le mal et à savoir se décider tout seul, alors que nous ne lui apprenons qu'à se laisser conduire[186]. Il faut avoir observé de près deux enfants, l'un français et l'autre anglais, du même âge, en présence d'une difficulté, les irrésolutions du premier, la décision du second, pour comprendre la différence de résultats des deux éducations.

[186] «On donne à l'enfant anglais, écrit M. Max Leclerc, confiance en lui-même en le livrant de bonne heure à ses seules forces, on fait naître le sentiment de la responsabilité en lui laissant, une fois prévenu, le choix entre le bien et le mal. S'il fait le mal, il supportera la peine de sa faute ou les conséquences de son acte... On lui inspire l'horreur du mensonge, on le croit toujours sur parole jusqu'à preuve qu'il a menti.»

Un des plus puissants facteurs de l'éducation morale est le milieu. Les suggestions engendrées par le milieu jouent un rôle tout à fait prépondérant dans l'éducation de l'enfant. Sa tendance à l'imitation étant inconsciente se trouve par cela même très forte. C'est d'après la conduite des êtres qui l'entourent que se forment ses règles instinctives de conduite et que se crée son idéal. «Dis-moi qui tu hantes, je te dirai qui tu es», est un de nos plus sages proverbes. L'enfant estime ce qu'il voit estimé et méprise ce qu'il voit méprisé. Ces suggestions, subies d'abord, se transformeront chez lui en des réflexes qui finiront par se fixer pour la vie. De là le rôle immense—utile ou funeste—des parents ou des professeurs. L'action inconsciente de l'entourage et du milieu est une des plus importantes formes de l'éducation morale.

Bien que s'occupant beaucoup de leurs enfants, les parents français sont cependant de très insuffisants moralisateurs. Ils ont trop de faiblesse pour posséder [Pg 252] beaucoup d'autorité, et leur défaut d'autorité réduit singulièrement leur prestige. Conscients de cette faiblesse, ils mettent le plus tôt possible leurs enfants au lycée, persuadés que les professeurs sauront imposer l'éducation qu'ils se sentent impuissants à donner. Mais le lycée constitue généralement un triste milieu d'éducation morale. Chez les élèves, la seule loi reconnue est celle du plus fort. Le surveillant représente pour eux un ennemi, qu'ils subissent en professant pour lui une antipathie d'ailleurs réciproque. Quant aux professeurs, ils considèrent que leur unique tâche est de faire leur cours sans avoir à s'occuper en aucune façon de moraliser les élèves. «Quand le professeur, écrit M. Fouillée, aura dit qu'il faut aimer sa famille et mourir pour sa patrie, il sera au bout de sa morale.»

Ce seront seulement les très zélés qui iront aussi loin. Les autres se montrent en général fort sceptiques pour tout ce qui concerne de telles notions, et gardent à leur égard un dédaigneux silence ou se bornent à d'ironiques allusions sur l'incertitude des idées morales. Très rompus aux méthodes de critique négative, ils possèdent trop peu d'expérience des hommes et des choses pour comprendre que ce n'est pas à l'enfant qu'il faut enseigner des incertitudes. Ils oublient souvent que leur rôle n'est pas de combattre, fût-ce simplement au moyen d'un méprisant silence, trop bien interprété par la jeunesse, les traditions et les sentiments qui sont la base même de la vie d'un peuple et sans lesquels il n'est pas de société possible. Avec une philosophie moins livresque, et par conséquent plus haute, ils verraient vite que si la morale, comme la science, comme toute [Pg 253] chose en un mot, ne présente au point de vue philosophique qu'une valeur relative, cette valeur relative devient très absolue pour un peuple donné, à un moment donné, et doit être rigoureusement respectée. Une société ne peut durer que lorsqu'elle possède des règles communes et surtout un idéal commun, capable de créer des coutumes morales admises par tous ses membres.

Peu importe la valeur théorique de cet idéal et de la morale qui en dérive, peu importe qu'il soit constitué par le culte de la patrie, la gloire du Christ, la grandeur d'Allah, ou par toute autre conception du même ordre. L'acquisition d'un idéal quelconque a toujours suffi pour donner à un peuple des sentiments communs, des intérêts communs et l'élever de la barbarie à la civilisation.

C'est sur cet héritage de traditions, d'idéal, ou, si l'on veut, de préjugés communs, que se fonde la discipline intérieure, mère de toutes les habitudes morales, qui dispense de subir la loi d'un maître. Mieux vaut encore obéir aux morts qu'aux vivants. Les peuples qui ne veulent plus supporter la loi des premiers sont condamnés à subir la tyrannie des derniers. Reliés aux êtres qui nous précèdent, nous faisons tous partie de cette chaîne ininterrompue qui constitue une race. Un peuple ne sort de la barbarie que lorsqu'il a un idéal à défendre. Dès qu'il l'a perdu, il ne forme plus qu'une poussière d'individus sans cohésion, et retourne bientôt à la barbarie.

La grande difficulté de l'enseignement de l'éthique, chez les peuples catholiques, c'est que pendant de longs siècles leur morale n'a eu d'autres fondements que des prescriptions religieuses aujourd'hui [Pg 254] sans force. La morale, c'était simplement ce qui plaisait à un Dieu punissant par des supplices éternels les coupables osant transgresser ses lois.

La religion et la morale, si intimement liées dans les cultes sémitiques, ont toujours été complètement indépendantes dans d'autres, ceux de l'Inde par exemple. Cette indépendance, si contraire à nos idées héréditaires, nous devons tâcher de l'acquérir. Sa démonstration est facile.

Il suffit, en effet, de réfléchir un instant pour reconnaître que la religion et la morale sont choses entièrement distinctes. Au gré de nos sentiments et de nos intérêts, nous pouvons adopter ou rejeter la première, mais nous sommes tous obligés de subir la seconde.

Aussitôt que des êtres vivants, animaux ou hommes, sont constitués en société, ils doivent nécessairement obéir à certaines règles, sans lesquelles l'existence de cette société serait impossible. Le dévouement aux intérêts de la collectivité, le respect de l'ordre et des coutumes établies, l'obéissance aux chefs, la protection des enfants et des vieillards, etc., sont des nécessités sociales indépendantes de tous les cultes, puisque les religions peuvent changer sans que se modifient ces nécessités. Les banalités du Décalogue ne sont que la mise en formules de règles créées par des obligations sociales impérieuses.

En matière d'enseignement de la morale, il faut, comme je l'ai dit déjà, créer chez l'enfant des habitudes mentales, et ne pas perdre son temps à lui enseigner des règles ou lui faire de sentencieux discours.

Que si, cependant, le professeur se croyait obligé de disserter sur la morale, il lui serait possible de le [Pg 255] faire de façon à intéresser ses élèves. Commençant par l'étude de la morale chez les animaux, le professeur décrirait les sociétés animales, puis montrerait comment on peut donner, par création de réflexes, à certains animaux, des sentiments de moralité supérieurs, parfois, à ceux de l'homme parce que la raison ne vient pas comme chez ce dernier se superposer aux réflexes acquis. Passant ensuite à l'histoire des civilisations, il montrerait de quelle façon les peuples sont sortis de la barbarie dès qu'ils ont pu acquérir des règles morales assez stables, et comment ils y sont retournés quand ils les ont perdues.

Descendant ensuite de ces généralités pour arriver à l'individu, le professeur ferait voir à l'élève que celui-ci n'est qu'un fragment de sa famille et ne serait rien sans elle, d'où ses devoirs envers sa famille, que cette famille n'est qu'un fragment de la société et ne vivrait pas sans elle, d'où ses devoirs envers la société. Ayant chaque jour à nous appuyer sur l'ordre social, nous sommes aussi intéressés à sa prospérité qu'à la nôtre. La société a, dans une très petite mesure, besoin de chacun de nous individuellement, mais nous avons beaucoup plus besoin d'elle. De ces considérations évidentes découle la nécessité d'observer certaines règles de conduite.

Leur ensemble constitue la morale. Ces règles varient nécessairement d'un peuple à un autre, puisque les sociétés ne sont pas partout identiques et évoluent lentement, mais pour un temps et un peuple donnés elles demeurent, je le répète, invariables. C'est seulement quand elles sont solidement fixées dans les âmes qu'un peuple peut s'élever au sommet de la civilisation. [Pg 256]

La véritable force de l'Angleterre, ce n'est pas seulement la valeur de l'éducation donnée à ses fils, ce n'est pas sa richesse, ce ne sont pas ses flottes innombrables, c'est, avant tout et au-dessus de tout, la puissance considérable de son idéal moral. Elle a des traditions stables et respectées, des chefs obéis et dont l'autorité n'est jamais contestée. Elle possède un Dieu national, synthèse des aspirations, de l'énergie et des besoins de la race qui l'a créé. L'antique Jéhovah de la Bible est devenu depuis longtemps un Dieu exclusivement anglais, gouvernant le monde au profit de l'Angleterre, et donnant pour base au droit et à la justice les intérêts anglais. Les autres peuples ne représentent qu'une masse confuse d'êtres inférieurs, destinés à devenir tributaires de la puissance britannique. En essayant de soumettre les peuples lointains à leurs lois, les Anglais sont persuadés qu'ils ne font qu'accomplir leur divine mission de civiliser le monde et le sortir de l'erreur. Les Arabes, eux aussi, croyaient obéir à la volonté du Dieu de Mahomet, quand ils réussirent—grâce à cette croyance—à conquérir une partie du monde gréco-romain et à fonder un des plus vastes empires qu'ait connus l'histoire.

Le philosophe doit s'incliner devant de telles croyances, quand il voit la grandeur de leurs effets. Elles font partie des forces de la nature, et vainement essaierait-on de les combattre.

C'est en dehors des sphères de la raison que naissent et meurent les traditions et les croyances. Quand la discussion semble provoquer leur chute, elles étaient déjà bien ébranlées. Aujourd'hui, rien de ce qui touche à l'idéal anglais n'est discuté ni discutable [Pg 257] sur le sol britannique. Aucun argument rationaliste ne saurait l'entamer. Petits et grands vénèrent profondément leur Dieu national, respectent des traditions fixées par une hérédité séculaire et les principes de morale invariables qui en découlent. Possédant en outre à un haut degré le sens du réel, et comprenant la puissance des faits, ils savent s'y accommoder et y accommodent aussi leurs principes. Aussi les revers les plus humiliants ne sauraient les accabler. Que peuvent signifier d'ailleurs des événements transitoires contre le peuple de Dieu, qui est éternel?

Les Français, eux aussi, ont possédé jadis un idéal assez fort, mais dès qu'il n'a plus semblé s'adapter à leurs besoins, ils l'ont détruit violemment et n'ont pas réussi encore à le remplacer.

Ayant perdu leurs traditions et leurs dieux, ils cherchèrent à baser sur la raison pure des principes nouveaux destinés à soutenir l'édifice social, mais ces principes incertains sont devenus de plus en plus discutés et flottants. La raison humaine ne s'est pas montrée encore assez forte ni assez haute pour construire les bases d'un édifice social. Elle n'a servi qu'à bâtir des monuments fragiles, qui tombent en ruines avant même d'être terminés. Elle n'a rien élevé de solide, mais a tout ébranlé. Les peuples qui se sont confiés à elle ne croient plus à leurs dieux, à leurs traditions et à leurs principes. Ils ne croient pas davantage à leurs chefs et les renversent après les avoir acclamés. Ne possédant à aucun degré le sens des possibilités et des réalités, ils vivent de plus en plus dans l'irréel, poursuivant sans cesse d'hallucinantes chimères. [Pg 258]

Comment réussir à édifier un idéal social sur d'aussi inconstantes bases, sur d'aussi fragiles incertitudes? Sous peine de périr, il faut y arriver pourtant. Une nation peut bien subsister quelque temps sans idéal, mais l'histoire nous apprend que, dans ces conditions, elle ne saurait durer. Un peuple n'a jamais survécu longtemps à la perte de son idéal.

L'idéal à défendre est toujours fils du temps et non de nos volontés. Ne pouvant le créer par notre vouloir, nous sommes condamnés à l'accepter sans chercher à le discuter.

Trop de choses ont été détruites en France pour que beaucoup d'idéals aient survécu. Il nous en reste un cependant, constitué par la notion de patrie. C'est à peu près le seul demeuré debout sur les vestiges des religions et des croyances que le temps a brisées.

Cette notion de patrie qui, heureusement pour nous, survit encore dans la majorité des âmes, représente l'héritage de sentiments, de traditions, de pensées et d'intérêts communs dont je parlais plus haut. Elle est le dernier lien qui maintienne encore l'existence des sociétés latines. Il faut dès l'enfance apprendre à l'aimer et le défendre et jamais le discuter.

C'est parce que pendant près d'un siècle les Universités allemandes ont sans cesse exalté l'idée de patrie que l'Allemagne est devenue si forte et si grande. En Angleterre, un tel idéal n'a pas besoin d'être enseigné, car il se trouve depuis longtemps fixé par l'hérédité dans les âmes. En Amérique, où l'idée de patrie est encore un peu neuve et pourrait être ébranlée par l'apport constant de sang étranger,—si dangereux [Pg 259] pour les pays qui ne sont pas assez forts pour l'absorber,—il constitue un de ceux sur lesquels les éducateurs insistent le plus.

«Que le professeur, écrit l'un d'eux, n'oublie jamais que chaque élève est un citoyen américain, et que, dans tous les enseignements, et en particulier dans celui de la géographie et de l'histoire, c'est la question de patriotisme qui doit dominer, afin d'inspirer à l'enfant une admiration presque sans bornes pour la grande nation qu'il doit appeler sienne.»

Ce ne sont plus malheureusement de telles idées qui semblent dominer dans notre Université. Elle est très imbue de socialisme, de cosmopolitisme et de rationalisme. La notion de patrie paraît à beaucoup de jeunes professeurs une vieillerie quelque peu méprisable[187]. Un universitaire éminent, devenu depuis académicien, a marqué en termes très forts, longtemps avant de verser dans la politique, ce vice profond de notre Université, vice qui rend si dangereuse l'éducation qu'elle donne.

[187] Quelques-uns vont beaucoup plus loin encore. Le ministre de l'Instruction publique s'est vu forcé de révoquer un professeur qui enseignait à ses élèves que le drapeau français devrait être planté dans du fumier, et assimilait les soldats à des cambrioleurs. Une souscription fut immédiatement ouverte en sa faveur par un professeur à la Sorbonne, contre lequel le Ministre dut également sévir. Interpellé à la Chambre des députés à propos de ces faits, le Ministre prononça les paroles suivantes qui—heureusement—furent couvertes d'applaudissements:

«... C'en serait fait, non pas de l'Université seulement, mais de la France elle-même, si le drapeau pouvait être outragé, si l'idée supérieure de la patrie, du dévouement et des sacrifices qu'aux heures de péril chacun doit être prêt à lui consentir, pouvait être reniée et condamnée par ceux-là mêmes qui sont chargés de préparer la France de demain.»

Les faits que le ministre de l'Instruction publique a dû réprimer jettent le plus triste jour sur l'état mental de certains de nos professeurs. Des faits semblables seraient impossibles en Allemagne et en Angleterre, où le respect de l'idée de patrie est universel. Une guerre récente a montré sa puissance au Japon.

Quand on n'a pas assez de philosophie pour comprendre les nécessités qui créent un idéal, il faut [Pg 260] au moins ne pas oublier que, sans cet idéal, il n'est pas de société possible. Critiquer l'idée de patrie, vouloir affaiblir les armées qui la défendent, c'est se condamner à subir les invasions, les révolutions sanglantes, les Césars libérateurs, c'est-à-dire toutes les formes de cette basse décadence par laquelle tant de peuples ont vu clore leur histoire.

L'esprit nouveau qui se répand de plus en plus dans l'Université constitue, je le répète, un redoutable danger pour notre avenir. La menace en est trop visible pour ne pas avoir frappé tous les esprits qui s'intéressent aux destinées de notre pays.

> ... Il semble, disait dans un discours un ancien ministre, M. Raymond Poincaré, que, depuis quelque temps, un vent mauvais ait soufflé sur certaines âmes françaises et ait effacé en elles des souvenirs qu'on aurait pu croire ineffaçables! Il s'est trouvé, jusque dans l'Université, des esprits qui se sont laissé séduire et dévoyer par une sorte de mysticisme humanitaire. Il s'est rencontré des gens pour ne plus reconnaître dans le drapeau tricolore l'emblème de notre unité nationale, le symbole sacré de nos regrets et de nos espérances, et pour proférer contre l'armée des injures

criminelles. Maudite soit la philosophie mensongère dont se couvrent ces attentats contre la patrie! Elle méconnaît, sous prétexte d'humanité, les sentiments qui contribuent le plus à élever le cœur des hommes, à fortifier leur caractère et à ennoblir leur destinée.

Ce qui est grave, dans certaine affaire récente, dit de son côté M. P. Deschanel, Président de la Chambre des Députés, dans un de ses discours, ce n'est pas seulement qu'un Français, un maître de la jeunesse, un professeur de l'Université, ait outragé le drapeau et traité d'«escarpes» les soldats et les marins français morts à Madagascar: c'est qu'il se soit trouvé dans les premiers rangs de la hiérarchie universitaire d'autres professeurs pour le défendre, un parti pour organiser des manifestations en son honneur, c'est qu'ici même, au milieu de nos populations si pondérées, si sages, et qui ont vu, il y a trente ans, l'invasion, plusieurs journaux, au lieu de se faire l'écho de l'indignation publique, aient cherché des excuses à de pareilles insultes contre nos soldats et contre le drapeau.

[Pg 261] Et quelle est la cause profonde de pareils accès d'humanitarisme apparent? Simplement cette soif intense d'inégalité qui fait le fond secret des principes d'égalité que nous proclamons bien haut. Sortis généralement des couches les plus obscures de la démocratie, nos professeurs ne veulent souffrir aucun contact avec les membres de la classe où ils sont nés. Leurs diplômes leur confèrent, suivant eux, une véritable aristocratie, qui doit leur éviter de telles promiscuités. M. Georges Goyau a fort bien mis à nu ces mobiles dans un article de la *Revue des Deux Mondes* dont voici quelques extraits:

... On entrevoyait, dès 1894, que si la servitude du militarisme, dénoncée par ces écrivains, leur en faisait oublier la grandeur, c'est que cette servitude avait choqué surtout, en eux, une certaine indolence d'agir et un aristocratique besoin d'inégalité. Le temps et l'audace aidant, ils ont mis leurs âmes à nu; si laides soient-elles, il nous faut regarder.

Ce qui l'irrite et l'exaspère, durant son séjour à la caserne, c'est qu'il a pour camarades des faubouriens et des paysans, rustres pour tout de bon, grossiers sans morbidesse, brutaux sans raffinement, faisant l'amour sans érotisme. Un rêveur voluptueux et distingué se répute déclassé, lorsque la caserne l'oblige à de pareils contacts.

Mais ce qu'il y a d'éminemment paradoxal et—pourquoi ne pas le dire?—de sophistique, c'est de s'emparer du mot de «démocratie» et de le faire vibrer comme on claque un fouet, pour venger certaines susceptibilités et certaines souffrances de caserne provenant précisément, chez nos «intellectuels», d'un dégoût inné de la démocratie.

La masse prolétarienne, assure un écrivain, n'a aucun intérêt à rendre un culte à cette entité indéfinie, embrouillardée, qui est la patrie. Dès lors, faisons savoir au prolétaire que les conséquences d'une défaite intéressent peu sa destinée, et que son bien personnel ne lui commande point de se battre; il ne se battra plus. Voilà l'avant-dernier mot de la propagande antimilitariste: c'est une leçon de lâcheté, qui fait intervenir l'égoïsme comme mobile.

En un pareil tournant, c'est un vilain spectacle que celui de l'humanitarisme. L'homme qui faillit à son devoir aime bien se [Pg 262] donner l'illusion d'un motif élevé, se considérer, au moment même où il se désintéresse de ses semblables, comme un fragment de l'humanité en mue, et intercaler sa défaillance dans l'évolution de cette humanité.

On ne saurait trop insister sur cette question, elle est vitale aujourd'hui. Un peuple ne peut subsister qu'en possédant quelques idées communes. Il ne nous en reste plus qu'une, qui soit défendable par tous les partis: l'idée de patrie.

Et pas n'est besoin de considérations métaphysiques ou sentimentales pour enseigner à la jeunesse la valeur de cet idéal. Il n'y a qu'à lui montrer ce que deviennent les peuples ayant perdu leur patrie. L'histoire de l'Irlande, de la Pologne, de l'Arménie, de l'Alsace, etc., nous disent le sort des nations qui tombent sous la loi de maîtres étrangers. Polonais bâtonnés par les Allemands, bâtonnés aussi par les Russes, et de plus expédiés en Sibérie dès qu'ils protestent contre ce régime de fer, Alsaciens fustigés au régiment par des chefs soucieux de bien montrer qu'ils sont leurs maîtres, Irlandais condamnés à des avanies journalières par les Anglais, etc., montrent le sort des peuples qui n'ont plus de patrie. En la perdant, ils ont tout perdu, jusqu'au droit d'avoir une histoire.

L'idée de patrie implique naturellement le respect de l'armée chargée de la protéger.

Certes, le militarisme est une des plaies de l'Europe. Il est dangereux et ruineux, mais beaucoup plus dangereuse et beaucoup plus ruineuse encore serait sa suppression. Les gendarmes sont également d'un entretien fort coûteux. Personne ne parle cependant de s'en passer, parce que chacun sait bien que sans eux nous serions promptement victimes des voleurs et des assassins. [Pg 263]

Rien n'est plus funeste pour l'avenir d'un pays que les discours de quelques philanthropes à courte vue, parlant de désarmement, de fraternité et de paix universelle. Leur humanitarisme vague finirait par saper entièrement notre patriotisme et nous laisserait désarmés devant des adversaires qui ne désarment jamais. Attendons pour écouter tous ces discoureurs que nous n'ayons plus d'ennemis.

Et nous sommes bien loin, hélas! de n'en plus avoir. A la vérité, nous n'en avons jamais eu davantage. Il faut être singulièrement aveuglé par des chimères pour ne pas le voir.

M. Faguet a montré dans de belles pages, dont je vais reproduire quelques fragments, qu'en ne se plaçant même qu'à un point de vue strictement utilitaire, nous devons respecter profondément notre patrie et respecter profondément aussi l'armée chargée de la défendre.

> La France, écrit-il, est presque universellement détestée et ces trois mobiles: la haine, la crainte et la cupidité, qui ont réuni contre la Pologne ses puissants voisins, animent parfaitement contre la France des voisins tout aussi redoutables.

> La disparition de la France est en train de devenir un rêve européen. Comme la Pologne, la France a longtemps troublé l'Europe par ses incursions; comme la Pologne, elle l'a longtemps gênée du contre-coup de ses agitations intérieures; comme la Pologne, elle est un peuple qu'on juge trop brave et trop aventureux, bien que, sans perdre sa bravoure, elle semble avoir perdu le goût des aventures; comme la Pologne, elle est facile à partager, ayant des voisins de tous les côtés...

> Il faut donc aimer la patrie profondément; mais comment convient-il de l'aimer? Ne cherchons ni subterfuges ni circonlocutions, et disons nettement qu'il faut l'aimer dans son moyen de défense, c'est-à-dire dans son armée, comme tous les peuples du monde ont aimé leur pays dans la force organisée pour le défendre. Le patriotisme n'est pas le militarisme; il va plus loin, il va, si vous voulez, plus haut, il va ailleurs; mais c'est là qu'il va d'abord, et le militarisme est le signe et la mesure du patriotisme. [Pg 264]

Qu'il y ait une majorité antimilitariste dans un pays, c'est parfaitement le signe que ce pays se renonce; qu'il y ait seulement un parti antimilitariste dans un pays, c'est un très mauvais signe et il y a déjà lieu de pousser le cri d'alarme...

La Patrie, c'est l'armée, l'armée c'est la Patrie elle-même, en ce sens qu'elle est l'organe que, lentement, depuis des siècles, la Patrie s'est construit et a ajusté au milieu qui lui a été fait, pour subsister et se maintenir.

... L'armée n'est pas seulement l'arme de la nation, elle en est l'armature. C'est l'armée qui fait que la nation n'est pas un être invertébré; c'est l'armée qui fait que la nation se tient debout...

Ce n'est qu'à titre de soldats, ce n'est que comme membres de l'armée, que les Français se connaissent, comme coopérant à une même œuvre, et comme réunis bien manifestement dans la même idée.

Les peuples très civilisés qui ont oublié d'être militaires ont péri et, en périssant, ont laissé reculer, ce qui revient à dire, ont fait reculer la civilisation.

Il serait à souhaiter que beaucoup d'universitaires partageassent les idées qui précèdent, au lieu de professer plus ou moins ouvertement des théories diamétralement contraires. Si l'esprit qui s'infiltre progressivement chez nos professeurs continuait à s'y répandre, nous serions menacés d'une dissociation rapide. Un peuple peut perdre des batailles, perdre des provinces et se relever encore. Il a tout perdu et ne se relève pas quand il ne possède plus les sentiments qui formaient l'armature de son âme et le ressort de sa puissance. [Pg 265]

CHAPITRE IV

L'enseignement de l'histoire et de la littérature.

§ 1.—L'ENSEIGNEMENT DE L'HISTOIRE.

Ce sont principalement les universitaires ayant le plus contribué à surcharger les programmes d'enseignement de l'histoire, qui les ont maltraités devant la Commission d'enquête. L'expérience devait nécessairement leur apprendre que l'enseignement mnémonique de l'histoire, tel qu'il est donné par l'Université, constitue une perte totale de temps pour les élèves. Aujourd'hui, les plus savants professeurs reconnaissent eux-mêmes, avoir inutilement surchargé les programmes.

> L'histoire est une mnémotechnie ou une philosophie. Tant qu'elle restes une mnémotechnie, elle risque d'être pour l'enfant une fatigue en pure perte; elle ne devient une philosophie qu'avec l'âge et surtout lorsque l'adolescent est appelé à appliquer sa réflexion au monde voisin de celui où il doit vivre.

> Pour l'enfant, n'y aurait-il pas avantage à ne lui présenter que les grandes étapes de l'histoire ancienne et des premiers siècles de notre propre histoire sous forme de tableaux qui frappent son imagination et, en provoquant des comparaisons avec ce qu'il voit journellement autour de lui, lui laissent une impression durable[188]?

[188] *Enquête*, t. I, p. 10. Gréard, vice-recteur de l'Académie de Paris.

> [Pg 266] Actuellement, l'enseignement historique, pendant toute la classe de troisième et une partie de la classe de seconde, est consacré au Moyen Age. C'est beaucoup trop, et pour un résultat très mince. Pour la très grande majorité des écoliers, et je crois que je pourrais dire pour tous, l'histoire du Moyen Age, sauf les grands faits que l'on pourrait exposer en beaucoup moins de temps, est à peu près inintelligible. Il serait donc possible de faire de grandes économies sur le temps consacré aux Mérovingiens, aux Carlovingiens et aux premiers Capétiens[189].

[189] *Enquête*, t. I, p. 39. Lavisse, professeur à la Sorbonne.

«Fatigue en pure perte», dit M. Gréard. Enseignement de choses «à peu près inintelligibles», dit M. Lavisse. Voilà le bilan de l'enseignement universitaire de l'histoire. Sous peine de refus aux examens, les infortunés élèves sont bien obligés d'accumuler dans leur tête l'énorme entassement de dates de batailles, de généalogies de souverains, qui constituent les programmes classiques. Hors cela, ils ne veulent rien apprendre. Et c'est pourquoi, connaissant très bien l'histoire des Perses et la liste de tous les rois achéménides, ils ne savent que quelques mots de l'histoire moderne. Beaucoup de bacheliers, nous l'avons vu dans une précédente citation, n'ont jamais entendu parler de la guerre de 1870[190].

[190] Comme tout récemment encore, elle ne faisait pas partie des programmes, la plupart des élèves des écoles primaires n'en avaient pas entendu parler davantage. *Le Temps* du 8 mars 1901 publiait la lettre d'un chef d'escadron qui, tous les ans, fait une petite enquête sur les 50 recrues qu'il reçoit et qui doivent répondre par écrit aux questions très simples qu'on leur pose. Sur ces 50 recrues, 30 n'ont jamais entendu parler de nos désastres, 10 ont des notions très vagues à leur sujet, 10 seulement, les Parisiens surtout, savent ce que fut cette guerre. En fait, on peut dire que plus de la moitié des Français de la génération actuelle n'a jamais entendu parler de la guerre franco-allemande et ne soupçonne par conséquent aucun des enseignements profonds que nos défaites comportent.

Je suis tout à fait de l'avis de MM. Lavisse et Gréard sur la nécessité de réduire l'étude de l'histoire ancienne à quelque bref tableau facile à renfermer dans un fort petit nombre de pages. Je serai peut-être [Pg 267] moins d'accord avec eux en assurant que l'enseignement détaillé de l'histoire, comme on le trouve exposé dans les livres classiques, n'est propre qu'à fausser le jugement de l'élève et pervertir un peu sa moralité. Les faits historiques représentant presque toujours le triomphe de la ruse, de la violence et de la force, ne paraissent pas très aptes à former l'esprit des enfants. Pour peu d'ailleurs que ces derniers parcourent quelques œuvres d'historiens—et ils le feront tôt ou tard—ils s'apercevront bien vite que les mêmes faits sont présentés et jugés de la façon la plus opposée par des auteurs différents. Cette constatation, qu'ils étendront naturellement à ce qu'on leur enseigne, affaiblira leur confiance dans l'autorité des professeurs.

Il y aurait cependant beaucoup à tirer de l'enseignement de l'histoire pour la formation de l'intelligence de la jeunesse, si cet enseignement était donné dans un tout autre esprit que celui qui règne chez nos universitaires.

Au lieu des généalogies de souverains et des récits de bataille, il faudrait montrer à l'élève ce que chaque peuple a laissé derrière lui, c'est-à-dire expliquer l'histoire de sa civilisation. Elle s'éclaire surtout par l'étude des monuments et des diverses œuvres d'art. Si ces œuvres sont mises sous les yeux de l'élève par des photographies, des projections, des visites dans les musées, il est intéressé et retient toujours ce qu'il a vu, alors qu'il ne retient pas ce qu'il a appris par cœur[191].

[191] Comme exemple des documents que peuvent fournir à l'histoire les œuvres d'art et les monuments, je renvoie le lecteur à mon *Histoire des Civilisations de l'Orient*, 3 vol. in-4° avec 1200 gravures, exécutées la plupart d'après des photographies recueillies dans mes voyages.

§ 2.—L'ENSEIGNEMENT DE LA LITTÉRATURE.

[Pg 268] L'étude de la littérature se borne, dans les lycées, à des analyses d'auteurs célèbres, dont on ne fait lire à l'élève que de courts fragments, à des étymologies, des exceptions grammaticales et toutes les subtilités qui peuvent germer dans des cervelles de cuistres inoccupés. L'élève saura très bien définir, au moment de l'examen, ce que c'est que la pastourelle, la fatrasie, etc. Il n'aura lu aucun auteur, mais pourra réciter les byzantines discussions des commentateurs sur les grands écrivains. Voici d'ailleurs comment un universitaire distingué, ancien professeur à l'École Normale, M. Fouillée, juge la valeur de l'éducation littéraire de nos lycéens.

> Voulez-vous voir maintenant les résultats intellectuels de toutes ces études mnémotechniques? Qu'on lise les rapports de la Faculté des lettres de Paris sur le baccalauréat. Vous y verrez que les compositions françaises deviennent de plus en plus des compositions de mémoire sur l'histoire littéraire et théâtrale, qu'elles finissent par atteindre chez la masse des élèves un degré d'uniforme médiocrité qui rend presque impossible le classement...
>
> ... L'étude de la littérature, telle qu'elle est comprise par les plus lettrés, si elle était poussée à fond, serait une démoralisation de la jeunesse; heureusement elle est superficielle et au lieu de corrompre le cœur, elle se contente d'hébéter l'intelligence en surchargeant la mémoire[192].

[192] A. FOUILLÉE. *L'Échec pédagogique des lettrés et des savants*, p. 481.

La littérature est à peu près la seule connaissance qui puisse s'enseigner utilement par la lecture des livres, et c'est justement la seule pour laquelle l'Université proscrive l'emploi des livres. On se plaint du lamentable français de la plupart des bacheliers. S'il n'est pas plus lamentable encore, c'est que les élèves lisent un peu en cachette malgré leurs professeurs. [Pg 269]

Pour apprendre à penser clairement, à connaître la littérature de son pays, et à s'exprimer correctement, il n'y a qu'un moyen. Jeter d'abord au feu les grammaires savantes, les recueils de morceaux choisis, les résumés des manuels et surtout les dissertations des commentateurs, puis lire et relire une centaine de chefs-d'œuvre classiques. Pour le prix de deux ou trois de ces grammaires savantes, de ces traités de rhétorique insupportables avec lesquels on déprime aujourd'hui la jeunesse, les bibliothèques à 0 fr. 25 le volume donneraient à l'élève une centaine de chefs-d'œuvre des auteurs classiques anciens et modernes. Avec deux cents volumes on aurait une bibliothèque très complète. Le professeur pourrait alors se borner à faire analyser, non pas des analyses, mais bien ce que l'élève a lu, et les compositions consisteraient uniquement à traiter un sujet déjà traité par un écrivain, une simple anecdote, par exemple. Le professeur montrerait ensuite, ce que d'ailleurs la plupart des élèves apercevraient très bien eux-mêmes, la différence entre leur style et celui des grands auteurs. La comparaison leur apprendrait à se rectifier. Ils verraient vite les phrases longues et enchevêtrées, les épithètes trop abondantes, les idées mal enchaînées, etc. Par des corrections successives, l'élève arriverait rapidement et inconsciemment à modifier son style, à trouver le mot juste, à préciser ce qui était confus. Je n'insiste pas d'ailleurs sur une méthode trop simple et beaucoup trop efficace pour être jamais appliquée par l'Université, mais que chaque élève peut heureusement appliquer tout seul. Pendant de longues années encore, les Universités latines donneront au monde le grotesque [Pg 270] et stupéfiant spectacle d'obliger des garçons de quinze ans, ne sachant rien de la vie et ne pouvant comprendre les mobiles qui ont fait agir les héros de l'histoire, à composer ces ridicules harangues dont les grands concours donnent de si pitoyables exemples.

Sans vouloir défendre davantage la méthode que j'indique, j'ajouterai qu'elle éviterait aux élèves leur ignorance presque totale des auteurs de l'antiquité grecque et latine, dont ils ne connaissent que quelques pages péniblement traduites à coups de dictionnaire. Homère est fastidieux quand on en lit des fragments au hasard en cherchant les mots un à un. Il devient intéressant quand on le lit entièrement dans une traduction, et ainsi est-il de beaucoup d'auteurs grecs et latins. Le nombre de pages traduites par un élève en huit ans d'études classiques est lamentablement restreint. Le nombre des chefs-d'œuvre d'auteurs grecs, latins, allemands, anglais et français, que l'on pourrait lire et relire en moins de deux ans, dans des traductions, serait au contraire considérable. Cette lecture aurait de plus le grand avantage d'intéresser l'élève, et elles sont singulièrement rares, dans notre Université, les choses enseignées de façon à intéresser. [Pg 271]

CHAPITRE V

L'enseignement des langues.

On sait combien sont variables les aptitudes mentales des hommes. Tel qui apprendra sans difficulté la mécanique n'apprendra jamais la peinture, et l'on peut être un grand physicien sans posséder la moindre disposition musicale. Ce devrait être même un des rôles les plus importants des professeurs de diagnostiquer les vraies aptitudes d'un élève et de le diriger vers les études pour lesquelles il a des dispositions naturelles.

Mais, si variées que soient les aptitudes des individus, si grande soit l'impossibilité de leur apprendre à tous les mêmes choses, il en est une cependant, la langue parlée autour d'eux, que tous les enfants, des plus intelligents aux plus bornés, apprennent sans difficulté et sans travail.

Seuls font exception les individus atteints d'idiotie congénitale complète. Le fait même qu'un individu ne peut apprendre sa langue maternelle suffit, sans autre examen, à le faire enfermer dans un établissement d'aliénés.

Et il ne s'agit pas, bien entendu, uniquement de la [Pg 272] langue maternelle, pour laquelle on pourrait supposer des aptitudes héréditaires spéciales. Un enfant quelconque, transporté dans un pays quelconque, ne mettra jamais plus de six mois, et généralement beaucoup moins, pour parler et comprendre la langue des individus qui l'entourent. Il y arrivera par un travail tout à fait inconscient, sans avoir jamais ouvert un dictionnaire ou une grammaire.

Et pourtant cette chose si facile à apprendre, la seule que puissent acquérir les esprits les plus bornés, l'Université ne réussit pas à l'enseigner pendant les sept années de travail qu'elle impose à ses élèves. Nous avons vu qu'au moment de l'examen, l'immense majorité de ces élèves est incapable de lire sans dictionnaire une langue ancienne ou moderne, et à plus forte raison d'en parler quelques mots.

L'Université le sait d'ailleurs parfaitement, mais elle s'en console, en faisant la très gratuite et très erronée supposition, que les élèves ont retiré quelque chose de leurs inutiles efforts. Voici d'ailleurs comment elle s'exprime dans un document officiel.

> Si grand est le nombre des élèves qui sortent des lycées et collèges sans être en état de lire un texte latin, grec, anglais ou allemand, que notre système d'études serait vraiment criminel si ces élèves n'avaient tiré cependant quelque sérieux profit des efforts qu'ils ont faits et du temps qu'ils

ont consacré pour les apprendre sans parvenir à les savoir[193].

[193] *Instructions concernant les plans d'études de l'enseignement secondaire classique*, p. 14 (cité dans l'enquête parlementaire, t. VI, rapport général, p. 33).

Je ne puis qu'approuver l'expression de «criminel» appliquée à notre système d'enseignement des langues par un document officiel. J'ajouterai seulement que c'est une «criminelle» bêtise d'insinuer que les élèves [Pg 273] pourraient avoir retiré un profit quelconque de tout ce temps inutilement perdu, de tout ce gaspillage d'heures précieuses qui ne reviendront plus et pendant lesquelles tant de choses intéressantes ou utiles auraient pu être apprises.

Au point de vue de la psychologie pure, les résultats négatifs obtenus par l'Université sont fort curieux et pleins d'enseignements.

Ce n'est d'ailleurs qu'à une époque récente, depuis le développement de l'agrégation et de la formation de professeurs par les concours subtils et savants, que ces résultats négatifs ont été observés. De l'époque de la Renaissance au dernier siècle, le latin était la langue courante des examens, des livres savants et de la correspondance des lettrés. Tous les élèves des Jésuites la lisaient et l'écrivaient très suffisamment. On ne connaissait pas, il est vrai, à cette époque, les grammaires savantes des érudits, les byzantines discussions des commentateurs et toutes les chinoiseries que, sous prétexte d'enseignement linguistique, on fait apprendre aujourd'hui par cœur aux élèves.

Il n'y a pas à espérer que l'enseignement des langues se modifie tant que les professeurs resteront imbus des mêmes principes et se recruteront, comme aujourd'hui, parmi des normaliens et des agrégés, qui, se croyant des savants, se jugeraient déshonorés s'ils ne consacraient pas leur temps à discuter des subtilités grammaticales et à épiloguer sur les grands auteurs. MM. Berthelot et Poincaré, tous deux anciens Ministres de l'instruction publique, ont fort bien mis ce point fondamental en évidence devant la Commission. [Pg 274]

> Un certain nombre de professeurs de langues vivantes dédaignent leur besogne; ils la considèrent comme au-dessous d'eux. Eux aussi sont des agrégés, eux aussi ont des prétentions, d'ailleurs légitimes, à être des littérateurs ou des savants, et ils dédaignent d'être des «maîtres de langues»[194].

[194] *Enquête*, t. II, p. 681. Poincaré, ancien ministre de l'Instruction publique.

> L'esprit de ces professeurs est rompu ainsi à de certaines méthodes, en dehors desquelles ils ne comprennent pas leur rôle éducateur. J'ai entendu maintes fois des professeurs d'allemand ou d'anglais, qui se considéreraient comme

déshonorés s'ils apprenaient à leurs élèves à parler et à écrire pour l'usage courant les langues qu'ils enseignent. «C'est aux maîtres de langues à faire cette besogne», et ils la méprisent.

L'idée fondamentale de ces professeurs, fort honorables et fort instruits d'ailleurs, c'est qu'ils doivent enseigner avant tout les auteurs classiques allemands ou anglais, c'est qu'ils doivent commenter Gœthe, Shakespeare, Schiller, comme on le fait dans les classes de lettres, pour les grands auteurs grecs ou latins, Homère, Sophocle, Cicéron[195].

[195] *Enquête*, t. I, p. 25. Berthelot, ancien ministre de l'Instruction publique.

Un préjugé assez répandu consiste à croire que les Français sont réfractaires à l'étude des langues alors qu'en réalité il n'y a pas d'êtres humains, comme je le disais plus haut, réfractaires à cette étude. La vérité c'est que ce sont les professeurs de l'Université qui demeurent totalement réfractaires à l'enseignement des langues. La preuve en est fournie par les résultats obtenus dans certains établissements congréganistes qui savent recruter des professeurs convenables. La chose n'est pas difficile, puisqu'il suffit d'individus parlant la langues qu'ils veulent enseigner et ignorant le plus possible les grammaires savantes, les auteurs obscurs, les critiques des érudits, etc. On n'aurait qu'à procéder comme les Pères Maristes dont il a été parlé devant la Commission d'enquête.

Les Pères Maristes, qui résident à côté de nous et nous font une concurrence sérieuse, ont chez eux des Frères anglais et [Pg 275] allemands, ils font des échanges avec leurs maisons de l'étranger; ces Frères parlent toute la journée anglais ou allemand, en récréation comme en classe, et ils font chez eux ce que nous ne pouvons pas faire chez nous[196].

[196] *Enquête*, t. I, p. 561. Dalimier, professeur au lycée Buffon.

Telle est la très simple méthode par laquelle on apprend sûrement à un enfant *quelconque* à comprendre et à parler une langue étrangère sans lui imposer aucun travail. Les peuples qui ont besoin de connaître les langues étrangères, tels que les Suisses, les Hollandais, les Allemands, n'en utilisent pas d'autres, et c'est grâce en partie à la connaissance des langues ainsi acquises qu'ils envahissent de plus en plus nos marchés et nous opposent une si redoutable concurrence à l'étranger.

Le fait est trop connu pour qu'il soit utile d'y insister. Voici cependant quelques-unes des dépositions faites à ce sujet devant la Commission.

Les Allemands ont des heures de récréation, pendant lesquelles les enfants sont obligés de parler français ou anglais; ils s'en tirent comme ils peuvent; certaines classes sont faites entièrement en français, les questions comme les réponses. Je crois que c'est ce système vivant qu'il faut appliquer aux langues vivantes, sinon on arrivera à d'aussi misérables résultats que ceux qu'on obtient pour le grec et le latin[197].

[197] *Enquête*, t. I, p. 205. Sabatier, doyen de la Faculté de Théologie.

Leur méthode (des Hollandais) est si parfaite qu'elle donne des résultats sérieux, même dans des conditions défavorables. Ç'a été pour moi une grande surprise de voir à Java des jeunes gens qui n'étaient jamais venus en Europe, qui n'avaient jamais ou presque jamais occasion de parler nos langues, et qui cependant, par la seule application des méthodes de leurs écoles, savaient parfaitement l'anglais, l'allemand et le français[198].

[198] *Enquête*, t. I, p. 364. Chailley-Bert, professeur à l'École des Sciences politiques.

Il existe en Suisse des écoles pratiques—je le sais, parce que j'ai un neveu qui a été dans une de ces écoles—où, dans l'espace d'une année scolaire ou même d'un semestre, on met [Pg 276] des enfants en état de se servir convenablement de trois langues; or, jamais, dans nos lycées, les enfants ne seraient capables d'arriver à ce résultat, par la raison très simple qu'on leur apprend les langues vivantes comme le grec et le latin et nullement d'une façon active[199].

[199] *Enquête*, t. II, p. 644. Payot, inspecteur d'Académie.

C'est avec raison, il faut bien l'avouer, que les Allemands se montrent pleins de mépris pour notre système d'enseignement des langues aussi bien d'ailleurs que pour tout notre système universitaire.

Voici une conversation relevée dans le *Temps* du 6 janvier 1899, entre un Allemand et le rédacteur de ce journal:

«Tandis que nous autres, Allemands, nous nous sommes fait un devoir de réduire, pour la grande majorité de la nation, le temps d'études et de modifier en conséquence les programmes de nos établissements d'instruction, vous autres, Français, vous vous appliquez au contraire à les surcharger de plus en plus, à retenir sur les bancs de l'école vos enfants, jusqu'à l'heure où le service militaire vous les prend, à leur donner à tous, dans la classe bourgeoise, une éducation surannée, capable évidemment de faire d'eux, dans toute l'acception du mot, des lettrés, incapable de leur fournir aucune arme dans cette lutte de plus en plus sérieuse pour la vie, à laquelle toutes les nations à présent se trouvent acculées. A l'heure où nos enfants savent un minimum de trois langues et se jettent dans l'inconnu, comme j'ai fait, courant le monde, les vôtres se préparent encore à ce ridicule examen du baccalauréat. Ils y dépensent le meilleur de leurs forces, et quand ils sont bacheliers, que savent-ils? Un atome de grec, quelques mots de latin qui leur seront parfaitement inutiles».

Il n'y a pas à espérer une modification de nos pitoyables méthodes d'enseignement, et nous continuerons longtemps, par notre ignorance des langues étrangères, à être la risée des autres peuples. Tout a été inutilement essayé, et ce n'est pas avec des règlements qu'on changera la mauvaise volonté et l'incapacité des professeurs. Il faut donc y renoncer entièrement, [Pg 277] jusqu'au jour où l'opinion publique, suffisamment révoltée, obligera l'Université à évoluer.

En attendant cet âge lointain, force est bien de s'accommoder de ce qui existe. Recherchons donc si, à défaut de l'art de parler et comprendre une langue étrangère, que nous sommes incapables d'enseigner aux élèves, nous ne pouvons au moins leur apprendre l'art de la lire couramment, ce qui serait déjà un fort utile résultat.

Nous allons voir que, sans professeur, sans grammaire, sans dictionnaire, et presque sans travail, un individu quelconque peut, comme je l'ai constaté sur moi-même et sur d'autres, atteindre ce but en moins de deux mois, pour une langue de difficulté moyenne, comme l'anglais, avec une dépense de temps de deux heures par jour. Je me hâte d'ajouter que je ne suis nullement l'inventeur de cette très ancienne méthode, qui fut employée jadis pour enseigner rapidement le latin à la reine Anne d'Angleterre.

Elle repose sur notre principe général de substituer le plus rapidement possible le travail inconscient au travail conscient, et je lui ai seulement ajouté la condition de choisir des livres tellement captivants que l'élève les lise par curiosité et n'ait par conséquent aucun labeur fastidieux.

Dans les deux mois dont j'ai parlé, quinze jours au plus, en effet, sont consacrés à un travail ennuyeux. Quinze jours de travail, à deux heures par jour, sont en réalité le seul effort que je demande à l'individu le plus obtus pour apprendre à dire couramment l'anglais. Durant les six semaines ajoutées à ces quinze jours, je lui propose, non du travail, mais une intéressante distraction. [Pg 278]

Et d'ailleurs cette application de quinze jours est bien peu fatigante, puisqu'elle n'exige pas qu'on ouvre une seule fois une grammaire, ni un dictionnaire. Il faut même éviter soigneusement d'en posséder pour éviter de perdre son temps à les consulter.

Voici du reste comment j'ai opéré sur moi-même à l'époque lointaine où j'ignorais l'anglais.

Puisque pour lire il suffit de reconnaître visuellement les mots sans nécessité de les apprendre par cœur—chose beaucoup plus difficile—il fallait tout d'abord être capable d'en reconnaître un certain nombre. Je pris simplement un livre anglais quelconque, *le Vicaire de Wakefield*, ayant sur une page le texte anglais, et sur l'autre page, le mot à mot français[200]. Je lisais d'abord une ligne d'anglais, puis une ligne de français et répétais la même opération jusqu'à ce que je pusse comprendre la ligne anglaise sans regarder le texte français. Je passais alors à la ligne suivante. Au bout de quelques jours, reconnaissant dans le texte anglais un grand nombre de mots déjà vus, j'étais de moins en moins obligé d'avoir recours au texte français.

[200] Éviter absolument les traductions dites interlinéaires qui maintiennent toujours devant les yeux le texte français sous le texte étranger. Elles constituent un détestable moyen d'apprendre à lire une langue.

Après une quinzaine de jours j'avais lu une bonne partie du livre anglais, mais comme l'histoire était passablement ennuyeuse et que je ne trouvais pas dans le commerce d'autres traductions analogues, je me demandai si je ne pourrais pas lire un texte anglais facile sans traduction. Je fis alors venir d'Angleterre les œuvres d'Alexandre Dumas, traduites en anglais, et que je n'avais jamais lues. Je commençai [Pg 279] par essayer de déchiffrer *Monte-Cristo*. Comme je m'y attendais, je ne comprenais que fort peu de mots et le sens général m'échappait à peu près entièrement. Me fiant au lent travail de l'inconscient, qui finirait par deviner les mots inconnus d'après les indications des mots connus, je continuai la lecture incomprise du livre, me bornant pour tout travail à relire trois fois la même page. Au bout de quelques jours le texte commença à s'éclairer et l'histoire étant fort captivante, je m'y intéressai vivement. Le plaisir devint bientôt tel, à mesure que se développait inconsciemment ma connaissance de la langue, que je dévorai la moitié du second volume en une seule nuit. Un mois juste s'était écoulé depuis que j'avais commencé l'anglais. Je profitai de ce que je me trouvais dans une période de vacances pour lire ainsi une vingtaine de romans, toujours des traductions de français en anglais.

Ce n'était pas sans intention que je choisissais des auteurs français traduits en anglais, et toujours le même auteur, me doutant bien que lorsque j'aborderais un auteur anglais, dont la pensée et le style sont différents, les difficultés deviendraient beaucoup plus considérables. Ayant épuisé cependant la lecture des œuvres de Dumas, j'entrepris celle d'un romancier anglais, et, dès les premières pages, ces difficultés apparurent. Je ne comprenais guère que le quart de ce que je lisais. Je continuai cependant, et de même que pour *Monte-Cristo*, il arriva, par un travail inconscient de l'esprit, un moment où la lecture devint facile. Je pus lire ensuite aisément d'autres auteurs, mais toujours avec un peu de difficulté au début quand il s'agissait d'un nouvel [Pg 280] auteur. Ce dernier point a des causes psychologiques très simples, et je ne le signale que pour montrer en passant l'intense absurdité des collections de morceaux choisis d'auteurs différents mises par l'Université dans les mains des lycéens.

Il ne faudrait pas supposer que l'élève qui aura ainsi appris à lire une langue en ignorera la grammaire, il la connaîtra au contraire parfaitement, l'ayant apprise inconsciemment par la pratique. Quand il aura lu des centaines de fois les mots *un*happy, *un*changeable, *un*acceptable, *un*certain, il saura que *un* en anglais placé devant un mot indique la négation. De même en allemand. Le sens invariable des préfixes tels que *aus*, *mit*, *durch*, etc., se dégagera nettement de la lecture répétée des mots tels que *auf gehen* (se lever), *mit gehen* (accompagner), *um gehen* (aller autour), *nach gehen* (suivre), *aus gehen* (sortir), *durch gehen* (traverser), etc.

Si l'élève capable de bien lire l'anglais, veut passer ensuite à une autre langue, l'allemand par exemple, il devra d'abord prendre un livre allemand, dont la traduction littérale soit faite, non en français, mais en anglais, c'est-à-dire un livre à l'usage des Anglais qui veulent apprendre l'allemand. Quand il saura reconnaître quelques mots, il évitera soigneusement d'essayer de lire d'abord les grands auteurs classiques. Il commencera toujours par des traductions de français en allemand d'ouvrages intéressants, tels par exemple les *Mille et une Nuits*, dont il existe une bonne traduction allemande en deux volumes, ou encore les innombrables romans français, ceux d'Alexandre Dumas notamment, traduits en allemand dans la collection à 25 centimes le volume. [Pg 281]

La méthode que je viens d'exposer, est naturellement applicable à toutes les langues, y compris le latin. Elle n'implique qu'une seule condition fondamentale, lire au moins une vingtaine de volumes. Comme elle rend absolument inutile l'intervention des professeurs, il est de toute évidence qu'elle n'a aucune chance d'être jamais conseillée par eux. Si je l'ai exposée, c'est parce que, parmi mes lecteurs, il pourrait se trouver peut-être un père de famille comprenant que son fils perd totalement son temps au collège, et voulant le rendre capable de lire une ou deux langues étrangères. [Pg 282]

CHAPITRE VI

L'enseignement des mathématiques.

Au point de vue de leur rôle éducateur, on peut classer les sciences de la façon suivante:

1° Les sciences naturelles, qui exercent l'esprit d'observation;

2° Les sciences physiques et chimiques qui exercent à la fois l'esprit d'observation et le jugement;

3° Les sciences mathématiques, qui sont considérées comme des sciences exclusivement de raisonnement, mais que nous montrerons être expérimentales et devant être apprises d'abord d'une façon expérimentale.

L'enseignement des mathématiques est très développé chez tous les peuples latins. Ce sont les connaissances qui exercent chez eux le plus de prestige. Elles constituent le moyen de sélection employé pour recruter les candidats des grandes écoles. Les programmes d'admission à l'École Polytechnique ou à l'École Centrale, roulent presque exclusivement sur les mathématiques, et l'enseignement y est surtout mathématique. Les démonstrations au tableau y remplacent entièrement les expériences. [Pg 283]

Ce n'est pas ici le lieu de rechercher si l'aptitude aux mathématiques constitue une supériorité transcendante, comme pourraient le faire croire les programmes d'admission aux grandes écoles. On montrerait aisément que c'est une faculté analogue à toute autre disposition pour un art ou une science quelconques.

Prétendre que le développement de l'enseignement des mathématiques, tel qu'il est donné par nos grandes écoles, fortifie le raisonnement et développe le jugement, constitue une assertion illusoire. Cet avis est, du reste, celui des savants qui sont le mieux à même de connaître les élèves adonnés presque exclusivement à ces études. Voici, par exemple, comment s'est exprimé M. Buquet, directeur de l'École Centrale, devant la Commission d'enquête:

> C'est par les mathématiques élémentaires, par la géométrie, que les élèves se rendent compte des choses, raisonnent. Quand on s'enfonce plus avant dans les mathématiques spéciales, on arrive à une certaine gymnastique de chiffres, de lettres et de formules, qui ne forme pas beaucoup l'intelligence, et pas du tout le jugement quand ils ne sont pas suivis d'explications qu'on devrait donner et qu'à mon avis on ne donne pas assez, ou précédés d'études approfondies[201].

[201] *Enquête*, t. II, p. 503. Buquet, directeur de l'École Centrale.

Les mathématiques peuvent développer le goût des raisonnements subtils, mais il est fort douteux qu'elles exercent le jugement. Les mathématiciens les plus éminents ne savent souvent pas se conduire dans la vie et sont embarrassés par les choses les plus simples. Napoléon le constata quand il eut fait de Laplace, le plus illustre mathématicien de son temps, un administrateur. Voici comment il raconte lui-même l'aventure: [Pg 284]

> Géomètre de premier rang, Laplace ne tarda pas à se montrer administrateur plus que médiocre. Dès son premier travail, nous reconnûmes que nous nous étions trompé. Laplace ne saisissait aucune question sous son véritable point de vue; il cherchait des subtilités partout, n'avait que des idées problématiques et portait enfin l'esprit des infiniment petits jusque dans l'administration[202].

[202] Cité par A. Rebierre, *Mathématiques et Mathématiciens*, 2e édition, p. 185.

Ce fut, on le sait, à un des plus célèbres mathématiciens modernes, qu'un facétieux escroc vendit, pendant plusieurs années, des autographes fabriqués de toutes pièces, de divers savants illustres, autographes qui furent d'ailleurs reproduits dans les comptes rendus de l'Académie des sciences. Parmi les documents ainsi achetés par le candide mathématicien, il y en avait, paraît-il, de Cléopâtre et de Jésus-Christ! On peut raisonner parfaitement sur les quantités toujours très simples qui entrent dans une équation et ne rien comprendre à l'enchaînement des phénomènes.

Les mathématiques constituent une langue dont la connaissance ne développe pas plus l'intelligence que celle des autres langues. Un idiome ne s'apprend pas pour exercer l'intelligence, mais uniquement parce qu'il est utile à connaître. Or l'habitude d'écrire les choses les plus simples en langage mathématique est tellement répandue aujourd'hui qu'il y a nécessité pour les élèves d'apprendre ce langage, tout comme ils seraient obligés d'apprendre le japonais ou le sanscrit si tous les livres de sciences étaient écrits dans ces langues.

Le seul point important est de savoir comment on peut arriver rapidement à comprendre puis à parler la langue spéciale des mathématiciens. Les débuts [Pg 285] seuls de cette étude, comme ceux de toutes les langues, sont difficiles.

Il faut la commencer dès l'enfance, en même temps que la lecture et l'écriture, mais d'une façon diamétralement opposée à celle qui s'emploie aujourd'hui.

Elle doit s'enseigner par l'expérience, en substituant aux raisonnements effectués sur des symboles, l'observation directe de quantités qu'on peut voir et toucher. Ce qui rend si difficile l'instruction mathématique pour l'enfant, c'est l'indéracinable habitude latine de toujours commencer par l'abstrait sans passer d'abord par le concret.

Si l'ignorance de la psychologie infantile était moins universelle et moins profonde, tous les pédagogues sauraient que l'enfant ne peut comprendre les définitions abstraites de grammaire, d'arithmétique ou de géométrie, et qu'il les récite comme il le ferait pour les mots d'une langue inconnue. Seul le concret lui est accessible. Quand les cas concrets se seront suffisamment multipliés, c'est son inconscient qui se chargera d'en dégager les généralités abstraites.

Donc les mathématiques doivent, à leur début surtout, s'enseigner expérimentalement, car, contrairement à l'idée courante, ce sont des sciences expérimentales. C'est une opinion que j'ai été heureux de voir défendre par un illustre mathématicien, M. Laisant:

> Je considère, dit-il, *que toutes les sciences* sans exception sont expérimentales au moins dans une certaine mesure. En dépit de certaines doctrines qui ont voulu faire des sciences mathématiques une suite d'opérations de pure logique reposant sur des idées pures, il est permis d'affirmer qu'en mathématiques aussi bien que dans tous les autres domaines scientifiques, il n'existe pas une notion, pas une idée qui pourrait pénétrer dans notre cerveau sans la contemplation préalable [Pg 286] du monde extérieur et des faits que ce monde présente à notre observation[203].

[203] Laisant, examinateur à l'École Polytechnique. *L'Instruction mathématique, Revue Scientifique*, 1899, p. 358

Joignant l'exemple à la théorie, M. Laisant montre comment on peut, avec la règle, le compas, quelques morceaux de carton et du papier quadrillé, apprendre expérimentalement à un enfant une partie de l'algèbre, y compris les quantités négatives et une foule de connaissances géométriques, telles que l'équivalence du parallélogramme et du rectangle de même base et de même hauteur, l'aire du triangle, le carré de l'hypoténuse, etc. J'ajouterai qu'avec un ruban gradué et un cylindre, on peut lui faire trouver tout seul le rapport du diamètre à la circonférence et bien d'autres choses encore.

M. Duclaux, membre de l'Académie des sciences, a traité le même sujet dans un mémoire sur l'enseignement des mathématiques[204] et arrive à des conclusions analogues.

[204] *Revue Scientifique*, 1899, p. 353.

Ce savant pense, comme M. Laisant et nous-même, que c'est dès la plus tendre enfance, c'est-à-dire à l'âge où se créent certaines habitudes d'esprit, qu'il faut commencer l'étude des mathématiques, de la géométrie notamment. Il s'est rencontré avec le célèbre philosophe Schopenhauer, sur les dangers pédagogiques de la géométrie d'Euclide, livre que 2.000 ans de vénération respectueuse ont auréolé d'une autorité presque divine dans l'enseignement, et qui n'a guère réussi qu'à infuser chez des milliers d'êtres l'horreur intense de la géométrie. Voici comment s'exprime Schopenhauer:

> Nous sommes certainement forcés de reconnaître, en vertu [Pg 287] du principe de contradiction, que ce qu'Euclide démontre est bien tel qu'il le démontre; mais nous n'apprenons pas pourquoi il en est ainsi. Aussi éprouve-t-on presque le même sentiment de malaise qu'on éprouve après avoir assisté à des tours d'escamotage, auxquels, en effet, la plupart des démonstrations d'Euclide ressemblent étonnamment. Presque toujours, chez lui, la vérité s'introduit par la petite porte dérobée, car elle résulte, par accident, de quelque circonstance accessoire; dans certains cas la preuve par l'absurde ferme successivement toutes les portes, et n'en laisse ouverte qu'une seule, par laquelle nous sommes contraints de passer, pour ce seul motif. Dans d'autres, comme dans le théorème de Pythagore, on tire des lignes, on ne sait pas pour quelle raison; on s'aperçoit, plus tard, que c'étaient des nœuds coulants qui se serrent à l'improviste, pour surprendre le consentement du curieux qui cherchait à s'instruire; celui-ci, tout saisi, est obligé d'admettre une chose dont la contexture intime lui est encore parfaitement incomprise, et cela à tel point qu'il pourra étudier l'Euclide entier sans avoir une compréhension effective des relations de l'espace; à leur place, il aura seulement appris par cœur quelques-uns de leurs résultats... A nos yeux, la méthode d'Euclide n'est qu'une brillante absurdité[205].

[205] *Le monde comme volonté et comme représentation*, t. I, p. 76.

M. Duclaux qualifie très justement l'ouvrage d'Euclide de livre «terriblement ennuyeux, méticuleux, pédant et qui subtilise sur tout». Il montre l'absurdité de vouloir démontrer des vérités qu'on saisit par intuition, telles par exemple celle-ci: un côté quelconque d'un triangle est plus petit que la somme des deux autres—proposition connue du plus humble caniche, qui sait fort bien que la ligne droite est le plus court chemin d'un point à un autre. Pourquoi vouloir démontrer à l'enfant que deux circonférences de même rayon sont égales? L'élève s'apercevra parfaitement tout seul que si après avoir tracé une circonférence avec son compas ouvert, il en fait une seconde sans changer l'écartement du compas, il tracera la même courbe que la première fois. «Rien [Pg 288] n'est plus pitoyable, conclut M. Duclaux, que l'enseignement de la géométrie. Voici plus de trente ans que je fais passer des examens du baccalauréat et que je constate cette décadence. Je ne crois pas qu'il y ait en ce moment plus d'un élève sur vingt qui ait le sentiment net de la méthode euclidienne. C'est bien la peine de l'avoir suivie, et vraiment je crois que l'enseignement secondaire ferait bien d'y renoncer.»

Peu d'auteurs ont tenté de présenter les mathématiques sous forme concrète, ou du moins de n'arriver à l'abstrait qu'après être passé par le concret[206]. Il faudrait, il est vrai, avoir presque du génie pour réussir à écrire un livre qui conduirait l'élève par des méthodes expérimentales de l'enseignement primaire jusqu'au calcul infinitésimal. Un tel ouvrage n'ayant aucune chance d'être adopté dans les écoles ne sera certainement jamais écrit.

[206] Je ne vois que quatre auteurs à citer. Macé pour l'arithmétique, Clairaut pour la géométrie, Lagout, ingénieur en chef des Ponts et Chaussées, pour l'algèbre et la géométrie, et Laisant pour l'enseignement général des mathématiques.

Pour qu'il puisse l'être, les pédagogues devraient d'abord essayer de se faire une idée de la psychologie de l'enfant, qu'ils ne soupçonnent guère, à en juger par leurs méthodes d'enseignement. Seulement alors ils pourraient comprendre l'absurdité de commencer l'enseignement de toutes choses, langues, mathématiques, etc., par l'apprentissage mnémonique de règles et de symboles abstraits, alors que l'intelligence de l'enfant—et sur ce point beaucoup d'hommes restent longtemps enfants—ne peut saisir que le concret.

Le principe général de tout ce qui précède: donner la notion expérimentale des choses avant d'expliquer les transformations de leurs symboles, ne s'applique [Pg 289] pas seulement à l'enseignement primaire des mathématiques, mais bien à l'enseignement secondaire et même supérieur. Il existe une méthode, la méthode graphique, qui a transformé l'art de l'ingénieur et qui permet de représenter les diverses phases des phénomènes, les variations des grandeurs, et révèle, tout aussi bien aux mathématiciens qu'aux élèves, les relations voilées sous les symboles.

Une grandeur quelconque, force, poids, durée, température, etc., peut s'exprimer soit par des chiffres ou des lettres équivalentes, soit par des lignes. L'expression par des chiffres ou des lettres représente les méthodes numérique et algébrique, l'expression par des lignes, la méthode graphique. Quand il s'agit de traduire, et surtout de comparer les rapports et les changements de grandeurs variables, la seconde est à la première ce que serait la carte d'un fleuve à la description en langage ordinaire des sinuosités de ce fleuve.

Rien n'est plus facile que d'amener un jeune élève à comprendre par la méthode graphique les principes fondamentaux de la géométrie analytique, qui ne fait que traduire les relations existant entre les coordonnées d'une courbe. On montre très facilement, d'une façon expérimentale, qu'une courbe quelconque est graphiquement déterminée quand on connaît la distance de plusieurs de ses points à deux axes fixes, perpendiculaires l'un à l'autre. Il sera bien aisé ensuite de faire saisir que le géomètre, l'astronome, le géographe, l'architecte, n'emploient pas d'autre méthode que ce procédé graphique pour déterminer sur la carte la position d'un point quelconque. Il suffit de montrer expérimentalement que [Pg 290] la position d'une partie quelconque d'un objet est déterminée sur un plan quand on connaît ses distances horizontales et verticales à ce plan. On explique alors à l'élève que le nom seul de ces deux longueurs, dites coordonnées, varie suivant les choses auxquelles on les applique. En géographie, les deux coordonnées d'un point s'appellent longitude et latitude; en astronomie, ascension droite et déclinaison; en géométrie analytique, abscisse et ordonnée. Sous des noms différents, c'est exactement la même chose.

Si l'élève arrive en réfléchissant, à voir qu'avec l'emploi de deux coordonnées on ne donne que deux des dimensions d'un même objet, c'est-à-dire la longueur et la largeur, mais non son épaisseur, il sera bien simple de lui montrer expérimentalement que la troisième dimension des corps, la hauteur d'une montagne par exemple, peut être représentée également par la méthode graphique. Il suffira de lui indiquer avec un verre d'eau et un corps solide quelconque plus ou moins immergé comment se construisent les courbes dites d'égal niveau, avec lesquelles sont fabriqués les plans en relief et qu'un enfant peut apprendre facilement à construire.

Les équations et les formules par lesquelles les mathématiciens expriment les relations entre les diverses grandeurs, constituent un mode de raisonnement très abrégé, très utile à connaître, mais qui présente, surtout au début de l'enseignement, l'inconvénient de faire perdre de vue la nature des faits sous les transformations des signes qui les représentent.

Les résultats de la méthode graphique sont fort différents. Elle donne aux grandeurs des valeurs figurées, dont l'aspect est frappant, et dont il est [Pg 291] facile de saisir les relations, alors même que ces relations ne pourraient être traduites que par des équations d'une complexité extrême. Sans doute de telles lignes sont, elles aussi, des symboles, mais ces symboles figurés ont une clarté que les chiffres ou les lettres ne sauraient offrir à l'esprit[207].

[207] On connaît les applications de la méthode graphique à la statistique. Elle a été aussi, bien que trop rarement, appliquée à l'histoire. Elle y

remplacerait utilement bien des pages de littérature. Je citerai comme exemple de cette application le graphique construit autrefois par Minard et destiné à représenter les pertes de l'armée française dans la campagne de Russie de 1812. Il constitue la plus concise, la plus éloquente et la plus instructive des pages d'histoire que je connaisse. L'armée française, au moment où elle franchit le Niémen, est représentée par un ruban qui va en décroissant toujours dans la proportion des pertes qu'elle subit. La large bande du départ n'est plus qu'un mince filet au retour. Ce tableau montre tout de suite combien sont erronées les idées qu'on se fait souvent de cette campagne, en répétant que ce sont les froids et la neige qui anéantirent la Grande Armée. La vérité est que plus des trois quarts en étaient détruits avant que la retraite fût commencée. Des 422.000 hommes qui franchirent le Niémen, et dont 10.000 à peine devaient le revoir, 322.000 hommes étaient morts avant d'arriver à Moscou, et, quand les grands froids commencèrent, des 100.000 repartis de Moscou, il en restait à peine la moitié. Le froid n'eut donc à sévir que sur des débris, et sans son action, la campagne n'en fût pas moins restée un des plus grands désastres des temps modernes.

Appliquée à la recherche des relations des diverses grandeurs entre elles, la méthode graphique possède sur l'expression algébrique et numérique une supériorité incontestable, et il serait fort utile de l'introduire dans l'enseignement des mathématiques élémentaires. On leur ôterait ainsi ce qu'elles ont parfois d'empirique et d'abstrait. Loin de développer l'aptitude à raisonner, les mathématiques, telles qu'on les enseigne, produisent souvent un résultat tout à fait contraire.

La plupart des raisonnements mathématiques sont d'ailleurs d'une très grande simplicité. C'est uniquement la difficulté de manier des formules, dont on ne saisit pas le sens pendant la série de leurs transformations, et l'impossibilité de considérer les choses en elles-mêmes, qui rendent ces formules d'un emploi [Pg 292] compliqué. «Ce qui a pu faire illusion à quelques esprits, dit le grand mathématicien Poinsot, sur cette espèce de force qu'ils supposent aux formules de l'analyse, c'est qu'on en retire avec assez de facilité des vérités déjà connues, et qu'on y a pour ainsi dire soi-même introduites, et alors il semble que l'analyse nous donne ce qu'elle ne fait que nous rendre dans un autre langage.»

La simplicité des raisonnements mathématiques est prouvée d'ailleurs par ce fait que l'on construit des machines peu compliquées résolvant aisément les plus difficiles problèmes de l'algèbre et du calcul intégral. (Résolution des équations, quadrature des surfaces, etc.) On ne voit pas d'autres sciences où le raisonnement direct pourrait être remplacé par les opérations d'une machine. [Pg 293]

CHAPITRE VII

L'enseignement des sciences physiques naturelles.

Les connaissances dont nous nous sommes précédemment occupé, les langues notamment, doivent être apprises fort jeune, parce que pendant l'enfance la mémoire est très vive. Elles ont une utilité considérable, mais ne possèdent aucune vertu éducative et ne développent ni l'esprit d'observation, ni le jugement. Seules les sciences physiques et naturelles peuvent exercer un tel rôle.

§ 1.—L'ENSEIGNEMENT DES SCIENCES NATURELLES.

De tous les moyens d'exercer chez l'enfant, le jeune homme ou l'adulte, l'esprit d'observation sans fatigue ni ennui, il n'en est pas de meilleur que l'enseignement des sciences naturelles. Elles apprennent à voir et montrent que l'objet en apparence le plus insignifiant, l'herbe ou la plante foulée par nos pieds, l'insecte qui voltige, sont des mondes de faits merveilleux, qu'on découvre dès qu'on apprend à les observer. [Pg 294]

De cette étude, si attrayante et si utile comme facteur d'éducation, l'Université a trouvé moyen de faire la plus lourde des corvées, la plus fastidieuse des récitations mnémoniques. Continuant à appliquer son principe de remplacer la vue des choses par leur description, elle oblige l'élève à entasser dans sa mémoire la définition d'objets qu'on ne lui montre jamais et des classifications qu'il ne peut comprendre.

Et pourtant ce n'est pas le matériel qui serait coûteux, puisque avec les plantes, les pierres, les insectes rencontrés dans une promenade, un professeur doué d'un peu d'esprit pédagogique, pourrait enseigner à l'élève les points les plus essentiels de la zoologie, de la botanique et de la minéralogie. Il est de toute évidence que ce ne sont pas les manuels, mais la vue des êtres, qui peuvent enseigner les sciences naturelles. Voici du reste comment s'exprime à ce sujet un savant éminent, doublé d'un philosophe, M. Dastre, professeur de physiologie à la Sorbonne:

> Je comprendrais l'enseignement des sciences naturelles
> d'une manière toute différente. Il se ferait non point entre
> quatre murs, devant un tableau noir et avec un morceau de
> craie; il se donnerait en plein air, dans des excursions, dans
> des visites aux jardins zoologiques, dans les musées
> anatomiques ou dans les galeries d'histoire naturelle. En

d'autres termes, pour que l'enseignement des sciences naturelles portât tous ses fruits, il devrait avoir lieu en présence de la nature même. Alors il remplirait son but éducationnel. Tandis que les sciences mathématiques développent la réflexion interne et la faculté logique, l'étude des sciences naturelles aurait pour fonction de développer l'esprit d'observation. Les premières apprennent à l'enfant et à l'homme à regarder au dedans de lui-même; les autres le transportent au dehors et le rendent attentif à l'immensité des phénomènes qui se déroulent sous ses yeux[208].

[208] *Leçons d'anatomie*, de Besson. Préface.

[Pg 295] Il n'y a pas à espérer que les professeurs formés par l'Université consentent à employer d'aussi fécondes méthodes. Mieux vaudrait donc la suppression totale de l'enseignement de l'histoire naturelle dans les lycées. Les élèves ne seront ni plus ni moins instruits qu'aujourd'hui, car six mois après l'examen, ils ont oublié toutes les définitions et les classifications apprises, mais au moins n'auront-ils pas acquis l'horreur profonde d'une science qui est peut-être de toutes la plus attrayante et certainement la plus facile à enseigner.

§ 2.—L'ENSEIGNEMENT UNIVERSITAIRE DES SCIENCES EXPÉRIMENTALES.

Quand on possède une méthode, on l'applique nécessairement au plus grand nombre de sujets possible. L'Université applique naturellement la sienne à tout ce qu'elle enseigne. Les sciences expérimentales, telles que la physique et la chimie, sont apprises comme l'histoire naturelle ou les langues, à coups de manuels. Si par hasard un instrument est montré à l'élève, c'est de loin, de façon que personne ne puisse y toucher. Le professeur y touchera lui-même le moins possible, d'abord parce qu'il n'est pas très sûr de pouvoir le faire fonctionner, et ensuite parce qu'un maniement trop fréquent finirait par altérer le poli des cuivres dont l'éclat fait très bon effet dans les vitrines.

Ces rares exhibitions sont d'ailleurs de pure forme. Professeurs et élèves se soucient fort peu des expériences. On n'en demande pas aux examens, et [Pg 296] il semble bien préférable de consacrer son temps à étudier dans les livres la description d'instruments sur lesquels l'examinateur pourra tâcher de «coller un candidat».

En prévision de ces futures «colles», les manuels grossissent chaque année, et pour peu qu'un appareil ait été imaginé récemment par un examinateur, il figure bientôt dans la totalité des manuels.

On devine ce que doit être un semblable enseignement et ce que peuvent être de tels manuels. Un de nos plus distingués universitaires, M. H. Le Châtelier, professeur au Collège de France, l'a fort bien montré au cours d'un mémoire sur l'enseignement scientifique paru dans la *Revue des Sciences,* et dont j'extrais le passage suivant:

> On arrive, sous la préoccupation dominante des examens, à augmenter outre mesure le nombre des appareils décrits, ce qui présente de graves inconvénients. Quand, par exemple, on donne treize méthodes calorimétriques, comme dans certains ouvrages destinés à l'enseignement, on trompe les élèves en leur laissant croire qu'elles ont une existence réelle; en fait, il y en a deux: la calorimétrie à eau et la calorimétrie à glace. En outre, en décrivant ces méthodes au pas de course, comme on est obligé nécessairement de le faire, on passe sous silence la seule chose intéressante et utile à connaître: le degré de précision. On ne trouverait pas un élève sur cent qui soupçonne quel intérêt il y a à se servir en calorimétrie de thermomètres donnant le centième de degré plutôt que le dixième. La seule impression qui puisse rester de ces descriptions d'appareils est que leur choix est surtout une question de mode. Il n'en résulte aucune notion de ce que peut être une expérience de mesure.

L'enseignement de la chimie n'est pas naturellement meilleur. Voici comment s'exprimait le grand chimiste Dumas dans l'instruction de 1854 sur le plan d'études des lycées à propos de cette science. Les [Pg 297] lignes suivantes sont aussi vraies aujourd'hui qu'elles l'étaient de son temps.

> Rien de plus facile, avec la souplesse et la sûreté de mémoire qu'on rencontre chez nos jeunes élèves, que de leur faire apprendre par cœur un cours de chimie. Ils retiendront tout, principes généraux, formules, chiffres, développements, et pourront se faire illusion sur leur savoir réel, mais, à peine sortis du lycée, ils s'apercevront qu'ils s'étaient bien trompés, *car il ne restera rien de ce qu'ils avaient si aisément appris.*

Plus d'un demi-siècle s'est écoulé et l'enseignement n'a pas été amélioré. Voici ce qu'écrit M. H. Le Châtelier dans le travail cité plus haut.

> L'enseignement de la chimie est celui qui est le plus en souffrance; il a conservé de la tradition des alchimistes, des collections de recettes, de préparations souvent démodées, et des listes de petits faits certainement intéressants en eux-mêmes, mais dont la place serait plutôt dans les dictionnaires de chimie.

Les lois générales, ou tout au moins les relations qualitatives d'analogie et de causalité, là où les lois précises font défaut, sont tout à fait laissées au second plan. Les listes des petits faits sont stériles, parce qu'il y a bien peu de chances que ceux que l'on a appris soient précisément ceux que l'on ait besoin de connaître plus tard.

C'est une erreur trop répandue de penser que l'idéal, en fait d'enseignement scientifique, est d'infuser à de jeunes esprits des idées toutes faites, choisies parmi celles qui passent pour les plus exactes. De là le système actuel d'occuper la moitié du temps des études à prendre des notes et l'autre moitié à les apprendre. On oublie trop facilement que, si la formule apprise est adéquate à la formule enseignée, l'idée attachée dans les deux cas à cette même formule est toute différente. Pour le professeur, derrière les mots employés il y a tout un ensemble de faits, empruntés à son expérience personnelle, qui viennent se presser dans sa mémoire; pour l'élève, il n'y a rien, à moins que, par un effort personnel, il n'ait, en rapprochant une série de faits antérieurement connus de lui, fait cette idée sienne. Ce sont ces idées personnelles qui seules *ont une valeur pratique quelconque; les autres, celles qui ont été apprises mécaniquement, glissent sur l'entendement sans y pénétrer. Au bout de quelques années leur trace est totalement effacée.*

[Pg 298] M. H. Le Châtelier attribue, «tout le monde, dit-il, est d'accord sur ce point», l'état de stagnation de notre enseignement scientifique aux examens et aux concours qui uniformisent et immobilisent l'enseignement *«après lui avoir imprimé la direction la plus funeste»*. Il indique aussi comme cause de notre décadence scientifique l'insuffisance de nos professeurs. «Il faudrait avant tout et surtout avoir un recrutement de professeurs de l'enseignement secondaire pour lesquels la préoccupation de l'examinateur ne soit pas le commencement et la fin de la sagesse.»

Tout cela est assurément très juste, mais comme, avec les idées latines actuelles, les concours et les professeurs ne sont pas modifiables, on ne peut espérer aucune réforme de notre enseignement scientifique.

Ce n'est donc qu'à un point de vue philosophique pur et tout en sachant très bien que les idées qui vont être exposées ne sont pas réalisables aujourd'hui que nous indiquerons ce que pourrait être un enseignement des sciences physiques, organisé de façon à ce que l'élève pût en retirer grand profit.

§ 3.—IMPORTANCE DE L'ENSEIGNEMENT DES SCIENCES EXPÉRIMENTALES DANS L'ENSEIGNEMENT PRIMAIRE.

L'enseignement expérimental a une telle puissance éducative qu'on ne saurait le commencer trop tôt. Il faut s'y prendre de très bonne heure pour tâcher d'inculquer à l'enfant de l'esprit d'observation et du jugement.

Avant donc de rechercher ce que devrait être l'étude [Pg 299] des sciences expérimentales dans l'enseignement secondaire, nous allons montrer ce qu'elle pourrait être dans l'enseignement primaire.

Ce n'est pas d'aujourd'hui, d'ailleurs, que des pédagogues éminents ont compris l'importance des sciences expérimentales dans l'éducation de l'enfant. On sait les résultats obtenus en Allemagne par Frœbel et Pestalozzi, au moyen de ce qu'ils appelaient les leçons de choses.

Malheureusement tout ce qui est expérimental et ressemble au travail manuel se trouve tenu en grand mépris par les Universités latines, et c'est là, je le répète, une des causes de l'impossibilité pour elles d'accomplir aucune réforme sérieuse.

Cette disposition d'esprit, les Allemands l'ont partagée longtemps, mais ils ont su s'y soustraire, et c'est parce qu'ils sont arrivés à comprendre l'importance de l'enseignement expérimental que les sciences et l'industrie ont pris chez eux le développement prodigieux constaté aujourd'hui.

Les Anglais n'avaient pas à faire d'efforts pour entrer dans cette voie, car ils n'en ont jamais connu d'autre. Leur enseignement a toujours été expérimental. L'éducation de leurs ingénieurs se fait exclusivement dans les ateliers.

Dès l'école primaire, les Anglais manifestent leur goût pour l'enseignement expérimental et leur conviction bien arrêtée que rien n'entre dans l'esprit que par la voie de l'expérience.

> A l'école de Bradford, fréquentée par des enfants de petite classe moyenne, j'ai vu, dit M. Leclerc, des élèves de douze à quinze ans travaillant chacun pour son compte et de son côté, chacun sachant ce qu'il avait à faire, dessinant, maniant des produits chimiques ou des appareils de physique, tous faisant [Pg 300] en toute liberté, silencieusement et sérieusement, leur besogne sans perdre une minute[209].

[209] *Éducation des classes moyennes en Angleterre.*

Même dans les grandes écoles anglaises, dont le prix ne permet l'accès qu'aux enfants des classes riches ne devant jamais avoir le besoin de gagner leur vie, le travail manuel est tenu en grande estime à cause de son rôle éducateur. A Harrow, dont les professeurs reçoivent de 20 à 60.000 francs d'appointements et le directeur 200.000 francs, il existe un atelier de menuiserie dirigé par un contremaître et où travaillent tour à tour les élèves. Il y a quelques années, le professeur de rhétorique était en même temps menuisier et mécanicien tellement habile qu'il fut chargé d'installer entièrement l'électricité dans l'établissement.

C'est dès les classes primaires que l'instruction expérimentale devrait être commencée, pour continuer ensuite dans l'enseignement secondaire et supérieur. Cette opinion n'a été soutenue devant la Commission d'enquête que par quelques rares professeurs. Je citerai parmi eux M. Morlet, qui a préconisé le travail manuel, la vue des objets ou la projection de leurs images, alors que «trop souvent les leçons des meilleurs maîtres ne laissent pas plus de traces que de beaux caractères marqués dans le sable»[210].

[210] *Enquête*, t. II, p. 347. Morlet, censeur à Rollin.

On ne saurait mieux dire, ni dans un sens plus contraire à notre esprit universitaire.

L'opinion qui résume le mieux cet esprit à propos des leçons de choses a été traduite de la façon suivante, par un inspecteur général de l'Université:

> Les leçons de choses constituent un petit enseignement scientifique très prématuré. [Pg 301]
>
> Les enfants ne sont pas aptes à le recevoir, car ils n'ont encore à leur disposition que la mémoire. Cette faculté leur permet d'emmagasiner des mots, dont ils n'arrivent pas toujours à comprendre le sens. Ils saisissent les mots par leur ressemblance extérieure, ils les confondent ensuite et diront volontiers «acide» pour «silice» ou inversement[211].

[211] *Enquête*, t. I, p. 247. Dupuy, inspecteur général de l'enseignement, ancien professeur de rhétorique.

La pauvreté d'un tel raisonnement montre une fois de plus à quel point la psychologie de l'enfant est ignorée dans l'Université. Que l'enfant confonde les mots silice et acide, quelle importance cela peut-il bien avoir? Ce qui importe, c'est qu'il ne confonde pas les choses qu'on lui montre, or quand il les aura vues et touchées, il ne les confondra jamais. Si on lui met dans la main des morceaux de coke et d'anthracite ou des fragments de plomb et d'aluminium, il pourra confondre le nom de ces substances, mais les reconnaîtra toujours à leur différence de densité quand on les lui présentera de nouveau. Ce sont des réalités et non des mots que doivent lui enseigner les leçons de choses. Voilà ce que les universitaires, qui raisonnent comme l'inspecteur que je viens de citer, n'ont pas encore réussi à comprendre.

Dans une conférence fort intéressante, M. Laisant a insisté longuement sur l'utilité, pour le développement de l'esprit, de donner à l'enfant dès le jeune âge l'habitude de l'observation et de la réflexion par des expériences scientifiques, faites avec les objets usuels. Des savants éminents n'ont pas dédaigné de consacrer des ouvrages spéciaux à ces récréations scientifiques. Elles permettent de constater d'importantes lois physiques avec des objets qu'on trouve partout sous la main ou de petits instruments très peu [Pg 302] coûteux. Ainsi peuvent être étudiées les lois de la gravitation, de la chute des corps, les propriétés du centre de gravité, du levier, de l'équilibre des liquides, les principales données de l'acoustique et de l'optique et même certaines opérations chimiques, telles que la production du gaz d'éclairage avec un fourneau de cuisine, un peu de terre glaise et une pipe.

> Les hommes chargés, par leurs fonctions, du développement intellectuel de la jeunesse, dit M. le professeur Laisant[212], auraient dû se précipiter avec avidité sur les nouveaux moyens qui leur étaient offerts, les analyser, les étudier, en tirer la quintessence, réformer de fond en comble l'enseignement avec le secours de ces éléments inespérés. Tout au contraire ils sont passés à côté de ces tentatives avec une suprême indifférence, accompagnée d'un dédain non dissimulé. Les auteurs des *Récréations scientifiques* n'étaient à leurs yeux que de vulgaires amuseurs. Songez donc! apprendre quelque chose à l'enfant sans l'ennuyer, quelle folie! Lui mettre dans le cerveau une longue suite d'observations, de faits, de résultats, et le préparer ainsi à recevoir plus tard des idées justes, à réfléchir, à raisonner; quelle entreprise révolutionnaire! Le spectacle que nous donne l'administration pédagogique m'autorise à dire que nous ne sommes pas beaucoup plus avancés à ce point de vue qu'on ne l'était au Moyen Âge.

[212] *Revue Scientifique*, 9 mars 1901.

C'est également mon avis.

§ 4.—L'ENSEIGNEMENT DES SCIENCES EXPÉRIMENTALES DANS L'INSTRUCTION SECONDAIRE.

L'enfant, préparé comme il vient d'être dit, aborderait, au lycée, sans difficulté l'étude de la physique et de la chimie. La valeur éducative de ces sciences est immense à condition que leur enseignement soit exclusivement expérimental. Le matériel de la plupart des expériences n'est ni encombrant ni coûteux et [Pg 303] aucune manipulation n'est dangereuse quand on opère sur de petites quantités. Pour la chimie, quelques tubes et éprouvettes, une lampe à alcool et un petit nombre de produits chimiques suffisent. Plusieurs auteurs ont déjà montré dans divers ouvrages le parti qu'on peut tirer de pareils éléments.

Pour la physique, les expériences seraient à peine plus onéreuses. Il n'y aurait qu'à imiter ce que font les Anglais et les Allemands. Grâce à l'ingéniosité de leurs constructeurs, ils ont pu mettre entre les mains des enfants, à des prix insignifiants, des collections d'instruments de physique, de chimie, de mécanique, etc., qui leur permettent de résoudre expérimentalement des problèmes difficiles. En matière de physique seulement, je citerai une collection d'appareils que j'ai achetée par curiosité[213]. Pour 35 francs, on a tout ce qui concerne l'optique, y compris la polarisation et la diffraction (banc d'optique, lentilles, prisme, matériel d'analyse spectrale), c'est-à-dire une collection d'objets qui, construits en France, avec le luxe des appareils de nos fabricants coûterait plus d'un millier de francs. Pour la même somme, on possède les instruments fondamentaux de l'électricité. Le plus souvent l'élève doit fabriquer lui-même les appareils avec le matériel qui lui est livré. La brochure qui les accompagne lui pose environ cinq cents problèmes à résoudre, qui embarrasseraient la plupart des licenciés de notre Université. En voici quelques-uns: mesurer la résistance de la bobine d'un galvanomètre, d'un élément thermoélectrique, la résistance intérieure d'une pile, combiner des résistances de 1, 2, 5 ohms, etc., fabriquer avec le matériel livré [Pg 304] un spectroscope et déterminer les raies des métaux incandescents, fabriquer un polariscope, un sextant à réflexion, un appareil de diffraction, une longue-vue terrestre à réticule et mesurer son grossissement, rechercher si des lames de verre ont leurs faces parallèles, etc., etc.

[213] Chez Meiser et Mertig, à Dresde.

> En Angleterre et en Amérique, les élèves apprennent à travailler dans des laboratoires bien outillés. Là, les étudiants font des expériences relatives à la science qu'ils étudient, sous la direction d'un professeur qui fait ensuite la critique des résultats obtenus. On met en pratique la méthode de redécouverte (*the method of rediscovery*). Sans doute, on ne va

pas jusqu'à espérer que les élèves pourront eux-mêmes retrouver les lois de la nature; mais un mélange harmonieux de découvertes, de vérifications et de corrections, semble être l'idéal des meilleurs professeurs de sciences naturelles. On attache beaucoup d'importance au compte rendu exact des observations et des expériences. Les carnets d'observations et de notes des élèves sont considérés comme une des meilleures preuves de l'excellence de leur travail[214].

[214] *Le Temps*, 13 octobre 1901.

Il n'y a rien de nouveau assurément dans ce qui précède et les Allemands comme les Anglais n'ont fait qu'appliquer chez eux des idées exposées depuis bien longtemps chez nous. Voici comment s'exprimait à ce propos, il y a plus d'un demi-siècle, l'illustre savant français Dumas, dans une instruction sur le plan d'études des lycées, instruction dont les principaux passages ont été reproduits dans le règlement de 1890. Ces recommandations n'ont pas eu d'ailleurs plus de succès auprès des professeurs de 1890 qu'auprès de leurs prédécesseurs.

... C'est dans la nature bien plus que dans les livres qu'il faut chercher des inspirations...

L'homme n'a pas inventé la physique; il a saisi des observations données par le hasard; il en a varié les conditions, et il en a déduit les conséquences. [Pg 305]

Persuader aux jeunes gens que l'esprit humain pouvait se passer du fait qui sert de base à chaque découverte importante, qu'il pouvait créer la science par le raisonnement seul, c'est préparer au pays une jeunesse orgueilleuse et stérile...

On ne saurait trop recommander aux professeurs de physique de commencer l'exposition de toutes les grandes théories par un précis historique très fidèle, et, au besoin, par l'exacte reproduction de l'expérience d'où l'inventeur est parti. Ils n'oublieront pas que la physique est une science expérimentale qui tire parti des mathématiques pour coordonner et pour exposer ses découvertes, et non point une science mathématique qui se soumettrait au contrôle de l'expérience.

Les professeurs de physique ne sauraient trop se défier d'ailleurs d'une particularité de leur enseignement qui se rattache plus qu'il ne semble à la considération précédente.

On veut parler de ces appareils de luxe que l'usage a introduits dans leurs cabinets.

Le plus souvent, la pensée première de l'inventeur, dénaturée dans ces appareils pour revêtir une forme qui en fait disparaître toute la naïveté, s'éloigne trop des dispositions premières qu'il avait adoptées.

Presque toujours, ces appareils offrent des dispositions accessoires compliquées, sur lesquelles l'attention des élèves s'égare et qui les distraient de l'objet essentiel de la démonstration.

Leur prix élevé éloigne de l'esprit des élèves toute pensée de s'occuper un jour de physique, cette science leur semble réservée aux personnes qui disposent d'un grand cabinet ou d'une grande fortune.

Nous ne saurions donc trop rappeler aux élèves de l'École Normale l'utilité des travaux d'atelier qu'ils ont à accomplir; aux proviseurs, le parti qu'ils peuvent tirer, au profit de l'enseignement, d'un cabinet placé près du cabinet de physique comme sa dépendance nécessaire; nous ne saurions trop encourager les professeurs de physique à simplifier leurs appareils; à les construire eux-mêmes toutes les fois qu'ils le peuvent; à n'y employer que des matériaux communs; à se rapprocher dans leur construction des appareils primitifs des inventeurs; à éviter ces machines à double et à triple fin dont la description devient presque toujours inintelligible pour les élèves.

Quoi de plus simple que les moyens à l'aide desquels Volta, Dalton, Gay-Lussac, Biot, Arago, Malus, Fresnel, ont fondé la physique moderne?

Il y a quarante ou cinquante ans, lorsque cette génération de physiciens illustres reconstituait sur de nouvelles bases tout l'édifice de la science, elle y parvenait avec des outils si communs, [Pg 306] d'un prix si modique et d'une démonstration si facile, qu'on a le droit de se demander si l'enseignement de la physique ne s'est pas trop soumis à l'empire des constructeurs d'instruments...

Prétendre, par exemple, qu'on ne peut parler de la dilatation des gaz par la chaleur sans faire connaître les appareils délicats qui en ont donné la dernière mesure, c'est une erreur...

... Gay-Lussac s'était assuré que tous les gaz se dilatent de la même manière, au moyen de tubes gradués contenant des quantités de divers gaz et disposés dans une étuve qu'on chauffait de 10 à 100 degrés. La mesure directe du volume occupé par chaque gaz au commencement et à la fin de l'expérience lui avait suffi pour donner la loi du phénomène.

On ne saurait trop insister sur la justesse des idées qui viennent d'être exposées. Leur vérité profonde ne peut être nettement comprise que par les personnes ayant exploré des champs nouveaux de la science. Il y a bien d'autres noms, ceux d'[OE]rsted et de Faraday, par exemple, à ajouter à ceux des savants cités par Dumas, qui ont fait de très grandes découvertes avec des appareils infiniment simples. Beaucoup d'inventions récentes, le téléphone, par exemple, ont été faites avec des appareils fort rudimentaires, comme on pouvait s'en convaincre en parcourant les salles consacrées aux instruments de science rétrospective à la grande Exposition de 1900. Les appareils compliqués ne sont nécessaires que lorsqu'on veut vérifier avec une grande précision des résultats déjà trouvés avec des appareils simples. L'emploi des appareils coûteux, compliqués et nécessairement longs à manier empêche souvent de bien observer les phénomènes. Si l'on a mis vingt ans à découvrir—et encore par hasard—que toutes les fois qu'on fait fonctionner un tube de Crookes il en sort des rayons particuliers, dits rayons X, c'est que de tels tubes, étant jadis difficiles à fabriquer, on s'en servait fort [Pg 307] rarement. Si, dans les expériences que j'ai publiées pendant dix ans sur la dématérialisation de la matière, la phosphorescence invisible, l'opacité de certains corps pour les ondes hertziennes, la généralité dans la nature des phénomènes radio-actifs, etc., il m'a été possible de découvrir quelques faits entièrement nouveaux, c'est en partie parce que, travaillant dans mon propre laboratoire et à mes frais, j'étais toujours obligé de me servir d'instruments simples et peu coûteux.

Dans le passage précédemment cité, Dumas insiste avec raison sur l'utilité de répéter les expériences avec des instruments aussi simples que ceux dont les inventeurs faisaient usage. Il serait tout à fait capital pour le développement mental de l'élève de lui montrer, ce que les livres n'indiquent guère, comment les grands fondateurs de la science ont réalisé leurs découvertes et les difficultés auxquelles ils se sont heurtés. La chose est d'autant plus facile que ces illustres novateurs, comme le dit fort bien Dumas, ont presque toujours fait usage d'appareils rudimentaires qui ne sont devenus compliqués que plus tard. L'expérience fondamentale d'[OE]rsted, de la déviation de la boussole par un courant, peut être répétée avec une dépense de quelques francs et le professeur ne manquera pas de montrer à l'élève pourquoi [OE]rsted n'arriva pas à la réussir pendant longtemps. Il lui montrera aussi pourquoi l'expérience fondamentale de l'induction (déviation d'un galvanomètre relié aux deux pôles d'un aimant, quand on introduit un morceau de fer entre les deux branches de l'aimant) demanda beaucoup de recherches à Faraday, bien qu'elle soit des plus faciles à répéter. L'histoire de la découverte de la longue-vue [Pg 308] peut être refaite avec quelques lentilles ne valant pas plus de 1 franc, etc. Un professeur ayant un peu de philosophie dans l'esprit pourrait créer, avec l'histoire des découvertes scientifiques et la lecture des fragments des mémoires originaux, un cours qui remplacerait fort avantageusement la lecture des plus volumineux traités de logique. Alors seulement l'élève comprendrait l'évolution de l'esprit humain, les difficultés auxquelles se heurtent toujours les expérimentateurs, comment on sort des sentiers battus et avec quelles difficultés un chercheur se soustrait au poids des idées antérieurement admises.

Il faut donc attacher une importance spéciale à l'histoire des découvertes scientifiques, si parfaitement ignorée et dédaignée par l'Université, aussi bien dans l'enseignement secondaire que dans l'enseignement supérieur. Le nombre des savants qui ont compris la force éducatrice de cet enseignement est fort restreint. Je puis cependant, outre Dumas, en citer deux, l'un Anglais, l'autre Français, occupant chacun des situations éminentes dans l'enseignement.

> L'entraînement à espérer de la science est le résultat, non de l'accumulation des connaissances scientifiques, mais de la pratique de l'enquête scientifique. Un homme peut connaître à fond tous les résultats obtenus et toutes les opinions courantes sur une branche quelconque, ou même sur toutes les branches de la science, et ne pas avoir l'esprit scientifique, mais personne ne saurait mener à bien la plus humble recherche sans que l'esprit scientifique lui reste dans une certaine mesure. Cet esprit peut d'ailleurs être acquis, même sans recherche d'une vérité nouvelle. L'élève peut être amené de plus d'une façon à de vieilles vérités; il peut être mis en leur présence brutalement comme un voleur sautant par-dessus un mur, et malheureusement la hâte de la vie moderne pousse beaucoup de gens à adopter cette voie rapide. *Mais il peut aussi être amené aux mêmes vérités en suivant les voies suivies par ceux qui les mirent en évidence. [Pg 309] C'est par cette dernière méthode, et par là seulement, que l'élève peut espérer acquérir au moins quelque chose de l'esprit du chercheur scientifique*[215].

[215] Michael Forster. Discours politique au Congrès de l'Association britannique pour l'avancement des sciences. *Revue Scientifique*, 1899, p. 393.

La méthode indiquée ici pour retrouver les vieilles vérités est la méthode expérimentale, si chère aux Anglais. M. H. Le Châtelier, sans contester nullement sa valeur, recommande avec raison la lecture de mémoires originaux des créateurs de la science.

> On pourrait faire analyser les mémoires scientifiques originaux qui sont restés classiques: ceux de Lavoisier, Gay-Lussac, Dumas, Sadi-Carnot, Regnault, Poinsot, en demandant de bien mettre en relief leurs points essentiels, ou discuter les avantages comparatifs de deux méthodes expérimentales ayant un même objet, celle du calorimètre à glace et du calorimètre à eau, par exemple; faire des programmes d'expériences pour des recherches sur un sujet donné; en un mot, imiter ce qui se fait avec beaucoup de raison dans l'enseignement littéraire. Avant tout, ce qu'il faudrait emprunter à cet enseignement est la lecture régulière des auteurs classiques. En apprenant dans un cours les résumés des expériences de Lavoisier ou de Dumas, on n'étudie pas mieux la science qu'on étudierait la poésie dramatique en apprenant des résumés des pièces de Corneille. A côté et autour des faits, il y a tout un cortège d'idées dans un cas, de sentiment et de mélodie dans l'autre, qui constituent bien plus que les faits matériels la science ou la poésie. Les résumés, bons pour la préparation aux examens, sont stériles pour le développement de l'esprit et de l'imagination.

> Mais avant tout, pour communiquer à l'esprit des jeunes gens cette activité indispensable, il faut d'abord l'obtenir de leurs professeurs. Pour apprendre à leurs élèves à penser et à vouloir, il faut qu'ils commencent par penser et par vouloir eux-mêmes. S'ils ne sont pas activement mêlés au mouvement des recherches scientifiques, s'ils ne parlent de la science que par ouï-dire et sans conviction, ils ne peuvent avoir de prise sur l'esprit de leurs auditeurs. Ils prépareront peut-être d'excellents candidats aux examens, ils ne formeront pas d'intelligences[216].

[216] LE CHATELIER. *L'Enseignement scientifique. Revue des Sciences.*

Bien rares sont les professeurs ne se bornant pas à parler de la science autrement que par ouï dire et [Pg 310] c'est pourquoi bien rares aussi sont les intelligences qu'ils réussissent à former.

Dans un discours prononcé devant la Chambre des Députés, M. Ribot, président de la Commission d'enquête, a parfaitement montré en quelques lignes cette importance de l'histoire des découvertes. Tout le monde semble donc bien d'accord en théorie—en théorie seulement—sur ce point.

> Si l'on apprend aux élèves, non pas seulement les notions positives, les chiffres, tout ce qui est technique, tout ce qui s'oublie, si on leur enseigne la voie qu'on a suivie pour créer la science de nos jours, si on leur montre par quel effort et par quelle méthode l'esprit humain s'est élevé, jusqu'à ces vérités éternelles, si on leur fait l'histoire des découvertes d'un Pasteur, on peut saisir l'intelligence et quelque chose encore de plus noble que l'intelligence, le cœur de l'enfant.
>
> Je crois qu'on peut inspirer à l'enfant, pour notre société, pour les prodiges qu'elle crée en développant la science, cet amour et cette admiration, qui font de lui un véritable citoyen de la société moderne.
>
> Je le crois de toutes mes forces, c'est une question de méthode et, je le répète, d'éducation des professeurs eux-mêmes[217].

[217] Chambre des députés, séance du 13 février 1902. Page 657 du *Journal officiel*.

Écoutant ou lisant l'histoire des découvertes scientifiques, répétant les expériences des créateurs de la science, ainsi que celles qui en découlent, et pouvant ainsi juger des progrès accomplis, l'élève acquerrait vite, avec le jugement et l'habitude de l'observation, ce qu'on peut appeler l'esprit scientifique.

Il oublierait sans doute, après la sortie du lycée, les formules et les théories, mais il aurait le jugement formé, saurait réfléchir et posséderait l'art d'apprendre quand cela lui deviendrait nécessaire. Il n'oublierait jamais, parce que cela serait passé dans son inconscient, ce qu'il y a de plus fondamental à [Pg 311] connaître dans les sciences, les méthodes. Ces méthodes et ces qualités de jugement s'appliquent aussi bien aux obligations courantes de la vie qu'à des entreprises scientifiques, industrielles ou commerciales.

Et telle est la force d'une bonne méthode qu'elle donne même aux esprits médiocres l'aptitude au travail utile. Un des déposants de l'enquête, M. Blondel, l'a fort bien marqué dans le passage suivant:

> L'essor économique du peuple allemand est si inquiétant pour nous parce qu'il fait de l'industrie et de la science comme il fait de la guerre, en calculant tout d'avance, en apprenant aux étudiants si nombreux qui, après une bonne préparation générale, viennent fréquenter les laboratoires

des Universités, non pas seulement la science faite, mais le métier de savant, métier qui ne s'improvise pas, qui exige un apprentissage, et que les dons naturels ne sauraient remplacer. Ce qui caractérise la production allemande, c'est que grâce à un enseignement mieux conçu que le nôtre, un grand nombre de travaux de détail, secondaires mais utiles, sont faits et bien faits par des jeunes gens médiocres, qui n'ont pas l'intelligence aussi vive que les nôtres, mais qui savent en définitive (façonnés par une meilleure formation) produire une somme plus considérable de travail utile.

La force de certaines usines allemandes, j'en ai visité cette année un bon nombre, c'est le caractère de laboratoires de recherches scientifiques qu'on a su leur donner[218].

[218] *Enquête*, t. II, p. 442. Blondel, ancien professeur à la Faculté de Lyon.

La conséquence finale de l'enseignement des Universités allemandes a été ce prodigieux essor de la science et de l'industrie, attribuée bien vainement à des laboratoires ne dépassant pas matériellement les nôtres, puisque nous les avons copiés. Cet essor est dû tout entier à des méthodes d'enseignement que nous n'avons pas su saisir. Grâce à elles les Allemands absorbent de plus en plus toutes les industries basées sur des méthodes scientifiques. Il faut aller en Allemagne pour trouver des usines d'électricité [Pg 312] employant 17.000 ouvriers, des usines métallurgiques qui en occupent 40.000, des établissements capables de fournir 300 locomotives par an, des usines de produits chimiques fabriquant annuellement pour 1 milliard de produits[219]. Et la force de production de l'industrie allemande est telle que, pour éviter les droits de douane protecteurs, les patrons n'hésitent pas à aller établir des usines dans les pays étrangers. Il existe à Paris une fabrique allemande d'objectifs photographiques et microscopiques qui occupe déjà plus de 300 ouvriers, et dont les produits sont tellement supérieurs aux nôtres que, en quelques années, les objectifs français sont devenus invendables et ne sont plus utilisés que pour les instruments de pacotille.

[219] On trouvera tous les détails nécessaires dans les catalogues collectifs des industries de chimie et de physique allemandes de l'Exposition de 1900. Deux vol. in-8°.

Et pendant que se poursuit un si formidable mouvement, nos enfants continuent à apprendre les connaissances les plus futiles, enseignées de la plus futile façon. Ils préparent des examens et des concours, pendant que les autres peuples préparent leurs fils aux réalités de la vie. Vainement nous nous débattrons tant que nous ne comprendrons pas les causes de notre impuissance. [Pg 313]

CHAPITRE VIII

L'Éducation des indigènes aux Colonies.

Exportées dans les colonies que nous gouvernons nos méthodes universitaires ont produit des conséquences encore plus lamentables qu'en France. Un de leurs premiers résultats a été de transformer en ennemis irréductibles tous les indigènes auxquels on les appliquait.

M. Paul Giran, administrateur en Indochine, a bien voulu consigner pour nous dans les pages qui vont suivre ce que devrait être notre enseignement aux colonies. Je lui laisse entièrement la parole maintenant:

L'expérience démontre que la plupart des peuples colonisateurs, la France notamment, ont échoué dans leurs tentatives d'éducation de races étrangères.

L'éducation de race à race ne peut se comprendre, qu'autant que l'éducatrice, faisant abstraction de son propre idéal, ne proposera qu'un idéal immédiatement accessible à son élève, c'est-à-dire un idéal de très peu supérieur à celui que l'élève a déjà pu lui-même concevoir, sous l'influence du milieu où il vit. [Pg 314]

Or, en raison de certaines dispositions d'esprit particulières qui nous font considérer tous les peuples comme semblables à nous, l'éducation d'un peuple inférieur a toujours été synonyme d'assimilation. Éduquer une race signifie à nos yeux: modifier l'idéal social de cette race et lui proposer comme principe directeur notre propre idéal; on lui demande donc en réalité d'abandonner ses institutions, transformer ses mœurs, modifier sa mentalité, choses impossibles.

C'est en réformant les institutions que nous prétendons agir sur les esprits; c'est en agissant sur les esprits, par l'instruction, que nous prétendons former les caractères. Nous commençons la construction par le sommet. Nous agissons sur l'effet pour modifier la cause. Nous renversons l'ordre naturel.

Les résultats obtenus dans ces conditions ne peuvent être que négatifs. Nous allons le constater.

C'est une théorie admise par la plupart des peuples civilisés que l'éducation peut être donnée par l'instruction. Or, celle-ci s'adresse surtout à la mémoire; elle sert à meubler l'esprit, et peut, dans une certaine mesure, contribuer à former le jugement. Mais là s'arrête son action. L'instruction ne saurait servir à l'éducation morale. La morale n'est pas une affaire de mémoire ou de raisonnement. Or, c'est l'exemple et non le livre qui peut produire la formation d'habitudes morales. Aussi, le facteur le plus important de l'éducation morale est-il le milieu.

On commet donc une faute contre la logique naturelle si l'on veut, par la seule instruction, transformer les idées et les sentiments d'un peuple. Et la [Pg 315] faute est double si cette instruction est dispensée en une langue étrangère à l'élève.

Il y a en effet derrière les vocables de toute langue, des idées et des sentiments que les mots étrangers ne permettent pas d'atteindre. A des mots même d'un usage général à tous les peuples, correspondent, suivant les latitudes ou les époques, des conceptions différentes. L'idéal de *beauté* est-il le même chez les Hottentots que chez les Chinois, les Japonais, le Français du moyen âge et le Français moderne? La *bonté* chrétienne a-t-elle rien de commun avec la bonté de l'Hindou ou du Musulman?

Lorsqu'un peuple emprunte, de gré ou de force, la langue d'un autre peuple, il peut en acquérir les mots, non les idées et les sentiments que ces mots sous-entendent.

L'évolution linguistique correspond à une lente transformation physiologique du cerveau. Or, le cerveau n'étant pas conformé de la même façon suivant les races, et le nombre de ses circonvolutions et son volume augmentant à mesure qu'on s'élève au point de vue intellectuel, on comprend qu'une langue supérieure ne puisse être adoptée par un peuple inférieur, sans être aussitôt déformée, c'est-à-dire adaptée à sa complexion mentale. Du latin importé chez les Gaulois est sorti le français; notre français importé aux Antilles est devenu le parler créole.

Ce qui précède permet de pressentir quels résultats peut donner l'instruction moderne dispensée à des peuples inférieurs en une langue européenne. Nous avons pu le constater bien des fois chez les Annamites. [Pg 316]

L'Annamite, comme tout autre peuple, transforme, défigure toutes les idées étrangères, pour les adapter à sa mentalité; c'est une vérité que nous ne concevons aisément que lorsqu'il ne s'agit pas de nos propres idées. Nous admettons bien que l'Annamite ait pu déformer jusqu'à la rendre méconnaissable la doctrine bouddhique importée chez lui il y a plusieurs siècles; mais nous ne voulons pas convenir qu'il ne puisse s'assimiler les idées d'égalité, de liberté, de solidarité que nous avons, nous-mêmes, acquises depuis un siècle à peine.

Il serait intéressant, mais trop long, de montrer ici comment toutes ces idées se sont trouvées faussées dès qu'on a voulu les introduire en Annam. Notre culture intellectuelle ne convient en rien à la mentalité annamite; elle ne donnera jamais que des produits anormaux, parfois monstrueux; nos théories transplantées en Extrême-Orient ne pourront qu'y apporter tôt ou tard le trouble et la désorganisation.

On s'en est déjà rendu compte et on a dû enrayer le mouvement commencé. On a notamment supprimé l'Université indochinoise créée en 1906 qui comprenait diverses écoles supérieures de droit et d'administration, de sciences, de lettres, etc., et dont le but était «de répandre en Extrême-Orient, *surtout par l'intermédiaire de la langue française,* la connaissance des sciences et des méthodes européennes». Tout comme aux Indes, l'université indigène ne nous eût donné que des déclassés, des exaltés, des individus dangereux pour nous et pour leurs compatriotes. Notre colonie avait vite d'ailleurs éprouvé les premiers symptômes de cette malsaine effervescence des esprits! [Pg 317]

Les peuples sont soumis à des évolutions déterminées par des lois précises, dont il leur est impossible de s'affranchir. C'est cependant un des traits particuliers de notre psychologie nationale que la croyance à la toute puissance des révolutions, des réformes *a priori.*

> «Nous croyons, écrit M. Fouillée, qu'il suffit de proclamer des principes pour en réaliser les conséquences, de changer d'un coup de baguette la constitution pour métamorphoser lois et mœurs, d'improviser des décrets pour hâter le cours du temps. Article I, tous les Français seront vertueux; article II, tous les Français seront heureux.»

L'expérience a largement confirmé la règle précédemment établie: que l'éducation ne saurait être efficace lorsqu'elle ne se trouve pas en rapport avec les habitudes héréditaires de l'élève.

Dès lors comment éduquer utilement les indigènes? Nous devons nous occuper surtout de leur instruction.

Celle-ci ne porte ses fruits qu'autant qu'elle est convenablement adaptée à la mentalité de l'élève. A un peuple inférieur, une instruction élémentaire peut seule convenir. On ne se pénètre pas assez de cette vérité qu'il y a des peuples adultes et des peuples en bas âge, et que c'est seulement à la suite d'une longue évolution que les peuples de la dernière classe pourront monter à la première. Si l'on tient compte, en outre, des différences fondamentales qui, à degré égal de civilisation, séparent les peuples au point de vue [Pg 318] mental, on comprend que l'instruction étrangère dispensée à un peuple donné doit, pour être rendue accessible, et pour amener un progrès certain, remplir des conditions nettement déterminées.

Nous écarterons tout d'abord de notre programme l'enseignement de la philosophie, de la morale, du droit, de la politique, etc...

Quel champ nous reste alors ouvert? Celui des sciences pratiques. Il est suffisamment vaste pour satisfaire notre désir de répandre l'instruction. De plus les sciences pratiques sont un excellent moyen d'éducation intellectuelle. C'est à l'école des réalités expérimentales, c'est avec elle, et non avec les livres qu'on forme véritablement les esprits.

Notre enseignement sera surtout technique et professionnel. Nous ferons ainsi de nos indigènes de bons auxiliaires.

La première école à créer dans un pays nouveau est donc une école professionnelle. Et son programme doit consister d'abord exclusivement à améliorer les méthodes employées dans le pays. En agriculture, par exemple, il sera, évidemment inutile, dans un pays tropical, d'enseigner aux élèves la culture des pays tempérés.

C'est un principe qu'il est bon d'énoncer malgré son évidence, notre tendance étant de donner l'enseignement pour lui-même et de faire apprendre ainsi à l'élève toutes sortes de choses dont il n'aura jamais à se servir plus tard.

Donc le premier effort d'éducation directe doit consister à améliorer la technique des métiers déjà existants, des petites industries locales. Et encore faut-il en cela beaucoup de discernement. Vouloir [Pg 319] aller trop vite, agir inconsidérément, c'est détruire purement et simplement ce qu'on voulait améliorer. La déchéance actuelle des petites industries du Tonkin en est la preuve.

Pas de révolution et progresser lentement, telle doit être la devise de l'éducateur. Pour les professions nouvelles introduites dans le pays, il faut user des mêmes précautions que pour les professions déjà existantes: *aller lentement* toujours. Même si on se trouve en présence de peuples déjà civilisés, tels que les Hindous, les Annamites, les Arabes, il ne faut pas vouloir les transformer d'un seul coup en ingénieurs ou en médecins; mais commencer d'abord par en faire de bons mécaniciens ou de bons ouvriers.

Ainsi se trouvera préparé le terrain où pourra être jetée plus tard la semence d'une éducation plus élevée. [Pg 320]

CHAPITRE IX

L'éducation par l'armée.

§ 1.—ROLE POSSIBLE DU SERVICE MILITAIRE DANS L'ÉDUCATION.

Nous avons montré que, si l'instruction universitaire est très faible, son éducation est tout à fait nulle. Or, dans l'évolution actuelle des civilisations, ce qu'il importe le plus de développer, ce sont surtout les qualités du caractère.

Sur la nullité de l'éducation donnée par l'Université, tout le monde, nous l'avons vu, est d'accord et l'on peut répéter aujourd'hui ce qu'écrivait, il y a déjà longtemps un ancien ministre de l'Instruction publique, Jules Simon.

> Il n'y a plus d'éducation; on fait un bachelier, un licencié, un docteur, mais un homme, il n'en est pas question; au contraire, on passe quinze années à détruire sa virilité. On rend à la société un petit mandarin ridicule qui n'a pas de muscles, qui ne sait pas sauter une barrière, qui a peur de tout, qui, en revanche, s'est bourré de toutes sortes de connaissances inutiles, qui ne sait pas les choses les plus nécessaires, qui ne peut donner un conseil à personne, ni s'en donner à lui-même, qui a besoin d'être dirigé en toutes choses, et qui, sentant sa faiblesse et ayant perdu ses lisières, se jette pour dernière ressource au socialisme d'État.—Il faut que l'État me prenne par [Pg 321] la main, comme l'a fait jusqu'ici l'Université. On ne m'a appris qu'à être passif. Un citoyen, dites-vous? Je serais peut-être un citoyen, si j'étais un homme.

> Que l'on considère la valeur et le sort de l'individu ou la dignité et la destinée de la nation, écrivait récemment un autre Ministre de l'Instruction publique, M. Léon Bourgeois, le caractère pèse d'un bien autre poids que l'esprit. Qu'importe ce que sait un homme en comparaison de ce qu'il veut, et qu'importe ce qu'il pense au prix de ce qu'il fait[220].

[220] LEON BOURGEOIS. *Instructions*, etc., p. 183

Ce qui manque le plus aux Latins, ce sont les qualités qui font la force des Anglais: la discipline, la solidarité, l'endurance, l'énergie, l'initiative et le sentiment du devoir.

Ces qualités, non seulement l'Université ne les donne pas, mais son pesant régime les ôte à qui les possède.

Existe-t-il un moyen de faire des hommes de cette armée de bacheliers et de licenciés impuissants, ridicules et nuls que l'Université nous fabrique?

Étant donné que le régime universitaire n'est pas modifiable avec les idées latines actuelles et que tous les projets de réforme sont d'irréalisables chimères, il faut chercher ailleurs, mais ne chercher que dans le cycle des choses possibles, c'est-à-dire dans le cycle des choses ne heurtant pas trop le courant des opinions actuelles.

Or, ce moyen existe et il n'en existe qu'un seul. Aujourd'hui, la totalité de nos bacheliers et licenciés est obligée de faire un service militaire. L'armée pourrait les transformer, car elle est, ou au moins devrait être un centre éducateur par excellence. Elle peut devenir l'agent efficace du perfectionnement et du relèvement de la race française dégradée par l'Université. D'éminents officiers, tels que les généraux [Pg 322] Bonnal et Galliéni, ont démontré expérimentalement de quel développement physique et moral est susceptible le soldat bien commandé.

Si l'on voulait compléter fort utilement la loi sur le service obligatoire de trois ans, obtenir un corps de sous-officiers excellent et réduire un peu le nombre écrasant des candidats fonctionnaires, il y aurait seulement à promulguer que, en dehors de quelques professions techniques—magistrats et ingénieurs, par exemple—nul ne pourra entrer dans une administration de l'État avant d'avoir été sous-officier pendant cinq ans. Après un an de surnumérariat, un bon sous-officier est parfaitement apte à remplir tous les emplois publics n'exigeant de lui que l'application des règlements, c'est-à-dire la très immense majorité de ces emplois.

Il faut bien reconnaître malheureusement que le service militaire a produit uniquement jusqu'ici chez les intellectuels une antipathie croissante pour l'armée, dont ils ne voient que les côtés gênants. L'expansion de tels sentiments parmi la masse populaire, qui fut seule pendant longtemps à subir les duretés nécessaires du régime militaire, marquerait la fin irrémédiable de la France comme nation. Ce sont les sentiments subsistant encore dans la foule, non intellectualisée, qui rendent possible le maintien de l'armée, dernier soutien d'une société en proie aux plus profondes divisions et prête à se dissocier suivant le rêve des socialistes.

La raison qu'on invoquait autrefois pour dispenser toute une classe de la nation du service militaire, c'est qu'il constituait une entrave aux études, mais personne n'a jamais pu fournir une seule [Pg 323] preuve à l'appui d'une telle assertion. Durant leurs trois années de service militaire, les jeunes gens pourraient acquérir des qualités qui leur seraient bien autrement utiles au cours de la vie que ce qu'ils apprendraient dans leurs manuels pendant le même temps. Si d'ailleurs la raison invoquée était sérieuse, elle serait applicable à toutes les professions.

> Personne, écrit M. Gouzy, ne s'est jamais informé si une interruption de trois ans dans leurs travaux ne diminuait pas la valeur professionnelle des charpentiers, des serruriers ou des laboureurs, catégorie de citoyens tout aussi intéressante dans une démocratie, que celle des avocats, des médecins ou des receveurs de l'enregistrement. On a accepté comme tout naturel le sacrifice qu'ils font à leur pays d'aptitudes acquises par un pénible apprentissage. On semble avoir dit, sans s'en soucier autrement: Si après trois ans de service militaire ils ont oublié leur métier, eh bien, ils le rapprendront.

§ 2.—LES CONSÉQUENCES SOCIALES DES ANCIENNES LOIS MILITAIRES.

La loi qui multipliait, il y a quelques années, le nombre des exemptés, a multiplié du même coup le nombre des diplômés. Elle a détourné des fonctions utiles l'élite de la jeunesse française pour la lancer dans des carrières ultra-encombrées et créer un nombre chaque jour plus grand de mécontents et de déclassés. Les documents statistiques fournis à ce propos devant la Commission d'enquête, et dont je vais reproduire quelques-uns, sont catégoriques.

> La loi militaire de 1889 a supprimé le volontariat et a établi d'autres cas de dispense dont les conséquences sociales et économiques sont infiniment plus profondes.

> ... En France, sous une apparence trompeuse d'encouragement aux études spéciales, la loi militaire a nui profondément au commerce et à l'industrie. Elle a faussé nombre de vocations, elle a jeté dans certaines carrières, dites libérales, une foule de [Pg 324] jeunes gens qui se seraient tournés, naturellement vers les professions productives.

> ... Pour la médecine, il y avait 590 docteurs en 1875, 591 en 1891, avant que la loi ait pu produire ses effets, et 1,202 en 1897[221].

[221] L'augmentation est analogue pour les docteurs en droit. Il y en avait 117 par an en 1889 et 446 en 1899, d'après le rapport de M. Raiberti.

«La dispense, telle que la loi de 1889 l'a comprise, écrit cet auteur, abaisse donc la valeur des examens ou la niveau d'entrée dans les grandes écoles. Elle encombre les carrières libérales et elle écarte des affaires, du commerce et de l'industrie, un grand nombre de jeunes gens qui y auraient réussi et qui échoueront ailleurs. Elle frappe donc le pays dans les forces vives de sa production.»

... A l'École des langues orientales, le nombre des élèves a décuplé en 14 ans, passant de 38 à 372. Je vous demande si ces jeunes gens, qui vont prendre là quelques notions de persan, de grec moderne, d'arménien, d'arabe ou de javanais, le font parce qu'ils seront consuls, drogmans, professeurs, traducteurs, ou parce qu'ils se fixeront dans le pays dont ils auront commencé d'apprendre la langue; non, c'est parce qu'ils cherchent la dispense de deux ans de service militaire.

... A l'École des Beaux-Arts, vous voyez le même phénomène d'afflux artificiel se produire: de 586 candidats à l'entrée, en 1890-1891, nous passons à 830 en 1896-1897; et, à la sortie, il y avait 20 dispensés en 1890, et, en 1897, il y en avait 78.

... A l'Institut agronomique, la situation est presque aussi extraordinaire qu'à l'École des langues orientales. L'Institut agronomique forme des ingénieurs agronomes, et je ne crois pas que notre agriculture ait besoin d'un nombre infini d'ingénieurs, elle a surtout besoin de gens qui apprennent l'agriculture par la pratique, il y avait 32 candidats à l'Institut agronomique à l'entrée en 1876; et en 1893, peu de temps après le vote de la loi militaire, il y en avait 348; et en 1896, il y en a encore 312.

... A l'École Centrale, phénomène analogue: en 1889, avant l'application de la loi militaire, il y avait 376 candidats, et en 1896 ce chiffre monte à 721. Et je vous demande si notre industrie a, d'après les chiffres que vous savez, profité en quoi que ce soit de cet afflux vers les écoles spéciales[222].

[222] *Enquête*, t. II, p. 89. Max Leclerc, chargé de missions scientifiques par le Gouvernement.

Le même auteur donne des chiffres analogues pour les écoles dites commerciales, écoles de théorie pure et dont le diplôme confère également la dispense. Le [Pg 325] modeste et ignoré «*Institut commercial de Paris*», qui comptait dix candidats par an avant la loi, en a compté une centaine ensuite.

On voit à quel point le service militaire est redouté en France des classes lettrées. Ceux qui le fuient ne se doutent pas combien ils gagneraient à le subir. Certes, comme l'a dit justement un ministre de l'Instruction publique dans un discours, le but de l'enseignement classique devrait être de former une élite, car c'est cette élite qui fait la grandeur du pays, mais elle n'est apte à remplir son rôle que si son caractère est à la hauteur de son instruction. Pour pouvoir commander un jour, il faut d'abord qu'elle apprenne à obéir.

Elle doit avant tout acquérir l'esprit de solidarité et de discipline dont manquent si complètement les peuples latins. A l'armée, on apprend à se supporter, puis à s'aider et enfin à s'aimer. On apprend la discipline quand on en subit la nécessité. On apprend à se dominer et on acquiert le sentiment du devoir quand le milieu l'impose. Pour se discipliner soi-même, si on ne l'est pas héréditairement, il faut d'abord avoir été discipliné par d'autres. A la discipline externe la discipline interne succède bientôt par association inconsciente de réflexes. L'homme qui ne sait pas subir la première pour acquérir la seconde restera, dans le cours de sa vie, une insignifiante épave.

Le séjour au régiment, surtout quand le soldat passe quelque temps aux colonies, lui apprend bien autre chose encore. Il lui enseigne surtout à se «débrouiller», comme on dit vulgairement. On sait tout le parti qu'un général habile sut tirer à Madagascar [Pg 326] de soldats transformés en colons comme les anciens légionnaires romains. Dans tous les pays du monde où l'on a eu occasion d'utiliser des soldats, on a été frappé des résultats qu'il est possible d'en tirer.

> Pour ne citer qu'un fait, écrit M. Léon Chomé, dans la *Belgique militaire*, les chemins de fer qu'on a réussi à établir jusqu'ici en Afrique intertropicale anglaise, française, allemande, portugaise et surtout congolaise sont dus à des hommes appartenant à l'armée. Toutes les grandes missions scientifiques ont été confiées à des soldats. C'est donc sans doute que cette éducation militaire tant honnie des «intellectuels» a encore quelque vertu efficiente, et pour notre part nous le déclarons très nettement, cette éducation est restée la première de toutes, et elle le montre toutes les fois que l'occasion lui en est fournie; aussi bien dans les milieux éclairés que dans le milieu humble des travailleurs, où l'ancien bon soldat prime toujours.

§ 3.—LE ROLE ÉDUCATEUR DES OFFICIERS.

L'action tout à fait prépondérante que pourrait produire le service militaire universel a été signalée depuis longtemps par divers écrivains. Voici comment s'exprimait à ce sujet, il y a déjà plusieurs années, M. Melchior de Vogüé:

> Le service militaire universel jouera un rôle décisif dans notre reconstitution sociale. Le legs de la défaite, le lourd présent de l'ennemi, peut être l'instrument de notre rédemption. Nous ne sentons aujourd'hui que ses charges; j'en attends des bénéfices incalculables: fusion des dissidences politiques, restauration de l'esprit de sacrifice dans les classes aisées, de l'esprit de discipline dans les classes populaires, bref de toutes les vertus qui repoussent à l'ombre du drapeau...

Malheureusement, les résultats obtenus n'ont répondu en aucune façon à ces espérances. Les écrivains militaires les plus autorisés commencent à le reconnaître. Il faut attribuer principalement les causes d'un tel échec à ce que les officiers ne sont nullement [Pg 327] préparés au rôle d'éducateurs qu'ils devraient remplir. Le premier moyen de les y préparer consisterait à leur enseigner ce rôle, dans toutes les écoles militaires, à l'École supérieure de Guerre surtout. Le second, fort supérieur au précédent, est d'obliger tous les futurs officiers, ainsi d'ailleurs qu'on le fait à peu près maintenant, à servir d'abord comme simples soldats pendant un an. C'est uniquement en vivant parmi les hommes qu'ils réussiront à comprendre leur psychologie. Dans le rang, ils apprendront d'abord à obéir, seule façon d'arriver ensuite à commander.

Aujourd'hui, nos officiers ne saisissent pas encore très bien leur rôle d'éducateurs. Et, pour qu'il ne reste aucun doute sur ce point, je vais reproduire quelques passages des conférences faites à l'École de Saint-Cyr, avec approbation du ministre de la Guerre, par un professeur à cette École, M. Ebener. Elles sont exagérées peut-être mais pleines de très graves enseignements.

> Le service obligatoire, en faisant passer toute la nation par les mains de l'officier, a grandi dans la mesure la plus large son rôle d'éducateur.
>
> La préparation du corps d'officiers à ce rôle, sa formation morale, intéressent donc la société tout entière.
>
> Il ne la remplit qu'imparfaitement, parce que, s'il y est apte, *il n'y est nullement préparé, et que l'idée de sa mission sociale ne tient*

presque aucune place, ni dans son éducation, ni dans l'exercice de sa profession.

Nous sommes seuls à ne pas nous apercevoir que nous avons à côté de notre rôle de préparation à la guerre, à remplir une mission sociale d'une importance capitale, et qu'il nous appartient de contribuer à l'éducation de la démocratie. De là ce malentendu entre les classes intelligentes et le corps d'officiers, malentendu qu'il serait puéril de nier...

On pourrait s'attendre à retrouver dans le peuple la trace d'une influence heureuse et durable exercée par l'officier sur les [Pg 328] jeunes Français qui, chaque année, lui passent par les mains. Il s'en faut malheureusement, et nous sommes obligés de constater que les résultats ne sont pas ce qu'ils pourraient être. En somme, ce que nous rendons au pays ne paraît pas valoir beaucoup mieux que ce que nous en avons reçu; dans le bain de l'armée, le fer ne se change pas en acier.

... Les officiers, dit-on, ne savent pas profiter des longues heures d'oisiveté dont jouissent les militaires—si toutefois c'est une jouissance de se traîner dans les rues ou d'errer dans les corridors des quartiers—et qui, mises bout à bout, forment un total respectable. Ils ne savent pas les employer en partie à cultiver l'esprit de leurs soldats, à façonner leur caractère, à transformer leurs âmes, à en faire, en un mot, des individualités solidaires et conscientes, à préparer à l'État des citoyens au courant de toutes leurs obligations sociales. Il n'y a que dans l'armée, ajoute-t-on, que se rencontre un pareil gaspillage de temps.

... Dans les régiments, la partie éducation se borne presque toujours à quelques théories, dites morales, prévues à l'avance comme toutes les autres parties du service.

... Les officiers espèrent sauvegarder leur supériorité en tenant l'homme à distance, en se renfermant dans une sorte de morgue indifférente.

Les généraux de notre glorieuse époque étaient loin d'avoir vis-à-vis de leurs compagnons d'armes la morgue et le dédain qu'affichent beaucoup trop de jeunes officiers de nos jours. Il est vrai que ceux-ci ont pour excuse de n'avoir fait que passer des examens à un âge où leurs anciens avaient gagné des batailles.

... Nous avons, nous, officiers, à remplir un devoir dont beaucoup d'entre nous ne se doutent même pas. Il n'est pas inutile de le rappeler, à notre époque où l'armée se dresse encore debout, mais où elle sent sa base entamée par les théories subversives, tel un phare dont les fondations sont minées par les flots.

... Le désir de paraître n'est pas le seul reproche qu'on fasse, dans l'armée, aux dernières générations d'officiers prises dans leur ensemble. On trouve le plus grand nombre d'entre eux trop personnels, trop occupés du culte de leur «moi».

... Un fait certain, c'est qu'on est assez mécontent, dans l'armée, de l'état d'esprit des jeunes officiers: on leur trouve trop de prétentions et pas assez de zèle, plus préoccupés de leur propre carrière que de l'accomplissement de leurs devoirs professionnels[223].

[223] *Rôle social de l'officier*, conférences faites aux élèves de l'École spéciale militaire, par le commandant Ebener. In-8°, Paris, Librairie militaire.

[Pg 329] Le tableau n'est pas brillant sans doute. Lorsque la démoralisation et l'indifférence s'étendent à l'armée, l'heure de la décadence finale est bien proche. Dès qu'une armée cesse d'être le soutien d'une société, elle en devient le danger.

Les nouvelles générations formées à l'École de Guerre comprennent d'ailleurs parfaitement la grandeur et l'importance du rôle éducateur qui leur incombe. Malgré les nuages qui s'amoncellent, il ne faut donc pas désespérer de l'avenir. L'éducation peut nous donner les qualités indispensables aux peuples qui veulent ne pas finir. L'Université et l'Armée ont pris, en Allemagne, une influence qu'elles pourraient avoir en France, mais qu'elles n'ont pas su exercer encore.

Y réussiront-elles? Là est le problème. Les générations qui grandissent sont appelées à les résoudre. Si elles n'y parviennent pas, ce sera la continuation d'une lente décadence, puis des défaites économiques et sociales qui marqueront la fin de notre histoire.

Et voici enfin terminé un livre qui restera sans doute le plus inutile de tous ceux que j'ai écrits. Récriminer contre des fatalités est toujours une pauvre tâche, indigne en vérité des labeurs d'un philosophe.

Si, cependant, j'ai publié cet ouvrage sans grandes illusions sur son efficacité, c'est que les idées semées par la plume finissent quelquefois par germer, si dur soit le roc où elles sont tombées. Malgré tant d'apparences trompeuses, les pensées qui mènent les [Pg 330] hommes de chaque race ne se modifient guère dans le cours des âges. Elles changent cependant quelquefois.

Il semble que nous soyons arrivés à un de ces rares moments de l'histoire où nos idées puissent se transformer un peu. Le choix des méthodes d'enseignement est autrement capital pour un peuple que celui de ses institutions ou de son gouvernement. Si l'enquête parlementaire a prouvé que le problème de l'éducation est généralement fort peu compris, elle a montré en même temps que ce sujet commence à préoccuper les esprits. Souhaitons qu'il les préoccupe davantage encore et que l'opinion finisse par se transformer. L'avenir de la France dépend surtout de la solution qu'elle saura donner au problème de l'éducation.

Le monde évolue rapidement et, sous peine de périr, il faut savoir s'adapter à cette évolution. L'éloquence, le beau langage, le goût des finesses grammaticales, les aptitudes littéraires et artistiques pouvaient suffire à maintenir un peuple à la tête de la civilisation à l'époque où il remettait ses destinées entre les mains des dieux ou des rois qui les représentaient. Aujourd'hui, les dieux sont morts et il ne reste guère de nations qui soient complètement dans la main d'un maître. Les événements échappent de plus en plus à l'action des gouvernements. Les volontés des plus autocratiques souverains sont actuellement conditionnées par des nécessités économiques et sociales, proches ou lointaines, hors de leur sphère d'action. L'homme, gouverné jadis par ses dieux et ses rois, est régi maintenant par un engrenage de nécessités qui ne fléchissent pas. Les conditions [Pg 331] d'existence de chaque pays deviennent toujours davantage subordonnées à des lois générales que les relations commerciales et industrielles des peuples imposent.

N'ayant plus à espérer l'aide de la Providence bienveillante qui guidait jadis le cours des choses, l'homme moderne ne doit compter que sur lui-même pour trouver sa place dans la vie. Elle n'est pas marquée seulement par ce qu'il sait, mais surtout par ce qu'il peut.

Dans la phase d'évolution où la science et l'industrie ont conduit le monde, les qualités de caractère jouent un rôle de plus en plus prépondérant. L'initiative, la persévérance, le jugement, l'énergie, la volonté, la domination de soi-même sont des aptitudes sans lesquelles tous les dons de l'intelligence restent à peu près dénués d'efficacité. L'éducation seule peut les créer un peu quand l'hérédité ne les a pas données.

Nous avons vu combien est misérable notre éducation et à quel point cette dernière laisse l'homme désarmé dans la vie. Nous avons montré que notre instruction universitaire, à tous ses degrés, est plus misérable encore, puisqu'elle se borne à entasser dans la mémoire un chaos de choses inutiles destinées à être oubliées totalement quelques mois après l'examen.

Nous avons fait voir aussi combien seront illusoires nos projets de réforme tant que nos professeurs resteront ce qu'ils sont aujourd'hui.

Nos citations ont prouvé que, si les tristes résultats de notre enseignement éclatent à tous les yeux, les causes profondes de ces résultats demeurent généralement méconnues.

L'édifice entier de notre enseignement, de sa base à son sommet, serait à refaire. Ce livre a prouvé [Pg 332] pourquoi une telle tâche ne saurait être maintenant tentée. Tout ce que nous pouvons espérer, c'est de parvenir à utiliser le moins mal possible les éléments si défectueux que nous avons entre les mains. Un peu de bonne volonté y suffirait sans doute, mais à qui demander cette petite dose de bon vouloir devant la lourde indifférence de l'Université et du public pour toutes ces questions. Elles passionnent parfois un court instant, mais l'oubli les submerge bientôt.

Quoi qu'il en soit, j'ai terminé ma tâche. Elle devait se borner à éclairer une opinion très incertaine et très égarée aujourd'hui. C'est aux apôtres maintenant à agiter les foules, pour provoquer ces grands courants auxquels les institutions usées ne résistent guère. Il s'agit ici d'une œuvre qui ne peut rencontrer les hostilités d'aucun parti et qu'appuieront sûrement un jour tous les partis. De son succès l'avenir de la France dépend. Ce grand pays, qui fut pendant longtemps un des phares de la civilisation, s'éloigne chaque jour du premier rang qu'il occupait jadis. Si notre Université ne change pas, il descendra bientôt à ce degré où une nation ne compte plus et devient la victime de tous les hasards.

FIN